燕园幼教拾贝集

王燕华 付传彩 编著

图书在版编目(CIP)数据

燕园幼教拾贝集 / 王燕华，付传彩编著. —— 北京：北京大学出版社，2024.7. —— ISBN 978-7-301-35376-9

Ⅰ.G61

中国国家版本馆 CIP 数据核字第 2024SE2384 号

书　　　名	燕园幼教拾贝集 YANYUAN YOUJIAO SHIBEIJI
著作责任者	王燕华　付传彩　编著
责 任 编 辑	谭术超
标 准 书 号	ISBN 978-7-301-35376-9
出 版 发 行	北京大学出版社
地　　　址	北京市海淀区成府路 205 号　100871
网　　　址	http://www.pup.cn　新浪微博:@北京大学出版社
电 子 邮 箱	zpup@pup.cn
电　　　话	邮购部 010-62752015　发行部 010-62750672　编辑部 010-62752032
印 刷 者	天津和萱印刷有限公司
经 销 者	新华书店
	730 毫米×1020 毫米　16 开本　18.75 印张　326 千字 2024 年 7 月第 1 版　2024 年 7 月第 1 次印刷
定　　　价	50.00 元

未经许可，不得以任何方式复制或抄袭本书之部分或全部内容。
版权所有，侵权必究
举报电话：010-62752024　电子邮箱：fd@pup.cn
图书如有印装质量问题，请与出版部联系，电话：010-62756370

编委会

主　任：余　丽

编　委：赵红梅　孟　帆　张玉萍　赵　娜
　　　　李慧萍　韩巧巧　谢珍金　孙　琼
　　　　张　帅　韩　杰

目 录

第一编　融合教育实践与研究

在融合教育实践中实现园所多赢发展　王燕华 / 3
幼儿园家长融合教育观念研究
　　——以融合幼儿园中普通儿童家长为例　王燕华　成艳 / 7
区域游戏活动中发育迟缓幼儿同伴互动支持策略的研究　杨雪扬 / 12
通过同伴介入策略提升自闭症幼儿社会互动能力　付传彩 / 21
利用同伴介入策略解决特殊儿童问题的个案研究　祁婕 / 25
她"破坏"了我的观摩课　孟帆 / 29

第二编　教师教研与专业发展

提升青年教师有效组织幼儿体育教学活动能力
　　的园本研修　王燕华　杨雪扬 / 37
幼儿园教师融合教育素养提升的园本研究　王燕华　付传彩 / 53
发现寻常事物探究过程对教师专业成长的价值
　　——由"一盆绿萝"启动的一次教师情景体验研究学习　余丽 / 59
一课多研助力教师专业成长　王蕊 / 64
我的研修故事　杨桐桐 / 67
我的教研故事　张玉萍 / 71
园本研修故事 ——我们生活中的数学　何高莉 / 75
非常时期的"非常"音乐
　　——记疫情期间音乐小组的研修活动案例　赵娜 / 78
玩转科学小游戏，促进教师专业成长
　　——疫情期间幼儿居家科学游戏研究　孟帆 / 84
基于幼儿视角的数学课程研究　孟帆　尤凤娇 / 91

土豆实验室的土豆怎么了？		
——记一次园本教研植物角的活动历程	张金红 /	103
园本研修故事——加油吧，足球！	张春娟 /	109
不忘初心潜心教育	张　帅 /	113

第三编　家园共育

0—3岁婴幼儿父母的家庭教育指导策略研究	赵红梅 /	119
如何解除午睡环节里的"心理魔咒"？		
——小班新生幼儿家庭心理支持策略的追踪案例	赵红梅 /	123
如何以科学适宜的方式开展疫情期间的家园工作	孙　琼 /	127
疫情期间父母如何帮助孩子增强安全感？	赵红梅 /	130
特殊时期，家园工作的创新与实践——隔离不隔爱	苏　伟 /	133
家园共育工作的创新与实施		
——特殊时期开展的多种形式家园联系	高雅琪 /	136
爱的教育是给孩子最好的礼物		
——疫情下和孩子们的聊天记录	耿　翔 /	139
与"高知家长"进行家园共育需更注重教师专业指导	董　岳 /	142
小美被"推"以后	赵　娜 /	146
家园主题活动：今天我当小主播	韩　杰 /	148
巧用沟通，把握家长心理，做好家长工作	罗　洪 /	152

第四编　保教实践与研究

幼儿教育谨防"浅肥伤根"	王燕华 /	157
教师如何实现有效的师幼互动		
——谨防教育引导演变成干扰孩子的白噪音	王燕华 /	160
会"说话"的班级环境——让幼儿参与环境创设	刘　睿 /	163
主题活动中的环境创设	刘　倩 /	166
促进幼儿主动学习的区域游戏材料研究	王燕华　孟　帆 /	171
小纸杯、大智慧——促进幼儿主动发展探索的实践案例	韩　杰 /	184
娃娃家中的你、我、它	韩　杰 /	189

小班区域游戏材料投放策略的"三结合"与"三把握" 孟 帆 / 196
一份材料带来的蜕变 李 赟 / 203
小班幼儿良好进餐习惯培养的研究 韩 蕊 / 211
研修故事——可爱的大熊猫 / 216
关于幼儿进餐习惯培养的实践研究 李慧萍 / 221
幼儿龋齿预防养成教育的实施策略 张春娟 / 227
如何看待幼儿在前书写中的"写反"现象 孟 帆 / 231
幼儿歌唱教学活动的设计与指导策略 赵 娜 / 235
一名幼儿教师疫情期间的小小思考和小小收获 祁 婕 / 240
大班幼儿学习跳绳的表现及分析 李慧萍 / 246
借助图画书开展中班语言仿编活动初探 孟 帆 / 250
剪纸活动在大班艺术领域中的初探 张金红 / 264
如何培养小班幼儿的剪纸兴趣 刘 怡 / 271
"存大包"的飞飞 杨雪扬 / 273
我与"变脸"材料的故事 韩巧巧 / 277

第五编 幼儿发展与童心世界

最特别的小花 孟 帆 / 289
老师，我喜欢你！ 李 凡 / 292
童真童趣中的快乐人生 谢珍金 / 294

第一编　融合教育实践与研究

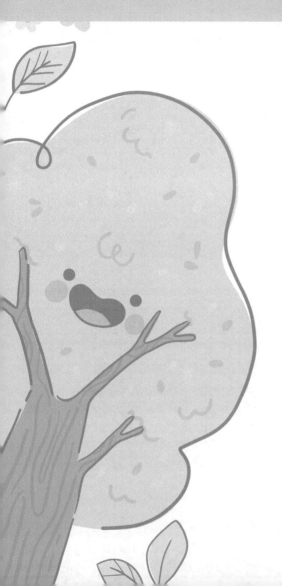

在融合教育实践中实现园所多赢发展

王燕华

我园一直将对幼儿教育的研究与探索作为事业发展的基础，依托大学优秀的科研资源，不断开展相关的科学实践研究与探索。

随着近几年对儿童早期教育研究的深入，在不断研究和探索普通幼儿教育的同时，新的研究课题摆在了我们面前：如何让更多的孩子受益于优质的学前教育？如何让那些有特殊需要的幼儿，能够在正常化的教育环境里，与普通幼儿共同分享快乐童年？

顺应教育发展需要，我园于2006年提出进行幼儿园融合教育的实践研究，旨在注重满足在园每一名幼儿的个性化教育需要，其中包括科学地接纳和满足特殊需要儿童的教育发展需求，将相关方面的研究推向科学和深入。2009年，北京市教委将北京市幼儿园特殊教育名师工作室设在我园，负责培养全市16个市郊区县特教领域的骨干教师。

开展融合教育研究工作至今已有十几个年头，我们付出很多，这些付出绝不仅限于人力、财力和物力，更多的是我园教师对每一位幼儿的情感付出。毫无疑问，教师是一份高强度的情感劳动，没有情感的支持，幼儿教育无从谈起，融合教育更是无法实施。

尽管如此，我们还是欣喜地看到，跟我们那不胜枚举的付出相比，我园在融合教育实践中，收获了无法衡量的多赢硕果，极大促进了园所发展。这些多赢发展总结起来，主要体现在以下七方面。

一、融合意识提升教师师德

要想开展高品质的融合教育，每一位教职员工对特殊需要儿童都要持有接纳的态度，从管理层到一线教师，从教学到后勤部门，创设适宜的融合教育人文氛围是融合教育的首要任务。我们通过融合教育历程介绍、演讲比赛、两难故事游戏等多种途径形式，让教师们认识到接受教育是每个孩子应有的权利，师爱是一种信仰，爱孩子毋庸置疑是幼儿教师的天职。

我园每一位教师，特别是那些新入职教师，在有过接纳并支持特殊需要儿童发展的工作经历后，都在很大程度上净化了心灵，特殊小朋友的存在每时每刻都在彰显着老师们高尚的师德。

二、融合专业促进教师成长

作为教师，如果只会一味地爱孩子，却没有适宜的教育理念和方法，显然从专业角度讲是不合格的。教师要跟孩子建立合作、引导和支持的关系。

为此，我园将融合教育作为一个园本项目大力推进，全面开展教师专业水平的提升工作。从教师小范围的课题组研究、到分层分领域的差异化培养、再到一对一督导跟踪指导，在学前、心理、特教等多学科专业的融合促使下，教师们像海绵一样逐层汲取园所提供的专业养分，在多元化的学习实践过程中，实现个人专业素养螺旋式提高。

三、融合工作完善管理制度

为给融合教育的实施提供最基础的保障，我园不断完善增补各种管理制度。一视同仁的接纳制度，对本单位职工子女和附近社区的儿童（包括特殊儿童）承诺同等的入园费用，同样的入园手续；就读模式灵活选择制度，根据特殊儿童的实际情况，提供多种就读模式，如全日制、半日制、小时制、亲子陪读制、网络指导等诸多形式，以科学的方式最大程度满足每位儿童的特殊教育需要；特教老师、助教老师和融合班教师的聘任和考核制度；特教老师、助教老师和融合班教师的学习培训制度；特教老师、助教老师和融合班教师的经济补贴制度；特教老师、助教老师的心理辅导制度。

除此之外，我们还对其他各种工作的程序制度进行了规范，对教师的服务流程和行为规范、幼儿家长入园须知和行为规范、图书资料的管理办法、特殊儿童的随班管理办法、热线电话的接听服务、志愿者的注意事宜等均严密制订了规章制度。

四、融合需求优化教师队伍

融合教育需要更多学科的协作和教师更高的施教水平，对教育软体建设有更高要求。一方面，我们同时引进发展心理学和特殊教育两个相关专业的优秀博士生和硕士生来园工作；另一方面优选在职的普教老师担当特教工作；同时还为教师们提供特教理论和技能的培训机会，不断提升教师的特教素质。

五、融合教育深入课程研究

为保障融合教育的可持续发展，我园组建由园长为负责人，业务园长、心理博士、特教和学前硕士、优秀一线教师为主要实践者，高校教授参与指导的多元化科研小组，展开全纳教育相关课题的申请和实践工作。如申请中国学前教育研究会的"十二五"课题"问题儿童的个性化支持方案探索研究"，将普通儿童中的特殊需要儿童工作加以系统化的研究，进一步推进融合教育在所有儿童中的实践和开展，已圆满结题。

在接纳特殊儿童过程中，我们非常关注个别化教育计划（IEP）的制定研究，首先为特殊儿童建立个人档案，以便清晰了解每个特殊儿童的背景情况，记录儿童接受干预前的初始状况，然后在儿童入园一个月内，完成个别化教育计划（IEP）的制定。我们强调 IEP 委员会成员涉及主管领导、专职教师（助理教师）、融合班教师、家长（监护人），以及心理、特教等多方人员的共同参与，共同完成对孩子的教育研究与实践工作。2017 年 7 月，我园编著的《融合幼儿园中个别化教育计划的制定与实施》正式出版。2018 年 6 月，我园译著的《学前特殊需要儿童融合教育实用手册》也正式出版。

六、融合互动实现幼儿发展

为最大程度实现特殊儿童和普通儿童融合，让特殊儿童同样享受童年教育的快乐，同时也为了本园普通教师能够更好地领会特教和普教的密切关系，我们根据普通教育中普遍采纳的幼儿发展五大领域，来探索进行特殊需要儿童随班就读课程模式的设计和安排。

我们还根据每位特殊儿童的具体情况，设置了以下不同的教育课程模式：（1）个训为辅的全融合；（2）个别指导的半融合；（3）普通幼儿与特殊幼儿的小组融合；（4）幼儿园以外专业康复机构训练与幼儿园游戏活动的融合；（5）不定期专项个训辅导模式。

特殊儿童在最少受限制的环境中，与普通幼儿共同生活学习，在很大程度上促进了这些特殊儿童综合能力的发展，特别是社会交往能力、语言理解和表达以及自尊心和自信心的提高。

在融合教育的环境中，正常儿童同样受益。在帮助特殊同伴的过程中，他们学会了关爱，懂得了谦让、包容。他们会主动帮助特殊儿童料理生活中的事情，与他们一起做游戏。同时，早期接触各种不同特质的人群，也让孩子们更加全面地了解他们所处的世界是多样化的，有助于长大后形成正确的世界观、人生观和价值观。

七、融合氛围收获家园共育

经历科学实践工作以后，我们深刻感悟到特殊需要儿童最为需要的是家庭、幼儿园和社区为其营造一种宽容、宽松、平等的精神环境，特别需要的是要让幼儿园里的每一位老师、每一位普通儿童、每一位普通幼儿的家长都必须具有接纳和照顾特殊儿童的准备和爱心，不排斥这些孩子，给这些孩子更多的关爱和科学的帮助。

我们首先在全园进行主题为"全纳教育——国际教育新思潮"的宣传讲座。从理念的提出、理念的主旨、理念的实践到我园已有的实践工作展示，向老师和家长全面呈现了新型教育模式概貌。在融合教育实践中，除了孩子外，我们的教师，我们所有的家长，在身心各方面也同样获得了洗礼，这为我园融洽的家园合作关系提供了更好的沟通基础。

北京大学校长蔡元培先生曾经说过，教育者应"深知儿童身心发达之程序，而择种种适当之方法以助之。"就像农家对待植物那样，"干则灌溉之，弱则支持之，畏寒则置之温室，斋食则资以肥料。"我园感恩于"尚自然，展个性"的教育思想，将继续孜孜不倦地探索特殊儿童融合教育的真谛，为提升特殊儿童学前教育水平和他们毕生的生活品质做出不懈的努力，为所有幼儿的全面富有个性的发展不断研究实践，在融合教育实践中，实现更高层面的园所发展。

幼儿园家长融合教育观念研究
——以融合幼儿园中普通儿童家长为例

王燕华 成艳

一、问题提出

目前,将学龄前特殊需要儿童纳入普通教育体系已经成为国际性教育潮流,各国都在努力推动学前融合教育实践和理论的发展。

融合幼儿园需要为特殊需要儿童营造宽容、接纳、平等的人文环境。家长的认知和态度既能够影响自己的孩子,也能影响班级老师,甚至其他家长,从而对特殊需要儿童所处的周围环境产生影响。曾有研究者调查发现,普通幼儿家长对全纳教育对特殊需要及普通幼儿的积极作用认识不足,对幼儿园教师和全纳教育缺乏信心[1];普通和特殊需要两类家长对自闭症谱系儿童融合态度总体积极,但对融合教育实施的信心较低,对融合教育实施中的心理和管理需求很高[2];小学融合班级普通家长对特殊需要儿童态度总体积极,对融合教育比较了解的家长对特殊需要儿童的态度最积极[3]。笔者经梳理发现,相关文献的年代都较早,近几年关注融合教育中家长态度的有价值研究较少。

本研究希望调查融合幼儿园中普通幼儿家长融合教育观念现状,继而对学前融合教育的进一步发展提出一些建议。

二、研究方法

本研究采用问卷调查法,主要考察家长对学前融合教育的态度和行为,共设六个问题:(1)对特殊需要儿童进入普通幼儿园学习的态度;(2)对学前融合教育的认知;(3)特殊需要儿童适合在哪里就读;(4)融合教育对儿童的影响;(5)对特殊需要儿童的看法;(6)是否会鼓励自己孩子与特殊需要儿童交往。问卷以问卷星形式发放。选取北京一所建园历史悠久,开展融合教育20年的融合幼儿园,随机抽取404名幼儿家长,共回收404份有效问卷,问卷回收率100%。参与问卷的家长女性310名,男性94名;硕士及以上学历302名、本科学历 85 名、大专学历 14 名，高中及以下学历 3 名，96%以上为本科及以上学历。

三、研究结果与分析

（一）对特殊需要儿童的看法和态度

针对问题 1，绝大多数家长选择"A"（89.85%），"B"（89.11%）和"D"（68.81%），绝大多数家长看待特殊需要儿童的态度客观、积极、正向和尊重。33.17%的家长选择"F"，表现出同情的态度。极少数家长选"E"（1.73%）和"C"（2.48%），对特殊需要儿童态度消极、否定。（见表1）。

表 1　问题 1（对待特殊需要儿童的看法和态度）（n=404）

项目	选择	百分比
A. 也是孩子	363	89.95%
B. 需要照顾	360	89.11%
C. 他们很奇怪	10	2.48%
D. 他们也有可爱的地方	278	68.81%
E. 有点笨	7	1.73%
F. 很可怜	134	33.17%

（二）普通家长对学前融合教育的认识

1. 学前融合教育的概念

针对问题 2，65.59%的家长选"A"，能够理解学前融合教育的积极作用。39.36%的家长选择"B"，22.77%的家长选择"D"，绝大多数家长对于融合教育的开展形式并不清晰，对学前融合教育概念认识和理解都不深入。绝大多数家长（72.03%）认为"C"，对幼儿园的责任很清晰，对其期望很高。14.11%的家长认为"E"，说明绝大多数家长能够认识到普通儿童与特殊需要儿童的区别，并认为应当提供不同的教育支持。（见表2）

表 2　问题 2（什么是学前融合教育）（n=404）

项目	选择	百分比
A. 特殊需要儿童获得了平等进入幼儿园学习的机会	265	65.59%
B. 普通儿童、特殊需要儿童在同一个教室里学习和活动	159	39.36%
C. 重点是幼儿园为特殊需要儿童提供合适的、高质量的教育和支持	291	72.03%
D. 特殊需要儿童放在普通班级进行康复训练	92	22.77%
E. 普通儿童、特殊需要儿童接受一样的课程即可	57	14.11%

2. 融合教育对园内儿童的影响

在问题 3 上，24.01%的家长选"A"，2.23%的家长选择"B"，33.66%的家长选择"C"，2.97%的家长认为"D"。这些数据说明，约 60%的家长认为学前融合教育对特殊需要儿童是有帮助的，只有少数家长（33.66%）认为普通儿童也能从中受益。另有 37.13%的家长对学前融合教育的作用存疑，选择"E"。（见表3）

表3 问题3（融合教育对园内儿童的影响）(n=404)

项目	选择	百分比
A. 对特殊需要儿童有促进，对普通儿童影响不大	97	24.01%
B. 对特殊需要儿童有促进，对普通儿童有负面影响	9	2.23%
C. 两类儿童都会受益	136	33.66%
D. 不利于特殊需要儿童，也不利于普通儿童	12	2.97%
E. 不好说，看特殊需要儿童的能力情况	150	37.13%

在开展多年融合教育的幼儿园，在学历普遍较高的家长群体中，对学前融合教育认识还不够深入，尤其是在融合教育的形式和融合教育对于普通幼儿的教育价值方面。

（三）家长对特殊需要儿童的接纳态度

1. 对特殊需要儿童进入普通幼儿园学习的态度

"问题 4"中，46.78%的家长认为"A"，从受教育权的角度认可特殊需要儿童进入普通幼儿园的权利。50.74%的家长选"C"对特殊需要儿童的程度进行了区别对待。有 2.47%的家长选择"B"和"D"，极少数家长基于学前教育保障能力的原因，不认同特殊需要儿童进入普通幼儿园。（见表4）

表4 问题4（家长对特殊需要儿童进入普通幼儿园学习的态度）(n=404)

项目	选择	百分比
A. 所有儿童，无论能力程度如何，都有进入幼儿园学习的权利	189	46.78%
B. 普通儿童的学前教育都无法保障，无法顾及特殊需要儿童	3	0.74%

续表

项目	选择	百分比
C. 轻度特殊需要儿童可进入幼儿园，程度重的进机构或特殊学校	205	50.74%
D. 目前连普通儿童入园都不能满足，特殊需要儿童还是去机构	7	1.73%

2. 特殊需要儿童适合在哪里就读

问题 5，27.48%家长认为"A"，31.19%家长选择"C"，说明大多数家长（58.67%）能够接纳特殊需要儿童在普通幼儿园学习。27.97%的家长选择"B"，13.37%的家长选择"D"，还是有很多家长（41.34%）并不接纳特殊需要儿童在普通幼儿园就读。（见表5）

表5　问题5（特殊需要儿童适合在哪里就读）（n=404）

项目	选择	百分比
A. 尽量在普通幼儿园	111	27.48%
B. 特殊教育机构或学校	113	27.97%
C. 一半时间在特殊学校，一半在普通学校	126	31.19%
D. 不知道	54	13.37%

调查表明，大多数家长能够接纳特殊需要儿童在普通幼儿园就读，能够尊重儿童的特点和受教育权利，但也有为数不少的家长认为特殊儿童应在特殊教育机构就读。

（四）家长的行为倾向

针对问题6，绝大多数家长（89.11%）选择"A""B"和"D"。只有10.89%的家长选"C"。（见表6）

表6　问题6（是否愿意鼓励自己孩子与特殊需要儿童交往）（n=404）

项目	选择	百分比
A. 非常愿意	154	38.12%
B. 愿意	184	45.54%
C. 有顾虑，不太愿意	44	10.89%
D. 无所谓	22	5.45%

绝大多数家长（83.66%）愿意鼓励自己孩子与特殊需要儿童交往，只有少数家长有顾虑。

四、讨论和建议

调查显示，绝大多数家长对特殊需要儿童所持的态度积极、正向，在行为倾向上愿意鼓励自己的孩子与特殊需要儿童交往。在此基础上，如果家长充分了解学前融合教育的概念、形式和教育价值，那么学前融合教育的前景可期。

另外，家长们能够从尊重儿童受教育权的角度认可特殊需要儿童平等入园，对融合幼儿园的期望值都比较高，这也是学前融合教育需要着力提升的方面。

建议一，融合幼儿园及教育主管部门应采取多种形式加大对学前融合教育的宣传力度，让家长有机会更全面、更深入地了解学前融合教育，获取家长最大的支持和理解。

建议二，教育主管部门加大对学前融合教育的投入。加大对学前融合教师的培养力度，提升专业素养，从待遇和政策方面适当向融合教师倾斜，吸引更多优秀的人才投入到学前融合教育事业。加大对学前融合教育的研究力度，尤其是教育价值研究，总结学前融合教育成果，吸引学界及社会关注，加大对学前融合教育的资金投入。这些措施将能够全面提升学前融合教育的质量，在满足家长预期的同时，彰显融合教育的价值，从而促进普通儿童家长及社会大众融合教育观念的提升。

区域游戏活动中发育迟缓幼儿
同伴互动支持策略的研究

杨雪扬

一、问题提出

同伴关系的构建对幼儿社会化发展起到举足轻重的作用，良好的同伴关系是通过不断的同伴互动完成的。幼儿通过同伴互动，逐渐完善自我意识，习得必要的社会技能，保持稳定愉悦的情绪，并通过互动模仿向同伴学习，完成已有经验与新经验的整合和拓展。

发育迟缓幼儿因存在语言发育迟滞、自我意识尚未完全形成、对规则理解较差等问题，他们在融合教育环境下社会性发展较差，同伴互动技能较差，表现在：（1）向同伴发起的互动以肢体语言为主；（2）与同伴的交往过于简单；（3）与同伴难以建立稳定的良好同伴关系。除此之外，发育迟缓幼儿的同伴互动的状况还表现在没有互动以及与不良的同伴互动。如何在融合班级中帮助发育迟缓幼儿习得良好的同伴互动技能，如何将发育迟缓幼儿在特教机构习得的互动技能进行泛化，成为融合教育实践开展的重要一环。

区域游戏是幼儿园的重要活动形式之一，是幼儿在有教师准备的游戏环境中，自主选择，积极探索，主动尝试，通过操作材料、人际互动获得经验提升的游戏形式。区域游戏活动可以最大程度地满足幼儿个体的兴趣和个性化发展需要，因此也是特殊需要儿童在幼儿园诸多活动中最容易实现融合的途径之一。

二、研究设计

（一）研究目的

1. 通过观察法、数据分析法，对发育迟缓幼儿在区域游戏中的同伴互动现状进行评估

2. 制定干预策略，改善发育迟缓幼儿的同伴互动状况

（二）研究对象

选取两名发育迟缓幼儿作为研究对象。

个案 S，5 岁 8 个月。

个案 Y，5 岁 10 个月。

（三）研究方法

根据研究需要，本研究选用观察法和个案研究法，通过对两名个案的活动观察，分析发展现状，制定干预策略。

（四）研究工具

根据同伴互动的层次，研究者将同伴互动细化为六个因子：无互动、关注他人、共同注意、回应、模仿及发起互动。具体而言，无互动，指的是个体没有与同伴产生眼神、语言、肢体的互动；关注他人，指的是个体关注同伴的玩耍状况；共同注意，指的是个体能够跟随同伴关注同一个物体或事件的过程；回应，指的是个体能够用表情、动作、语言对同伴发起的互动作出适当的反应或回馈；模仿，指的是个体能够跟随同伴做相同的动作；发起互动，指的是个体能够用语言或动作主动向同伴发起互动。

（五）数据分析

研究者对个案在区域游戏中玩耍的状况进行观察，选取 10 分钟为一个单元进行拍摄。拍摄结束后，将 10 分钟分为 40 个节点，即 15 秒为一个节点。研究者对 40 个节点进行分析，确定节点时刻个案的互动类型。

三、研究结果

1. 发育迟缓幼儿同伴互动情况

经过数据分析发现，个案 S 在区域游戏（角色游戏区—餐厅）中，绝大多数时间（88%）为独自游戏，10% 的时间被周围同伴吸引，仅有 2% 的时间与同伴有共同注意（见图 1）。研究时间段内，个案并未出现模仿同伴、对同伴的互动有所回应，或主动发起互动等较高层次的互动方式。

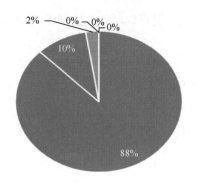

■ 无互动　■ 关注他人　■ 共同注意　■ 回应　■ 模仿　■ 发起互动

图 1　个案 S 同伴互动情况

个案 Y 在区域游戏（表演区）中超过三分之一的时间独自玩耍，有 28% 的时间能够关注到周围的同伴，与同伴有一定的共同注意（23%），较少时间（10%）回应同伴的互动。偶尔模仿（2%）同伴的行为、主动向同伴发起互动（2%）（见图 2）。

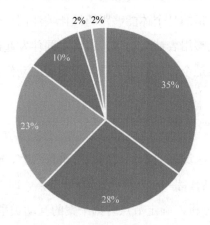

■ 无互动　■ 关注他人　■ 共同注意　■ 回应　■ 模仿　■ 发起互动

图 2　个案 Y 同伴互动情况

2. 发育迟缓幼儿与同一活动中幼儿在同伴互动中的对比

表1 个案S与同一活动中普通幼儿同伴互动情况频次表

	无互动	关注他人	共同注意	回应	模仿	发起互动
个案S	35	4	1	0	0	0
普通幼儿	14	2	3	11	0	10

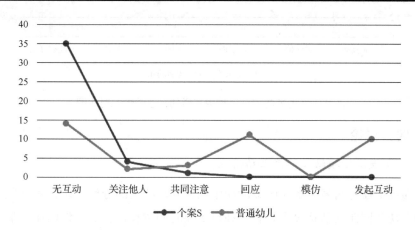

图3 个案S与同一活动中普通幼儿同伴互动情况对比图

选取同一个活动中的普通幼儿作为对照,分析同伴互动数据(见表1、图3)。与同龄普通幼儿相比,个案S有更多的时间为独自游戏,在同伴回应和主动发起互动方面明显低于普通幼儿。

表2 个案Y与同一活动中普通幼儿同伴互动情况频次表

	无互动	关注他人	共同注意	回应	模仿	发起互动
个案Y	14	11	9	4	1	1
普通幼儿	10	0	7	1	9	13

与同一活动中的普通幼儿相比,个案Y更容易关注他人活动,在模仿他人和主动发起互动方面明显低于普通幼儿(见表2、图4)。

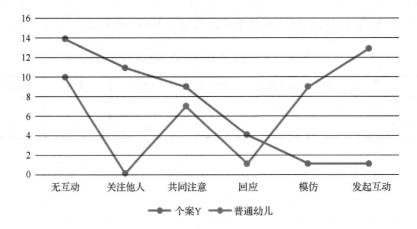

图 4　个案 Y 与同一活动中普通幼儿互动情况对比图

四、讨论

(一) 发育迟缓幼儿同伴互动情况

通过上述对两名个案在区域活动中同伴互动状况的分析，研究者发现，发育迟缓幼儿同伴互动状况主要有：独自玩耍时间较长，很少模仿同伴，基本不会发起语言或肢体的互动。他们很少参与到集体游戏中，在某个区域中也处于游离状态，或以旁观者的身份观看同伴游戏。发育迟缓幼儿处于萌芽阶段的同伴互动状态，既使他们错失了与同伴发生语言互动、模仿同伴学习经验的机会，又使他们处于心理孤立的状态，不利于他们形成积极的自我意识。

发育迟缓幼儿同伴互动情况不容乐观的现状原因可归为：(1) 发育程度影响了幼儿的游戏水平，随着年龄的增长，发育迟缓幼儿与普通幼儿的游戏水平差距越来越大，他们逐渐跟不上普通幼儿的玩耍节奏，不得不处于孤立的状态。(2) 较低的语言理解特别是表达能力限制了同伴互动。发育迟缓幼儿往往不能很好地理解同伴的语言，不能及时并恰当地回应同伴的语言，与同伴仅限于浅层次来往及次数极少的沟通，这样的沟通对象往往最终会被普通幼儿放弃。(3) 互动技能的缺失限制了同伴互动。如发育迟缓幼儿不知道如何表达自己的需求，不会简单的假扮游戏，无法理解和转换角色与自己的关系。(4) 身体的发育程度和运动能力不足影响发育迟缓幼儿与同伴的互动。例如，有的发育迟缓幼儿身体协调性较差，动作发展不够灵活，力量控制能力弱，这让他们在游戏中的行走、转换位置、甚至是转身蹲起等简单动作都受到限制，这使得他们参与到游戏之中和与同伴互动出现困难。(5) 对规则的理解能力限制了他们与同伴的互动。有的发育迟缓幼儿不能理解区域规则，或者同伴在游戏中随着游戏发展需要制定的临时性规则，这也会造成他们与同伴互动的障碍。

（二）支持策略

1. 环境支持

（1）扩大游戏空间

在可能的条件下，最大程度地利用环境，扩大幼儿游戏的空间，以保证区域游戏中有足够宽敞的场地，降低单位区域中幼儿的密度，保证发育迟缓幼儿有足够的空间移动身体、变换位置，减少他们因空间狭小出现行动困难，避免幼儿之间的相互碰撞，以便从空间上支持发育迟缓幼儿参与游戏。

例如，研究者观察到个案 Y 在建筑区中，因她行走的特殊姿势，现有的空间经常会让她不敢走动，或者常出现碰撞同伴的情况。她的手抓握能力较弱，抓握东西的时候经常会掉落。在和同伴一起搭建的时候，也常常会因为她特殊的姿势碰倒同伴搭建好的建筑物。

随后研究者扩大了游戏空间，上述情况有明显减少。个案 Y 参与游戏活动的条件更好了，为其在游戏中与同伴的互动奠定了基础。

（2）去除不必要的障碍物

在游戏场地中，只保留当时游戏需要的设备、设施，减少场地中的障碍物，消除对发育迟缓儿童造成的安全隐患。

例如，在表演区中，研究者视幼儿选择游戏内容的必要，保留当时游戏必需的道具，而将玩具柜、道具架、镜子等暂时不用的设备、设施搬到场地外。这样的处理方式有助于减少因设备、设施过多带来的发育迟缓儿童的行动不便，也减少设备设施过多给幼儿造成选择上的困扰。

（3）分割游戏空间

将原来具有综合功能的游戏空间分割成功能单一的空间，帮助发育迟缓幼儿理解游戏内容，也有助于普通幼儿了解发育迟缓儿童来到这个空间的目的，提供必要的支持和帮助。

例如，蛋糕房游戏原来的设置是操作间和品尝区在一起，经过调整，研究者将两个功能区分割，幼儿要制作蛋糕就去操作间，要当服务员、收银员和顾客就在品尝区。

再如，表演区原来是作为一个区，幼儿在这个区里选择服装、做简单的装扮，然后再表演。后来，研究者将表演区分割成化妆间和小剧场两个区域，小区域功能的单一，可以暗示幼儿游戏的内容，降低发育迟缓幼儿参与游戏的难度。

（4）材料的调整

材料是环境的重要组成部分，调整材料是促进发育迟缓幼儿与同伴互动的重要策略之一。可以根据发育迟缓幼儿的具体情况适当改变材料的大小、多少、薄厚、光滑和粗糙程度等，以适应他们的个性化需要。

例如：在美工区，可以为发育迟缓幼儿提供较大的图画纸，适应他们绘画时手臂运动范围较大的特点；可以提前在小贴纸的边缘贴一个小纸条，方便他们揭开贴纸；可以在两个纸盒上提前画出虚线适宜粘合的位置；可以将树枝上细小的枝杈修剪掉方便他们装饰……

同时，提供需要两个人合作才能使用的材料，这可以促进同伴之间的互动。

例如：提供纸盒和包装纸，幼儿想包装礼品盒，就需要一个人按住纸盒，另一个人粘贴；提供丝带和彩球，幼儿想用丝带系住彩球，也需要一个人拿住彩球另一个人系丝带。需要合作才能使用的材料，可以让发生互动的双方都感受到来自对方的帮助，而不仅仅是普通幼儿对发育迟缓幼儿的帮助，这可以促进普通幼儿对发育迟缓幼儿的认识和尊重。

（5）工具的调整

工具是幼儿完成游戏的重要媒介，工具的适宜性直接影响幼儿是否可以参与游戏和顺利完成预想目标。针对发育迟缓幼儿的具体情况，适当调整工具，可以有效改善他们游戏参与度和与同伴互动的程度。

例如：将毛笔等细长的工具用缠绕的方式加粗便于幼儿抓握，或者截短便于他们使用；将夹子的两翼加长便于他们使用；将不锈钢的筷子换成竹筷子增加摩擦力便于他们夹住物体等。

（6）提供视觉提示

在适宜的地方贴上视觉提示，让发育迟缓幼儿了解游戏的规则、玩法、材料和工具的使用方法、与同伴互动的方式等等，利用环境的作用引导幼儿参与游戏并与同伴互动。

例如：用图片示意幼儿看病的时候，要向大夫说明自己哪里不舒服，要配合大夫张开嘴巴检查或者卷起袖子抽血。类似这样的提示可以帮助发育迟缓幼儿对如何发起与同伴的互动，以及即将出现怎样的互动有一定的心理准备，这样他们在互动过程中可以更加主动和自信。

2. 教师介入

（1）任务导向

教师观察到幼儿在游戏中遇到困难或者需要帮助的时候，可根据遇到的问题和发育迟缓幼儿的能力水平，有意提示普通幼儿求助于发育迟缓幼儿，让发育迟缓幼儿去完成这一任务。在他们完成这一任务的时候，教师可适当给予帮助或让他们独立完成。这样做可以在促进同伴互动的同时，增进普通幼儿对发育迟缓幼儿的认识和尊重，也可以增强发育迟缓幼儿的自信。

例如：幼儿在表演区需要播放一首歌曲，但由于这几名幼儿平时较少来此区域游戏，不知道这首歌曲在哪张光盘里。此时研究者观察到经常在此区域游戏的个案S也在这里，就引导小朋友请个案S帮忙。个案S帮忙找到光盘之后，脸上露出了笑容，小朋友们也纷纷向她表示感谢，并邀请她一起表演。

（2）角色引导

教师可根据发育迟缓幼儿的具体特点，结合游戏特有的场景和情节需要，为发育迟缓幼儿安排一个角色，引导他们进入游戏，利用角色之间的关系促进发育迟缓幼儿与同伴的互动。

例如：个案S经常在建筑区外围看小朋友搭建，既不参与游戏也不离开。观察到这一情况，教师为她提供了一个照相机，让她为建筑区的小朋友拍照。建筑区的小朋友有时会对着她摆姿势，有时会请她给他们的建筑物拍照。有效促进了个案S与同伴之间的互动。

（3）语言或肢体的提示与辅助

教师直接用语言或者肢体动作提示或者辅助发育迟缓幼儿参与游戏，引导她和同伴产生互动。

例如：提示发育迟缓幼儿"你想和某某小朋友一起玩吗？""你把画给某某小朋友看看，好吗？""你可以向服务员点餐"等等。

如果这位小朋友与周围同伴已有互动但因为身体原因不能实现，教师可用肢体辅助其完成。如个案Y想帮小朋友递一块积木，但她的抓握能力和身体的平衡能力不足以支持她顺利完成，教师可稍加协助，与她一起将积木递给小朋友。

3. 发育迟缓幼儿自身能力的提升

提升发育迟缓幼儿自身能力的渠道很多，在班级中与小朋友在一起的各种活动可以为他们提供向同伴学习的机会，而个别补救教学更是可以有效针对幼儿个体的发展需求给予有效帮助。教师将幼儿近期最需要发展的目标和要学习掌握的内容设计成 1 对 1 的教学，再将这些学习内容设计在日常生活的场景中，引导发育迟缓幼儿将所学到的技能进行泛化运用，提升理解和灵活运用的能力。

（1）提高基本的语言沟通技能

通过情景教学、图片讲述等方式，引导幼儿学习如何表达自己的需求，如何向别人借取物品，如何拒绝别人，如何对别人表示赞成、喜欢等。

（2）提高基本的情绪理解能力

通过情景教学、故事表演等方式，引导幼儿体验各种情绪情感，学习观察和寻找别人的情绪线索，知道对方处于怎样的情绪状态。这样的学习让发育迟缓幼儿有了初步的关注他人的意识，了解他人的愿望，为他们理解自己和他人奠定基础。

（3）提高基本的运动能力

通过体育锻炼、精细动作锻炼，发展幼儿大小肌肉群的运动能力和协调能力，增强幼儿力量和体能，促进动作的灵活性和反应速度，有助于幼儿参与到包括区域游戏活动的各项活动之中，为其与同伴共同活动奠定基础。

"区域游戏活动中发育迟缓幼儿同伴互动支持策略的研究"在我园还在继续，相信未来我们还会在探索中有更多的方法和策略，这些策略将会更为有效地促进和支持发育迟缓幼儿与同伴的互动，最终帮助他们掌握更多的社会交往技能，从而为他们长大后更好地与周围人互动奠定基础。

通过同伴介入策略提升自闭症幼儿社会互动能力

付传彩

一、引言

林林（化名），6岁，被诊断为高功能自闭症，就读于融合班级中。他具有良好的记忆力，喜欢数字，兴趣狭窄；社会性方面，能够回应教师或家长的话语，与同伴没有互动。社会性发展较差是自闭症幼儿共通的问题之一，在融合班级中如何促进自闭症幼儿与同伴互动成为班级教师融合实践和研究的重点。

二、案例描述

区域活动时间，小朋友们都在不同的区域玩耍。建筑区，四名小朋友正在搭建图书馆，林林玩弄着手中长条积木。这时一个小女孩对林林说，"你要搭什么呀？"林林未做回应。见林林未做回应，女孩也拿起一个长条积木说，"这个是搭房子用的，可以搭一个大房子。"林林继续摆弄手中椭圆形的积木，似乎在看光线串过来的影子。这时女孩又拿起一个圆柱状积木，对他说，"还可以这样玩。"林林仍未回应。这时身后的一个女孩递过一辆玩具小汽车，说，"你看这个小汽车漂亮吗？"林林没有看小汽车。这名小女孩趴下来，对他说，"我们搭漂亮的房子，好不好啊？"另一个女孩也凑过来说，"你搭，我们帮忙，好吗？"林林把两块积木搭在一起，小女孩拿过来饮料瓶，说可以搭在上面，林林没有接饮料瓶。

小女孩去取更多的饮料瓶，摆在地板上，林林看到了，用木条碰倒一个，又碰倒一个，进而用大积木条推倒更大范围的积木。小女孩转向别处，和其他小朋友搭起了积木。

三、案例分析

通过观察，笔者发现在十分钟的单元时间内，同伴主动向林林发起了七次互动，林林在没有老师协助的情况下，对同伴发起的互动没有做出任何回应。直到最后，四名幼儿放弃了邀请林林，林林独自玩耍。对此案例，笔者分析如下。

1. 正确认识特殊儿童的特殊性

自闭症幼儿社会性较差，他们极少与他人有眼神对视，很难主动发起互动，更多的时间用于关注物品，而非同伴。这种行为表现是自闭症幼儿的共性问题。自闭症幼儿在融合班级中，自然的活动场景下，如没有他人的支持，他们很难与同伴融入到一起，在区域游戏或小组游戏中，容易形成 N+1 的状态。如案例描述中提到的，林林因自身的原因很难与其他的小朋友共同玩耍。

2. 这是一个氛围良好的融合班级

随着年龄的增长，越来越多的幼儿会意识到自己与他人的不同，幼儿虽说不出特殊儿童的问题，却很清楚地知道班内某位小朋友在哪些方面欠缺，或者他不会玩什么。教师的适当引导会让普通儿童更客观地看待特殊儿童的差异性，形成良性发展的班级氛围。这种氛围是自闭症幼儿社会性发展的基础。

3. 特殊儿童需要有社会性的发展

社会性的发展是人从自然人转变为社会人的重要方面，特殊儿童也不例外。他需要在社会互动中进行模仿和学习，从中习得待人接物等社会规则。既然自闭症幼儿无法与同伴有效互动，就需要成人给予支持。

四、干预策略——同伴介入

针对林林这一个案，笔者选择同伴介入的方法。首先确定林林在社会互动方面的发展目标，再引入一名同伴幼儿，通过教师的活动设计，在游戏中不断练习林林的社会互动能力。具体实施过程有以下几个步骤。

1. 技巧教授

通过班级观察，笔者确定林林在社会互动方面的短期发展目标为：能够对同伴发起的互动做出适当的回应。笔者在干预前期，将短期发展目标细化为具体的活动目标，进而通过故事表演的方式进行了教授，包含的活动有：问好、感谢、赞同、道别。针对自闭症幼儿思维刻板的问题，在互动技巧的设计中，笔者也设计出多种方式和说法。（参见表 1）

表 1　林林活动目标一览表

短期目标	活动类别	普通幼儿发起的互动	林林回应目标
能够对同伴发起的互动做出适当的回应。	问好	语言表达："早上好！""下午好！"	能够关注同伴； 能够用挥手的方式打招呼； 能够在老师的提示下用语言向同伴打招呼。
	感谢	语言表达："我给你……""我帮你……"	能够关注同伴； 能够用语言表达"谢谢"。
	赞同	语言表达："我们一起玩……"	能够关注同伴； 能够用语言表达"好的"。
	道别	语言表达："林林，再见。"	能够关注同伴； 能够用挥手的方式道别； 能够在老师的提示下用语言跟同伴道别。

2. 选择同伴

同伴的选择慎之又慎。根据林林平时在班级的情况，我们选择有爱心、愿意帮助他人，发展较好的东东（化名）作为林林的玩伴。同伴选择后，对这名玩伴进行简单的沟通，特别是在上述目标中，鼓励普通儿童主动发起相应的互动。

培养关爱同学的良好品质是融合班级中普通儿童的重要目标，在选择普通儿童时也鼓励更多的幼儿参与其中，老师也对他们的爱心行为及时给予赞扬。

3. 游戏中练习

从林林最喜欢的游戏活动（搭建）入手，设置游戏情景，以"问好—选择游戏—玩耍—展示—再见"这样的形式开展每一次游戏活动，活动期间我会根据情况，设置一些小关卡，需要两名幼儿有一些互动才能完成。

4. 影子同伴

多次同伴融合游戏练习后，自闭症幼儿进入到融合班自然情境下，技能的迁移还需要相应的支持，我们设置影子同伴，即在教师支持力度较强的同伴融合中的同伴在班级中还要适当地帮助林林。

五、干预效果

自闭症幼儿社会性发展不是一蹴而就的,需要长期的干预和支持。经过一个多月的干预,我们看到了初步效果:(1)在同伴发起互动时,林林能够关注到同伴;(2)在班级活动中,在没有老师的引导下,林林能够关注到与其一起玩游戏的同伴;(3)在同伴介入游戏过程中,能够在老师少许提示下,用语言回应同伴。对于林林的进步和后期发展,一是继续进行同伴介入游戏;二是开展班级中的影子同伴策略。

在这个干预游戏中,有多名同班的普通幼儿参与,他们非常喜欢与林林一起玩耍,在多次活动中,他们逐渐也掌握了与自闭症同伴互动的技巧。这些幼儿更愿意帮助他人,更善于关注差异,自信心也得到了提升。经过这个干预过程,自闭症幼儿和普通幼儿获得了双赢的发展。

利用同伴介入策略解决特殊儿童问题的个案研究

祁 婕

在园的一日生活中，同伴是幼儿生活中重要的组成部分，同伴是能够在一定程度上帮助到特殊儿童的。

一、个案信息

丁丁是一名4岁的小男孩，喜欢看黑猫警长和海底小纵队，很崇拜黑猫警长的正义精神；喜欢史迪奇和皮卡丘小玩偶；最喜欢的区域是建筑区和娃娃家；在班里喜欢和雅雅、豆豆一起玩。

丁丁小朋友的问题在于，语言发育迟缓，无法语速平均、语句完整地表达自己的想法或模仿说话。情绪容易激动，且情绪变化快，难以保持一段时间稳定平和的情绪状态，偶尔会出现攻击性行为。在室内集体活动中不容易坐住，户外集体活动中经常脱离群体自己去玩。在区域活动中，能够遵守玩具归位的活动区规则并和同伴交流共同游戏，但无法深度参与到其他幼儿的游戏活动中。

二、同伴介入策略

（一）概念界定

1. 同伴：指的是共同参与一件事的两个人或多个人，互相称作同伴，往往是朋友关系。在幼儿园中，对于丁丁而言，同伴指的是他接受的、能和他一起玩的人或物。

2. 同伴介入：儿童教儿童，让同伴示范如何参与，让同伴去帮助幼儿学习重要目标。

（二）同伴介入后

同伴1：好朋友雅雅

雅雅在班里属于"能力很强""让老师省心"的幼儿，具有很强的环境适应能力，幼儿一日生活的各个环节基本不用老师费心，也是一个对同伴非常有耐心的小朋友。我们请小朋友在班里找一个哥哥姐姐或弟弟妹妹，要和哥哥姐姐（或弟弟妹妹）形影不离，在一日生活的各个环节互相帮助。

在开始这个策略之前我们就发现，丁丁很喜欢雅雅，于是把雅雅和丁丁安排在了一起。雅雅是姐姐，丁丁是弟弟。我们常常看到，雅雅说："丁丁你该喝水啦"，丁丁就去喝水；"丁丁我们看书吧"，丁丁就和雅雅一起看书。丁丁常常主动说："喜欢雅雅。"当丁丁推倒了小朋友的建筑时，雅雅会说："丁丁你不能破坏别的小朋友的建筑，你应该说对不起"，丁丁就会跟小朋友们道歉。

同伴2：好朋友豆豆

豆豆是个性格活泼的孩子。有一次午睡前，小朋友在换睡衣，豆豆哭着来找我，说："祁老师，丁丁和我不是好朋友了"，我拉着豆豆来到丁丁跟前询问情况，丁丁坚持说："不是好朋友"。豆豆很伤心，但她并没有因此放弃，她仍然会拉着丁丁说："是好朋友，昨天还是好朋友"。午睡之后，俩人又自然地和好了。

同伴3：玩偶弟弟史迪奇

丁丁在柜子旁边等我带他去户外，无意中看到我的史迪奇玩偶。我说，"丁丁，我有史迪奇，他是外星来的小孩，你要拿着，成为他的哥哥吗？"于是史迪奇就成了他的弟弟，大小刚好可以放在丁丁的护袖里。我告诉他"丁丁是史迪奇的哥哥，要好好照顾他，不能丢下他"，当我这样说的时候，丁丁也会跟着我学说这些话。

在班里只要说，"史迪奇和你哥哥一起来检查！""你们两个去刷牙吧"，丁丁就会去做。我问："你要给弟弟当榜样吗？"丁丁回答："是的，榜样。"我们还会玩史迪奇放学的游戏。这时候，我们把史迪奇放在一个位置，丁丁站的远一点，当喊"史迪奇，你哥哥来接你啦！"丁丁就会来接史迪奇放学。我们看到丁丁自发地带着史迪奇去上小组课，向小组课的小朋友们介绍史迪奇，睡觉的时候也给史迪奇盖好被子，要给史迪奇刷牙，会因为想给史迪奇弟弟喝水而把史迪奇弄湿，又因为弄湿了没法带去小组课而依依不舍地和他说再见，带史迪奇玩滑梯，给史迪奇喂饭。如果因为丁丁做了不对的事，史迪奇会暂时和丁丁分开，丁丁会表示不要把他和史迪奇分开，会当一个好哥哥。

（三）同伴介入情况分析

1. 丁丁和雅雅的相伴状态与丁丁和豆豆的相伴状态不同

丁丁和豆豆的同伴关系，建立在丁丁和雅雅之后。丁丁和雅雅相处，往往是安静进行的。但丁丁和豆豆相处，则更倾向于动态。比如都是讲故事，丁丁和雅雅一起就是安静地听，声音音量正常，语言输出量正常；如果丁丁和豆豆一起看书，音量就大，语言输出量也大。这与雅雅和豆豆两个小朋友的性格不同有关。

2. 小班幼儿的年龄特点，把假想当真

尽管史迪奇是一个没有生命的玩偶，但丁丁在和史迪奇相处的过程中，他始终相信自己是史迪奇的哥哥，并一直照顾史迪奇，跟史迪奇分享他认为有趣的玩具和游戏，并因为想成为"弟弟的榜样"而主动参与到集体生活活动中。

在二者互动的过程中，丁丁在进行"照顾"的工作，是在玩角色扮演的游戏，并在游戏中映射出自己的一日生活。

3. 教师引导与幼儿自主相结合

雅雅成为丁丁的同伴，更多的是教师引导的结果；豆豆成为丁丁的同伴，更多的是在两位小朋友已经建立了友谊情感的基础上，教师加以引导的；而史迪奇成为丁丁的同伴，则是抓住了一日生活中偶然的遇见，抓住了生成性契机。

（四）同伴介入效果

1. 丁丁能在雅雅的建议下，回归集体活动（如画画、做操）或生活活动（如洗手、喝水、进餐）。她能帮助丁丁理解规则、强化规则和促进丁丁对于指令的执行，缓解了丁丁和其他幼儿之间的矛盾。雅雅和豆豆对于丁丁的接纳，也会直接或间接地影响其他小朋友，增加了其他幼儿对丁丁认识和接纳程度。

2. 通过与雅雅和豆豆建立同伴关系，提高了丁丁用简短句表达自己想法的能力，增加了其在园一日生活中的语言的输出量；又因为雅雅和豆豆与班里其他幼儿有良好的同伴关系，增加了丁丁与其他班级幼儿进行言语沟通的机会，为促进丁丁的语言发展创设了良好的社会性环境。

3. 丁丁与雅雅、豆豆形成了友谊关系，这种关系使丁丁的语言发展和社会性发展得到持续性的发展。

4. 在和史迪奇的同伴相处中，丁丁体验、感受和练习如何照顾别人，如何照顾自己，加强了对同伴的同理心和依恋的情感；这种体验使丁丁有了一个可以向其他小朋友介绍的伙伴，促进其社会性的发展。同时，为丁丁在幼儿园这样的环境中，提供了一个"弱者"，使他感到自己被需要，帮助他建立"我是大哥哥""我很棒"的自信心，并培养了丁丁的责任意识。

三、反思

1. 在帮助丁丁建立同伴关系的过程中，同伴史迪奇弟弟是非常偶然的切入点。同时这段关系结合了强化理论原则和游戏力的语言情境。但如果一个办法频繁被使用、提到，反而会减少这个办法的有效性，甚至最后收效甚微，并且使幼儿失去兴趣，所以在这段同伴关系中，要注意把握好强化物使用的频率，多用想象力和幼儿互动。

2. 在帮助幼儿建立同伴关系的过程中，不仅要关注特殊幼儿的需求和进步，也一定要兼顾正常幼儿的需求。当正常幼儿表现出拒绝时，要尊重并倾听幼儿的表达，分析原因。

3. 不能只为特殊幼儿建立一个同伴关系，在一日生活中还要多观察他与其他幼儿之间的相处，帮助他与两名或多名幼儿逐渐建立同伴关系。并在此基础上，增加同伴身份的幼儿之间的联系，使两段或多段同伴关系逐渐成为一个大的同伴关系网。

4. 为特殊幼儿选择的同伴可以是但不是一定要"能力强"的幼儿，双方幼儿的选择和快乐融洽的相处状态同样是建立同伴关系的重要前提。

5. 解决特殊儿童的问题，需要教师真正地慢下来。

结语

温暖和成长来的快慢都没关系，在今后的一日生活中，我会继续探索同伴介入策略的更多可能性，探索更符合实际的融合教育策略。只要不放弃，就会有收获。

她"破坏"了我的观摩课

孟 帆

我是一名北京市骨干教师,上过很多成功的观摩课,但最近一次的观摩课却让我久久不能平静,因为她"破坏"了我的观摩课。

一、个案简介

萱萱,5岁,孤独症,中班融合班幼儿。通过小班一学年的融合班级生活,她能够逐渐适应幼儿园的生活,生活能自理,喜欢音乐,在老师的引导下可以参加一些自己喜欢的音乐教学活动,其他活动参与性不高,会离开座位到处跑,会大喊大叫。在语言上,日常与人的对话70%为仿说,在注意力集中的情况下可以有简单的语言交流,认识一些简单的字,喜欢听故事,但仅限于一对一。

二、问题描述

基于她语言上的积累、参加音乐、体育活动的经验,我们开始从语言领域进行突破,逐渐培养她参加其他领域的活动。作为北京市示范幼儿园,这学期承担了面向全区的新教师培训,希望通过有特殊孩子参与的融合活动,让来自全区不同幼儿园的80多名新教师初步了解融合理念,理解和接纳特殊幼儿。我承担了一节语言观摩活动,其中就有萱萱的参加。进入中班以后,萱萱参加集体活动的意识增强了,愿意跟小朋友一起游戏,对于多功能厅的新环境,对于会有那么多参会老师到场的新变化,她可能会感到兴奋、不适应,我们也是有一定预估和准备,并特意邀请了园所负责她的特教老师一起加入。避免萱萱在活动中无法控制自己大喊大叫,甚至影响整个活动的开展。

三、过程与方法

(一)开始

"小朋友们早上好!"带着这个班的孩子刚走进热闹拥挤的音乐厅,小朋友的情绪就被老师们热情的问好调动起来了。"老师们好!"他们有礼貌地回应着。

"好呀好呀！这是谁呀！"站在第一个被我牵着手的萱萱左看看右看看，小声地自言自语着。我先请小朋友环视了一周，说了说今天的变化。"来了很多老师！""还有叔叔拿着照相机！"在轻松的聊天中，逐渐让小朋友适应今天特殊的环境，然后每人找到一个小椅子落座。萱萱刚坐下，又站了起来，"老师，哈哈哈哈！"她一边说一边转着圈向四周看，"萱萱来孟老师这里，你也发现这里有变化了，是吗？"我边问她边走到她身边用手搂住了她，想听听她的表达。"好多的老师，哈哈哈哈！"她在我怀里显然更加兴奋，用手指着下面的老师，大声笑起来。"那我们跟这些老师问好吧！老师早上好！""老师早上好！哈哈哈哈"萱萱看着后面的老师，大声地说，然后继续大笑，身体还在我怀里扭动，想要挣脱。"你今天看到这么多老师是很开心啊，孟老师还带来了你喜欢看的图画书，你坐回你的小椅子，我们一起看，好吗？"我一边送她到座位，一边指着书架上的《国王生病了》这本书。萱萱一边笑着一边坐下，小手指着我的书，安静下来。

方法：创设机会，语言与动作提示

当我发现萱萱表现出来想表达的时候，老师给她创造机会，希望通过与这些老师简单问好的环节，可以让她逐渐适应新环境。然后，用语言提示她回到座位和我们一起看图画书，并且拉着她回到自己的座位上。这些提示和帮助，让她知道我们接下来要做什么，得到了她片刻的安静。

（二）发展

"小朋友一起看看这个封面，这本书讲的是谁的故事啊？"我回到中间的位置，拿起书来开始正式的语言活动。萱萱座位旁边有特教解老师在陪伴她余光可以看见解老师在轻轻抚摸着她的后背。我的问题刚提出来，萱萱就从座位上跳了起来，看着后面的老师，手舞足蹈地跳起来。我还没有反应过来，解老师上来拉着她坐到了半圆座位两边的桌子上，拿着桌上的小书跟她说，"咱们来看这个，你看这本书和孟老师的书一样。"可是萱萱依旧没有安静下来，坐在椅子上扭着身体，嘴里大声地说着一些我没听懂的话。活动一开始就被打乱了，我的心咯噔一下，这下搞砸啦，怎么进行啊？看着其他小朋友专注、希望的眼神，看着老师们有点尴尬有点同情我的表情，再看看一边无法控制的萱萱，我和解老师相互点点头，示意可以先带她出去安抚一下情绪，这其实是我们最不想做的，也是最后一个办法。

方法：改变环境，平复情绪

活动一开始，萱萱又开始大喊大叫、手舞足蹈，解老师用动作抚摸她，用语言小声提示她要"安静、看书"，可是她还是在椅子上扭来扭去。解老师带着她首先转移到了旁边摆有小书的座位，利用小书吸引她，但是效果不佳，萱萱越来越控制不住自己的兴奋。当动作、语言、图书媒介的方法都无效的时候，我们选择让解老师将萱萱带到了多功能厅外面。改变环境以后，萱萱的情绪有所平复，不再喊叫，但手指一直指着门口，还想进来。

（三）转变

萱萱被解老师带出了多功能厅，世界一下变得安静了，我迅速调整自己投入与其他小朋友的活动中。我带着孩子们一起观察书中图画的细节，尝试猜想故事的开始，他们丝毫没有被这个特殊的现象影响。反而是我，余光一直看着通往门口的走道，就在小朋友要自己读小书的时候，她和解老师回来坐在了刚才读小书的位置，显然没有刚才那么激动，稍微控制着自己的声音说："生病了啊，谁生病了啊！"其他小朋友很快各自都进入了读小书的状态，萱萱的声音也越来越大，我也终于找到了可以和萱萱互动的机会，我走到她身边，搂着她扭动的身体，轻轻地说："萱萱，孟老师陪你一起看这本书"，我边说边把她抱在了我的腿上。开始，我还感觉到她身体在反抗，不过当我打开书，发现她缓和了。"他们在做什么运动啊？""什么运动啊？游泳！"萱萱开始尝试回答我的问题，"国王在做什么呢？""国王吃葡萄呢。""国王游泳了吗？""没有，他吃葡萄呢。"……就这样，我们一问一答进行了大概五分钟的时间，不得不因为大部分小朋友看完了而结束我和她一对一的互动。"萱萱讲得这么好，一会儿跟小朋友也讲讲。"我放下她，希望她可以保持这样相对互动的状态。

方法：拥抱肯定，一对一阅读

萱萱在外面情绪稍微平复了一些，解老师带她回到我们的活动现场。在安排其他幼儿自主看书的时候，我终于找来了和她一对一阅读的机会。把她抱在怀里，是给她营造一个相对安全又温柔的环境，然后我们与图书进行了有效的互动，这几分钟，萱萱能观察图书的画面，并进行理解性的回答。

（四）结束

可是，等小朋友坐好半圆，我们要分享的时候，她又开始从椅子上跳起来，重复刚才的手舞足蹈，解老师语言提示、同伴的榜样示范都没有效果。无奈，解老师只好把她又带出去，我们才开始进行后面的内容。活动快结束的时候，我听到她的叫声，原来她在门外一直想进来。活动的最后一个环节是萱萱喜欢的音乐律动，音乐响起的时候解老师带她进来，愉快地和大家一起进行《我们一起做运动》的律动，虽然也是异常兴奋，但是在唱唱跳跳中就不那么明显，并且在唱唱跳跳中愉快地结束了当天的活动。

方法：爱她所爱，共同参与

萱萱喜欢音乐游戏，一般在音乐活动尤其是律动游戏中能够跟随音乐做动作，所以结合《国王生病了》这个故事，针对萱萱的特点，我们设计了最后一个环节，大家一起来进行《我们一起做运动》的律动锻炼身体。到了这个环节，解老师和她回到了现场，我们一起在音乐运动中快乐地结束了今天的活动。

四、成效与反思

对于观摩活动，大家都害怕哪一个环节出了问题，所以一遍一遍整理自己的提问，一遍一遍梳理每个环节，可是对于特殊孩子，有时候特殊的环境、临时的变化都可能出现如今天一样完全失控的状态，老师该怎么办？这是老师们看到真实的现场活动，最集中的一个困惑，作为当事人的我，跟大家分享了我的思考和收获。

（一）包容与理解

虽然我们预估不了那么多的变化，但我们唯一可以确认不变的就是，对特殊孩子爱的包容与理解。面对如此不一样的多功能厅，面对这么多听课的老师，对于孤独症的孩子来说这挑战了她的适应力，挑战了她的刻板模式，她所有看似不正常的表现，其实都是她正常的反应，是我们必须要理解的。正因为有这样坚定的信念，她出现任何情况，我都会理解和接纳，我才会始终微笑地看着她，寻找一切可能去帮助她。老师的态度会潜移默化传递给其他的孩子，如果面对特殊孩子，老师有稍微的不悦、慌张，其他的孩子是能够感觉到的，所以只有老师完全地接纳孩子，只有从内心里涌出来的爱才能让你第一时间做出正确的反应，而老师对她的微笑与包容，也是之后孩子们对她的态度。这一点在今天的活动中其他小朋友的表现就可以说明一切，他们没有大惊小怪、没有受她影响、没有跟她学习，这种接纳的氛围不是一蹴而就，而是平日里逐渐渗透和形成的。

（二）照顾全体、兼顾个体

面对群体和个人的时候，带班老师要照顾全体，兼顾个体。今天的活动有特教老师的配合，即使没有特教老师，也有配课的老师，当特殊幼儿出现完全失控的状态，配课的老师可以起到主要安抚她的作用。虽然今天的活动因为她出现的不适应，几次被打断，但是我们看到了比老师还要镇定的其他孩子们，看见他们那渴望听故事的眼神，作为带班老师，不能浪费大家太多的时间，需要尽快调整好自己及全班的气氛和节奏。带班的老师重点关注全体幼儿的活动情况下，寻找机会与特殊孩子进行单独的互动。比如今天的现场，等到其他孩子都开始投入地看小书，不需要老师介入的时候，我终于等来了与她互动的机会。虽然只是短短的不到五分钟的时间，但是她在我怀抱里看书的时候是如此投入，我们还有了有效的语言沟通，除此之外，语言提示、动作示范、同伴作用、改变环境、利用音乐游戏，这些都是我们提前想到的策略并做好了准备，根据现场情况随时调整。

（三）鼓励与肯定

这是我们这节观摩活动后一定要做的事情，鼓励和肯定什么呢？对于特殊幼儿来说，尽管今天萱萱的吵闹几次差点打乱这节活动，但我还是要看到她的进步和成长。她在兴奋的情绪下，在解老师带出班安抚后，能够回到活动现场，能够比之前稍微安静地坐在旁边，能够在我的怀中结合这本书跟我有效对话，对于一名孤独症的孩子来说，这已经是在调整自己适应新环境、参与新活动了。三十分钟的活动，有五分钟她是相对安静的，还有五分钟是我们一起在阅读互动，这就是从零到有的突破。下一次再面对这样的环境，哪怕她有多一分的有效互动，就又是进步。对于其他的小朋友，他们面对干扰可以保持专注的状态，这样的学习品质不是该值得肯定吗？他们对萱萱的包容，没有烦躁、没有嫌弃，而是用平常心来接纳她，这不是更值得鼓励吗？每个孩子闪光的地方我们都要能捕捉到，及时地鼓励和肯定，这样才能让他们充满自信地相互学习。

这是一节真实的融合活动，一节被她"破坏"却又完美的活动，因为她让我知道了所有的孩子都那么有爱，所有的老师也那么有爱。希望在爱与被爱中，每个孩子都能有所成长，每位老师都能享受爱的职业幸福感。老师们给我们融合幼儿园很高的评价，希望能够给这些老师种下对特殊幼儿爱的种子，我们分享了彼此心中最柔软最坚定爱的力量，我们相信老师付出的每一份爱都会有收获，我会尽我所能帮助更多的有特殊需要的小朋友，他们会在这个充满尊重与爱的环境里自由地绽放、幸福地成长！

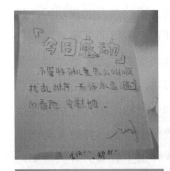

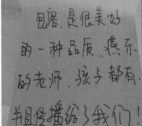

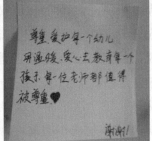

第二编　教师教研与专业发展

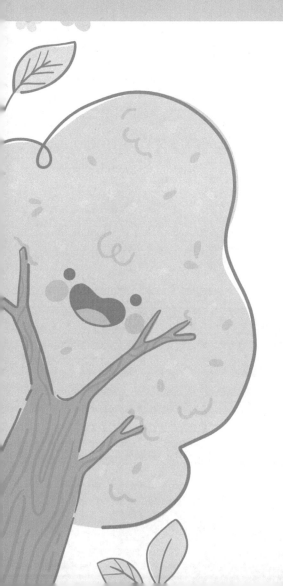

提升青年教师有效组织幼儿体育教学活动能力的园本研修

王燕华　杨雪扬

一、背景分析

（一）儿童身体发展需要

"少年强，则国强"，国民的身体素质是一个民族是否强盛的基础且重要的评判指标。有研究表明，我国青少年体质不容乐观：2017年5月，《中国青年报》报道，我国青少年学生体质在近30年持续下滑，其中重要原因是学龄前幼儿的体质状况未受到足够重视，学龄前幼儿的体质状况与青少年学生的体质状况有着密切关系。

（二）落实《纲要》《指南》精神

"健康教育应从娃娃抓起"，《幼儿园教育指导纲要（试行）》（以下简称《纲要》）及《3—6岁儿童学习与发展指南》（以下简称《指南》）都将健康领域放在首要位置。《指南》中指出，"幼儿阶段是儿童身体发育和技能发展极为迅速的时期"，成人应从营养、睡眠、身体锻炼等角度为幼儿提供生长发育的必要支持。

（三）体育教学活动现状

已有研究发现幼儿园体育教学并不乐观，表现在园所对教师组织和实施体育教学的情况缺乏重视；过度依赖专职体育教师，体育教学活动与幼儿实际生活脱节；幼儿园老师缺乏体育专业相关知识等。

（四）解决我园的真问题

就我园而言，在2016年的关于体育活动问卷调查统计结果显示出的问题。

调查一：幼儿体育教学活动与体育游戏是一样的吗？

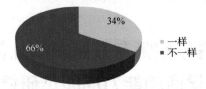

1/3的教师分不清体育教学活动与体育游戏的区别

调查二：一学期组织体育教学活动的频次？

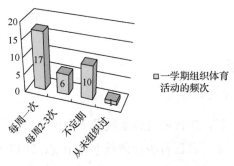

1/2的教师组织体育教学活动时，在时间、频次、内容、形式等方面存在随意性问题。

调查三：体育教学活动应该由谁来组织？

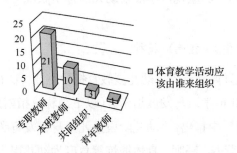

超过2/3的教师认为体育课应该由（男）专职体育老师来承担。

调查四：组织体育教学活动的困难是什么？

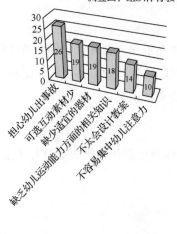

老师对自己组织体育教学活动存在的顾虑涉及安全、器械与材料、参考资料少、自身缺乏幼儿运动方面的专业知识等多方面问题。

鉴于幼儿体育的重要性、针对全国青少年体质状况和我园教师在组织与开展体育教学上的实际问题，我园开始了"提升青年教师有效组织体育教学活动能力"的园本研修。

二、研修设计与实施

（一）研修主题

我园研修的主题是"提升青年教师有效组织幼儿园体育教学活动的能力"。

关键词一"青年教师"。结合世界和中国不同组织对青年年龄的界定，结合幼儿园教师的工作特点和结构，我园确定的"青年教师"为35周岁以下教师群体。青年教师是幼儿园的中坚力量，也是幼儿园和幼教事业发展的核心力量。她们的理念和教育行为直接关系到幼儿的发展和幼儿园的质量。

关键词二"体育教学活动"。《纲要》中明确指出，幼儿园必须把保护幼儿的生命和促进幼儿的健康放在工作的首位。《指南》中强调，幼儿阶段是儿童身体发育和机能发展极为迅速的时期，也是形成安全感和乐观态度的重要阶段。发育良好的身体、愉快的情绪、强健的体质、协调的动作、良好的生活习惯和基本生活能力是幼儿身心健康的重要标志，也是其他领域学习和发展的基础。体育教学活动因其具有目标明确、有计划、有组织、有系统性等特点，可以科学而均衡地促进幼儿全面发展。

研修内容包括：

1. 激发内在动机：将课题研究与教师专业成长结合起来，形成学习共同体，为教师搭建成长的平台，促进青年教师的快速成长。

2. 健全系统知识：完善青年教师体育教学的培训方案，选定培训内容，包括运动安全、运动医学、儿童身心发展特点、运动核心经验等，健全和弥补教师在幼儿体育运动知识方面的欠缺，为更好地实践提供依据和指导。

3. 增强实践经验：通过集体备课、实践观摩、聚焦研讨等活动，提高青年教师对体育教学活动的设计与组织能力，整理出过程性的研究案例。

（二）研修目标

1. 提升青年教师体育教学的基本素养，促进幼儿身体机能和核心认知能力发展。

2. 提升青年教师在体育教学方面设计与组及研究能力，积累优质活动案例。

3. 完善园所对青年教师在体育教学方面的培养机制。

（三）研修课程与研修形式

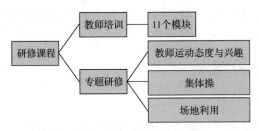

1. 教师培训

模块	研修内容	研修形式
一、价值和理念	促进身体、认知、社交的幼儿体育游戏体验——超越"体育课"的传统印象	实操体验
	培训及教研主线	讲解
	互动交流	讨论与分享
二、心理学知识	婴幼儿心理发展特点	讲解
	运动与幼儿心理发展的关系	讲解
三、理念与方法	以幼儿为本位的幼儿体育活动设计与组织	理论讲解
	游戏体验	实操体验
	互动交流	讨论与分享
四、专业视野	幼儿体质健康问题现状及对策	理论讲解
	提升幼儿体质健康的关键点	理论讲解
	互动交流	讨论与分享
五、动作观察与评价（一）	身体姿态控制与平衡能力发展与模式	理论
	观察与评价	互动体验
	指导与游戏	实操体验
	互动交流	讨论与分享
六、动作观察与评价（二）	幼儿移动性技能动作发展与模式	理论
	观察与评价	互动体验
	指导与游戏	实操体验
	互动交流	讨论与分享
七、动作观察与评价（三）	幼儿器械操控类技能动作发展与模式	理论
	观察与评价	互动体验
	指导与游戏	实操体验
	互动交流	讨论与分享

续表

模块	研修内容	研修形式
八、体育教学基本功	口令的重要性和技巧	实操+抽查
	队列队形和站位的重要性和组织技巧	实操+抽查
	热身和拉伸的重要性和组织方法	实操+抽查
	互动交流	讨论与分享
九、专业理论	科学运动的运动生理学基础	理论讲解
	教学中的安全防护与安全事故处理措施	理论讲解
	如何增加或减少强度？——基于幼儿运动生理特点的运动量、强度和密度的把握和调节方法	讲解+实操
	互动交流	讨论与分享
十、活动设计	游戏设计与教案撰写	理论讲解
	基于材料特性的游戏创编	实操体验
	互动交流	讨论与分享
十一、实践观摩	教学实践观摩	实践观摩
	互动研讨	讨论与交流
	成果总结、研讨下一阶段教科研计划与方向	

2. 专题研修

	现状分析	发出倡议	展现形式	奖励机制
教师运动态度与兴趣	调查问卷、访谈、座谈、自我认知	听一次健康讲座 学会一套操 开始并坚持一项运动 参加北大环湖跑 参加北大校运会	（园长榜样）以个人或者团队形式展示与交流 参加比赛	口头表扬 园内展示照片 纪念品 团队奖状 按名次发奖

	现状分析	调整方案	专项培训
幼儿集体操	请专家"诊脉" 案例对比分析 综合保健医意见	1. 各年龄班增加球操，小班篮球、中班足球、大班跳跳球，锻炼幼儿全身协调运动能力、平衡能力和对球的控制能力，同时涉及篮球、足球比赛中的礼仪和典型动作，促进幼儿对其文化的感受。 2. 保留具有本园特色的国学操和武术操。 3. 根据季节补充或者减弱体能练习。	1. 足球游戏系列培训+足球文化培训 2. 篮球基本动作培训+比赛规则培训 3. 跳跳球使用方法培训+安全保护培训

	现状分析	调整方案	专项培训
场地利用	观察与分析 征询幼儿、家长意见	1. 利用砖地部分增画场地图示，游戏化地涵盖幼儿体能测试项目，促进幼儿自主游戏与锻炼。 2. 逐步替换现有大型组合玩具，根据具体地形设计订做向空中发展的组合玩具，让幼儿有更多自由奔跑游戏的场地。	1. 幼儿体能测试项目+安全 2. 自主游戏培训+安全应急预案

（四）研修资源

1. 发挥本园优势

我园教师中，除了拥有几十年幼教工作经验的老教师，更有大批朝气蓬勃的青年教师；既有幼教专业背景的老师，也有拥有发展心理学专业背景的北大博士，还有拥有特教专业背景、体育专业背景的研究生。不同专业背景和特点的老师，可以从幼儿心理发展特点、生理发展特点、个性化发展需求、游戏化课程等多方面、多角度，支持幼儿园的园本研修，架构和丰富教师的知识，提升教师的执教能力。

2. 发挥大学与家长资源

作为北京大学的一分子，我们的幼儿园与北大各院系和部门之间有良好的相互支持、资源共享的关系。北大体育教研部、心理学系等知名教授，以及附小、附中的体育老师，有的也是我园幼儿家长，都可以对我园园本研修提供专业支持。

（五）研修过程

1. 健全机制，保障研修

幼儿园成立研修领导小组，园长任组长，关注或亲自带领和参与研修的全过程。业务园长把握研修方向，确定一位分园负责人和一名保教干事任研修的负责人，聘请北大教授等专业人士成立专家指导团队，邀请部分家长组成参与研修的家长志愿者队伍，在自愿和园所意向双向选择下确定参与研修的青年教师。研修时间为每周五上午9:30—11:00，如遇特殊情况可调整，但需保证每周一次。

2. 确定进程，明确分工

时间	内容与形式		负责人	备注
第一个学期	理论学习	理念、价值、方法、专业视野、生理学、安全防护与事故处理等	王燕华	园长
			董进霞	北大体教教授
			苏彦捷	北大心理系教授
			赵红梅	本园研发室主任
第二个学期	学习+观摩	动作观察与评价	门晓坤	特聘指导专家
第三、四个学期	学习+实操+研讨	体育教学的基本功		
		体育游戏的设计与创编	杨雪扬	分园负责人
		体育教学活动教案的撰写	余丽	业务园长
		体育教学活动实践与观摩	孟帆	保教主任
第五、六个学期	实操+研讨+学习+书写	体育教学活动实践与观摩	杨雪扬	分园负责人
		结合实践重温理论部分	孟帆	保教主任
		撰写案例、论文、总结等		

三、研修效果与反思

（一）教师发展

1. 转变教师观念，提升青年教师体育教学的基本素养

经过三年的体育研修，青年教师掌握了幼儿身体素质和机能发展的特点，观摩、实践了体育教学的基本做法。教师执教能力提升的同时，教师的自信心、自主性得到了提高，他们能够认识到体育教学对幼儿发展的重要性，更愿意参加体育课题研究，更愿意组织体育教学活动或观摩活动。在体育研修前后，我们对本园教师进行了问卷调查。"幼儿体育教学活动与体育游戏是否一样"及"组织体育教学活动的频次"两个题目的回答可见一斑（见图1）。

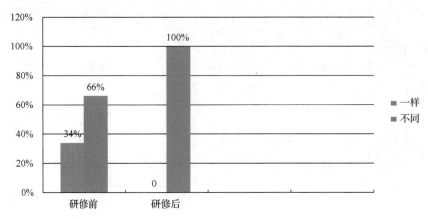

图1　幼儿体育教学活动与体育游戏一样吗？

研修前，约有34%的教师认为，体育教学活动和体育游戏是一样的；而研修后，所有教师都认可体育教学活动和体育游戏不同。

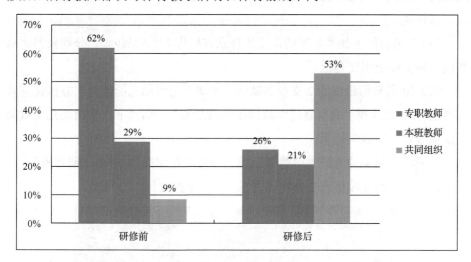

图2　组织体育教学活动的频次

研修前，约三分之二（62%）的教师在体育教学的组织上依赖专职教师，认为自己缺少体育教学组织的能力；研修后，约一半以上的教师认为体育教学活动既可以由班级教师组织又可以由专职教师组织，他们提到，本班教师更熟悉幼儿的身体发育情况，而专职教师掌握系统的专业知识，双方可以有机结合。（见图2）

2. 提升青年教师体育教学活动的设计与组织实施能力

（1）30余位教师参与体育游戏创编，编写了《幼儿体育游戏设计》一书。

（2）12名教师参加"全国幼儿园体育立方核优秀案例征集"，分别获得"游戏案例""教学活动案例""观察记录案例""优秀教研案例"等不同类别的一、二、三等奖。

（3）2名教师参加"全国幼儿园体育立方核优秀教师展示"，分别获得北京赛区一等奖和全国比赛冠军。

（4）10名教师组成的2支参赛队伍，参加"全国幼儿园体育立方核优秀教师展示"，分别获得"北京赛区女教师团队挑战赛"一等奖和"全国幼儿女教师团队挑战赛总决赛"冠军。

（5）我园创编的大班"跳跳球"操、中班"足球操"、小班"篮球操"，分别获得"全国幼儿园体育立方核优秀案例——早操评比"一等奖。

3. 教师思路拓展，集体操和场地图示有突破

（1）大班"跳跳球操"：融入了幼儿基本动作和跳绳，突出锻炼腿部力量和身体协调与平衡能力。尊重幼儿个体差异，不强求所有儿童达到统一标准，不能上球的幼儿在地面跳，不能加跳绳的幼儿只上球。孩子们通过学习和做操，锻炼了身体，更磨练了意志品质。

（2）中班"足球操"：将足球比赛礼仪融入操节之中，用游戏的形式将个人、双人、四人与足球的互动有机结合，幼儿在游戏化的足球操中感受足球文化，提高下肢对球的控制能力及全身动作协调性。

（3）小班"篮球操"：融入了篮球比赛中运球、进攻与阻拦等典型动作，突破了以往单一拍球的表现形式。

（4）具有本园特色的"国学操"：结合日常的主题活动，教师选择了小朋友耳熟能详的古诗新唱作为音乐，创编了优美的"国学操"，让孩子在朗朗上口的唱诗中，在舒缓优美的动作中，降低球操和武术操带来的较大运动量，心率逐渐减缓下来，起到了调整的作用。

（5）特色场地图示。

融入了幼儿体能测试的游戏图示：

融入了中国传说、极具美感的游戏图示：

（二）成果反思

1. 将优质的社区资源与幼儿园的专业力量完美结合

北京大学为我们提供了丰厚而优质的资源，这其中也包括独特的家长群体，这样的优质资源让我们有条件组建一支实力雄厚的专家团队，补充了幼儿园在体育教育专业方面的不足。

2. 因性成长，为不同特点的老师搭建适宜的发展平台

"因性成长"，根据老师的特点为老师"量身定制"，提供最适宜的发展路径。

在选择体育研修种子教师时，我们选择了部分具有一定中性性格特点的老师：她们既有女教师的母爱的光辉，同时又不同程度地具有张扬、开放、幽默、豪爽、大气、果断的特点。我们认为这样的老师更适合在幼儿体育的道路上发展。

事实也证实了我们的决定是正确的，这些种子教师在组织体育教学时，她们的运动能力支持自己的动作更加到位标准，她们的个性让她们更具有感染力，更加投入，更加灵动。

3. 研真问题，说真看法，形成务实的教研文化

通过课例研究，一遍遍地自我剖析，解决真问题。如：目标如何把握？如何解决女教师话多的通病等等。教研中老师们从没的说、不敢说、到直言不讳、争相发言，大家在"相互欣赏"环节得到鼓励和自信。在"提出质疑"环节获得新的视角和思路。在"专家引领"环节，寻求答案。

4. 采用"焦点讨论"法进行研修，让老师在成功中获得自信

创建学习共同体，研讨中采用"焦点讨论"的引导策略，从"客观性问题""反应性问题""诠释性问题"和"决定性问题"四个方面入手，引导老师深入思考，以小组为单位共同研讨一个问题，解决一个问题。"焦点讨论"法让老师

们感受到自身研究的潜力和能力，看到自己解决问题的能力，提升了教师的"自我效能感"，有效地增强了老师的自信。

5. 以点带面，搭建教师成长梯队

根据我园班级多教师多的特点，我们采用了重点培养与全园研修相结合的策略，应知应会部分的培训面向全园教师，承担观摩任务面向种子教师。

在有效促进种子教师发展之后，以点带面，扩展到种子教师所在的班组进行以教研组长和种子教师为核心的研修小组，促进种子教师进一步成长的同时，发挥她们的作用，带动本组教师共同发展。

此后，鼓励更多的老师承担观摩任务，在观摩与研讨中快速成长。在全园教师中，形成了从种子教师到骨干力量，到全园其他老师的教师梯队。

（三）研修创新

1. 采用"焦点讨论"的方法组织研修，挖掘教师自我成长的内驱力。
2. "课例研究"的方法，"揪住"真问题，解决真问题。

幼儿园教师融合教育素养提升的园本研究

王燕华　付传彩

一、问题提出

幼儿园融合教育是指将学龄前特殊需要儿童安置在普通幼儿园体系之中，使之与普通儿童一起生活和学习，园所及教师提供适宜的教育支持使所有儿童均获得发展的一种教育模式。《幼儿园教育指导纲要（试行）》明确地指出"幼儿园的教育是为所有在园幼儿的健康成长服务的，要为每一个儿童，包括有特殊需要的儿童提供积极的支持和帮助。"随着我国对幼儿园融合教育的重视，越来越多的特殊需要儿童进入到普通幼儿园就读。但因起步较晚，理论研究及实践探索不够，各地区幼儿园融合教育还处于初级阶段。如何在该阶段迅速推动融合教育整体发展，除硬件环境建设、人文环境创设、政策支持等，教师素养的提升尤为重要。教师在融合教育方面具有较高素养成为融合教育发展的关键因素。

我园开展融合教育实践多年，但教师在融合教育素养方面仍然有待提升，现状依然不乐观，比如：

1. 新从事融合教育工作的班级教师对特殊儿童融合教育态度不积极，对自己是否能够开展融合实践缺乏自信。

2. 幼儿教师对特殊儿童教育有积极的认识，但是因缺乏专业特殊教育知识而表现出一定的无奈。

3. 缺乏融合教育基本策略和方法，表现为幼儿教师对特殊儿童的评估、计划制订、教育支持及家长服务等融合知识储备不足，融合教育能力欠缺。

根据我园基本情况，究其原因，有以下几方面：

1. 新入职教师在职前培训时未进行相应的专业培训和实践，他们不了解特殊需要儿童、融合教育等相关概念，在进入融合幼儿园之前，未做好职业知识和能力的储备。

2. 特殊需要儿童个性差异较大，这就决定了需要教师更为个性化的支持策略，对教师素质的要求会更高。

3. 在职教师有提升自身融合教育素养的需求，但因班级保育教育工作繁重，在工作中摸索成长，成长速度较慢，缺乏快捷的融合教育方面的成长途径。

为了让更多的特殊需要儿童受益，保障我园融合教育事业的发展，针对我园幼儿教师融合教育素养方面的基本情况，我们进行了提升幼儿教师融合教育素养的园本研究。

二、园本研究的设计及实施

（一）研究主题

根据我园融合师资队伍发展及当前特殊需要儿童成长发展需要，将研究主题定为：通过多种形式提升我园教师融合教育素养，包括专业态度、专业知识和专业能力。

核心概念"融合教育素养"的解析

幼儿教师是幼儿园阶段融合教育开展的主要实施者，他们的融合教育素养对融合教育开展实效性起到决定性作用。随着融合教育的开展，师资队伍建设、教师专业素养提升成为研究重点，多位学者进行随班就读或融合教育教师素养相关的政策或调查性研究，他们对融合教育素养的界定基本都围绕态度、知识、技能三个方面。本研究中幼儿园教师融合教育素养概念依然沿用已有学者的较为成熟的界定：幼儿园教师开展融合教育教学工作所具备的品质，包括专业态度、专业知识、专业技能及获取支持的能力四个方面。其中专业态度、专业知识、专业技能是本次研究的重点。

（二）研究目标

1. 通过园本研究，我园教师在融合教育素养上有较高提升，具体为：

（1）教师在专业态度上，能够认可融合教育基本理念，以积极、正向的心态从事融合教育实践，具有良好的特殊需要儿童的儿童观和教育观；

（2）教师在专业知识上，能够掌握融合教育、特殊教育相关基本概念和知识，并能够灵活运用；

（3）教师在专业技能上，具有融合教育的基本教学能力，能够处理融合班级基本问题。

2. 提高我园融合保教质量

通过教师的理论和实践能力的提升，解决融合班级中的问题，提升班级融合保教质量，提高特殊需要儿童班级活动参与度。

（三）研究课程

为了提高班级教师融合教育综合素质，针对不同的教师群体，设置不同的课程内容，具体如下表。

融合教育素养	研究课程
专业态度	融合教育概述
专业知识	特殊儿童的筛查办法，包括观察评量、初筛量表评估
	认识融合幼儿园中的特殊需要儿童
	特殊教育干预方法
专业技能	融合教育中的基本策略
	个别化教育计划的制订与实施
	班级辅助策略
	特殊需要儿童同伴介入策略
	问题行为的评估和干预方案
	融合教育课程调整方案

（四）主要方法与实施途径

我园在该专题上的研究主要采取以下四种方法：

1. 园本培训

园本培训是根据我园基本情况，梳理较好的实践经验和研究成果，以高效的方式帮助更多的教师成长。许多专业知识通过园本培训的形式进行。如，我园组织过"特殊需要儿童早期融合教育""融合班级中的提示策略""同伴支持策略"和"问题儿童个性化支持探索方案"培训。

2. 外聘专家培训

根据教师成长需要，我园还聘请专家资源来园进行教师培训，如组织过"透过行为了解孩子""幼儿园班级融合教育策略""特殊儿童主题绘本在融合教育中的应用"和"美国早期干预方法分享"等培训。

3. 案例研究

我们还通过案例研究的形式提升教师的实践能力，如针对专职教师的"同伴介入策略"案例研究，针对班级教师的"班级融合支持——区域材料调整"案例研究。

4. 课题研究

以科研带动教研，"十二五""十三五"期间，我园共成功申报三项课题，并成功结题,吸纳更多的专职教师、班级教师参与其中,将教研和科研有机地结合。

除以上方式之外,我们在研究小组内组织读书会活动,每学期共同阅读一本书,每学期每名教师再向其他同志分享一本专业书籍。通过教师主动学习的方式,提升自身素质。

（五）研究过程

1. 成立融合教育研究与培训小组

园所成立融合教育研究小组,小组成员包括园长、专职教师、融合班级教师、分园管理干部、研发室主任等。每周固定教研的时间,保障研究的正常进行。

2. 按照教师培训、案例研讨和课题研究三方面进行活动

研究形式	专题内容
教师培训	早期融合教育策略（园本培训） 融合班级提示策略（园本培训） 美国早期干预方法分享（外请专家） 观察记录的填写方法（园本培训） 如何制订个别化教育计划（园本培训）
案例研讨	班级融合支持——区域材料调整 同伴介入策略
课题研究	"问题儿童个性化支持方案探索研究" "在学前融合教育班级中提高特殊儿童区域游戏活动参与度的支持策略研究"

三、研究效果及反思

（一）研究效果

1. 教师融合教育素养提升

本次研究共计 50 余名教师参加,他们在专业态度、专业知识和专业能力上均有提升。

专业态度方面,逐渐打消了新任教师的顾虑,他们更愿意了解特殊儿童的身心发展特点,从幼儿的发展需求对幼儿进行支持。融合班级与普通班级相比,班级教师在教学实践能力和研究能力上有更大的发展空间,他们更能够从尊重和支持个体差异的角度对待所有幼儿。

专业知识方面，通过多次通识性培训，各层次的教师能够掌握一定的融合教育策略，愿意主动解决特殊儿童在班级中出现的问题，并将在特殊需要儿童教育中学到的方法用到普通儿童身上。

专业能力的提升体现在：对特殊需要儿童的评估能力、班级教师融合教育策略以及融合教育研究能力。

2. 园所及教师获得的成绩

近20位教师在海淀区融合教育与特殊教育优秀案例评选活动中获得不同奖项；"十二五""十二五"二批次课题顺利结题，研究成果获二等奖。"十三五"课题已经提交结题报告。部分研究成果在专业院校或区级教师培训活动中分享。

3. 特殊需要儿童的成长

本次研究期间20余名特殊需要幼儿获益。通过研究，专职教师和班级教师共同为每一名幼儿制订个别化教育计划，将班级活动进行适度调整，提高了特殊需要儿童的班级活动参与度，专职教师为特殊儿童进行一对一或一对多的个别补救教学。特殊需要儿童的语言发展、社会性发展、动作发展等方面获得极大进步。部分特殊儿童已经成功进入普通小学就读。

（二）反思

1. 研究活动是园所促进教师专业提升的重要手段

园所非常重视本次研究活动，将本研究作为提高园所融合教育质量的重要工具。参与研究的教师普遍认为解决了自己在融合实践中的困惑，他们学会了如何与特殊需要儿童沟通，如何观察，及如何支持。与此同时，参与研究的教师也获得了自身的成长，多位教师的案例、论文获奖。

2. 本研究活动成为班级教师、专职教师的工作动力。本研究从问题出发，在实践中探索，解决实际问题，让一线教师对教研、科研不再陌生。而研究成果也极大地调动教师继续进行融合教育的积极性。

3. 本研究解决班级教师工作困惑。特殊需要儿童学前融合教育还处于初级阶段，我园也在不断地摸索，针对如何帮助特殊需要儿童更好地融入到班级中，班级教师还存在困惑。本研究能部分解决这一问题。

4. 本研究还存在一些不足。比如（1）覆盖面可以更大，作为融合幼儿园，应该是全园参与，本次研究仅限于专职教师和部分融合班级教师，下一步可以有更多的班级教师参与；（2）本次研究还没有形成更加系统的提升幼儿园教师融合教育素养的培训方案，亦可作为下一步研究的重要目标和内容。

早期融合教育的实践和探索还处于初级阶段，师资力量是制约融合教育发展的重要因素。因幼儿教师在职前极少进行特殊教育、融合教育相关的课程和实践经验，园本研究就显得极为重要。本次研究以提升幼儿园教师融合教育素养为主题，逐渐总结出融合幼儿园对教师的基本素质要求，整理出融合教育实践所需要的教师培训、教师教研内容，提升了我园各层次教师融合教育实践和研究能力。该研究方式及研究成果可以为其他融合姐妹园所借鉴。

发现寻常事物探究过程对教师专业成长的价值
——由"一盆绿萝"启动的一次教师情景体验研究学习

余 丽

幼儿园的教研到底研什么?教研的重点是什么?我们一直关注,也在实践中不断探索。虞永平教授曾在《幼儿园教研需要革命性转身》一文中阐述:"幼儿园教研的重点不是研究书面材料及教师的讲授策略,而是研究儿童的兴趣、需要和发展可能及其与环境和材料的关系,研究教师的观察、分析和引导的合理性和有效性。"学会研究孩子,学会研究孩子与环境材料的关系,研究孩子与老师的相互互动影响,这就是我们开展教研活动的希冀与目的,它对教师,尤其是青年教师,是一种教育意识,也是一种教育能力,需要不断地培养和转化。但也正是基于这样的重要意义,有时难免不自觉地将教研活动推上神坛,让人感觉不可企及。如何打破教师尤其是青年教师心中的认识壁垒,让教研活动更接地气,真正发挥教研活动的现实作用?我们带领教师静下心来,放低眼光,从关注身边的人、事、物开始,聚焦探寻身边寻常事物的教育价值,如:从"一盆绿萝"开始,展开一次教师的体验研究学习活动。

"一盆绿萝"的选择——基于教师行为分析,挖掘身边寻常事物的教育价值

研究目标的确定和研究材料的选择,需要基于现实的教师需求及现实的教育环境。如何找寻最初的研究目标对象,我们首先从关注教师的教育行为入手,观察教师在班级环境中的教育行为体现,分析教师如何通过材料实现自身教育思考与幼儿教育发展的相互衔接,寻找在现有的班级环境材料中,哪些材料的准备体现了教师的教育指导与思考?而其中什么样的材料具有代表性,可以作为引入教师研究活动的初始依托材料?什么样的研究内容,具有针对性,能够满足教师的教育需求?

为此,依据园所教师目前普遍关注并有困惑的自然角区域设置的问题,我

们从班级自然角设置情况及教师的研究需求两个角度，进行了相关的前期调研及班级现场观摩研讨。结果显示，91%的教师对植物的种植感兴趣，也有成功种植的经验；绝大多数的教师对植物的相关知识、种植方法以及幼儿活动指导等内容有研究学习的需求。对目前班级自然角设置现状分析的结果是，植物类材料所占比例为97.73%，可供观察的植物中，主要集中于常见的多肉类植物及部分藤蔓类植物，还有一些可种植的食物种子类的材料。其中，出现频率最高的自然角常备植物是绿萝，每个班级的自然角中都有它们的身影。

但在实际的现场观摩研讨过程中，引导教师观察和回顾自身及班级幼儿对相关植物种植的关注态度及行为表现时，我们发现对出现频率最高的绿萝，孩子和老师们的关注频率反而偏低，也能够明显感觉到大家对这种常见植物的了解并不太多。基于这样的现状，我们希望进一步深入了解和分析其产生的缘由。通过与教师和孩子进行交流，了解他们的真实想法，研究他们归因分析的角度，让我们对"如何在生活中寻找适宜幼儿进行自然角探究的活动材料"这个命题有了更深入的思考：如何寻找生活中的自然角活动材料？材料可以来源于哪里？普通常见的材料如何发挥它的教育价值？为什么生活中的常见材料会被忽视？是因为出现太多没有新意而被忽视？太过寻常没有太多价值而被忽略？还是本身关注引导不够？诸如此类的问题，我们有待思考和解决。

面对现状，我们尝试从这一种寻常的植物开始着手，挖掘它隐含的教育价值，让一个寻常事物发挥它该有的教育作用。这是基于教师行为分析基础上的一种教育意识的培养，也是帮助教师学会关注身边事物，发现和挖掘生活中每一个寻常事物的教育价值，是教师应有的一种基本教育能力。因为"寻常"，所以我们选择了它——一盆绿萝，也希望由它而展开。

由"一盆绿萝"展开——基于幼儿行为分析，环环相扣，践行体验式研究

在开展以"一盆绿萝"为种植区目标研究材料的过程中，我们和教师设计并共同经历了一个完整的体验研究过程（见图1）。在角色共情的基础上，通过情景模拟呈现促使教师变换视角，依托情景模拟、实验验证、反思梳理等多种形式，深入理解幼儿活动行为，反思教育指导策略，以实现教师在研究幼儿、研究幼儿与材料互动关系的过程中的自我专业成长。

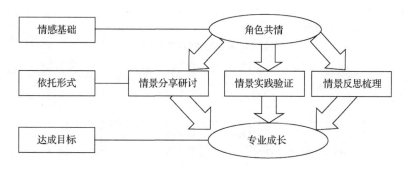

图 1　教师体验研究实施路径

教师教育实践研究的目的、内容和过程都清晰地告诉我们，应该基于对幼儿行为的观察与分析，这是我们研究的根本。因此，在教研实施的过程中，我们需要时时依托对幼儿的行为分析，事事根植于幼儿的行为表现。而教师对幼儿行为的分析首先应该基于她们对幼儿角色的理解。教师对幼儿共情能力的水平，直接影响她们对幼儿行为的认识。因此，教师角色共情能力的提升，将非常有利于帮助教师更好地去理解和看待孩子的活动行为。基于这样的思考，我们将情景体验带入活动过程中，以教师角色共情为基点，引导教师转换角色，变换视角，去研究分析孩子们的活动行为，去思考幼儿行为表现背后的发展需求，并通过情景预设去回顾模拟，通过实践行动去观察验证，通过反思分享去梳理完善，最终促进自身的专业成长。

过程一：以一盆绿萝为点，模拟情景，分享解析幼儿行为表现

过程中，我们预设多种情景，结合教师先期完成的教育资源发现统计情况进行交流分析，提供多个回顾或设想性问题，如：这盆小小的绿萝你们是如何放置在自然角的？孩子们对它有什么样的表现与反应？对于孩子们的表现和反应，你有什么思考和想法？同一盆绿萝，同样设置在自然角，三个年龄段，如何体现年龄特点和差异？小班孩子会做什么？中班会做什么？大班呢？我们从哪个角度去分析和引导孩子们的活动行为？如果放置在别的活动区域或进行其他形式活动，孩子们有什么表现和反应……结合情景及教师日常观察经验，引导教师进行多种模拟情景的演示、回顾或预想，并通过分组自由交流分享的方式，进行幼儿行为的描述和分析。

附：活动资料

教师生活中的教育资源发现
（以"自然角"为例）

我班的自然角有……			
生活中的发现与延伸（以一盆绿萝为例）			
场景	幼儿表现与反应	活动的设计	延伸材料或活动
场景一：自然角活动			
场景二：集体教育活动			

图 2 教育资源发现统计记录表

过程二：以一盆绿萝串线，模拟情景预设活动，实践研析幼儿行为特点

灵活利用身边现有的植物资源，以自然角为例，引导教师进一步思考如何补充幼儿可观察的内容或可操作的材料？同时如何呈现孩子们的活动成果？过程中，请老师们在研究现场任选一盆植物与绿萝搭配，尝试按照年龄特点模拟进行植物观察活动，进一步分析把握幼儿的行为表现特点，并进行分享。通过这样的方式，让老师们了解自然角的设置并不像大家想象的那么困难，我们完全可以将自己身边寻常事物的教育价值进行更好地挖掘和利用。比如一盆常见的绿萝，我们可以进行单独的活动设计，引发孩子们的各种观察学习；还可以在身边有限的资源中，寻找匹配的内容，给孩子们创设可以对比研究的环境和方向，简单匹配中构建深入的探究思考。这体现的是教育独特的价值和意义，也是对教师教育意识和能力的挑战。经过研讨分析，教师初步明确了三个年龄段幼儿自然角观察的不同发展层次以及体现年龄特点的观察记录方式和呈现办法。

过程三：以一盆绿萝构面，结合情景反思学习，涵养专业意识和能力

结合教师情景体验过程，鼓励教师进行反思研讨，梳理并总结在体验研究过程中所思、所想、所获，在此基础上，开展教师的共同分享式学习，提供专业性文章进行集体的补充学习，并将研学反思的内容进行记录梳理。同时发挥相关领域骨干教师的专业引导能力，进行相关内容的实践性指导培训，如《如何进行自然角的创设》等，帮助教师在实践体验的感性经验基础上，更加深入

地进行理性思考与学习，同时扩展相关领域的实践性经验，不断涵养自身的专业意识和专业能力。

图3　教师研学反思记录表

在这样的体验学习过程中，虽然还有许多需要调整和完善的地方，但是至少我们与老师们一起，更加明晰了身边寻常事物的研究和学习价值，学习了如何利用身边的寻常事物去引发幼儿对自然角植物的关注与观察，明确了基于对孩子发展特点的分析了解，教师可以如何去帮助孩子们构建起与材料和环境的相互关系……这是我们开展教育实践研究的重点，也是教研最有价值的地方之一。将目光聚焦在生活里的寻常事物，在教研活动中与教师一起去发现和寻找它们的教育价值，在共同的研究和思考中，学习去关注孩子，关注他们与环境和材料的互动，这个构建过程，也正是教育价值及教师作用发挥的过程。

一课多研助力教师专业成长

王 蕊

幼儿园五大领域中,我最感兴趣的便是艺术领域,通过艺术活动来调动人的兴趣,打动人的情感,让人愉快地受到教育。上个学期我参与了本园艺术领域教研组,通过一课多研的教研形式,对音乐游戏的选材与组织有了更加深入的学习和提升。

《幼儿园教育指导钢要(试行)》(以下简称《纲要》)中指出游戏是幼儿园的基本教育活动,也是幼儿学习的主要途径。于是我们把音乐游戏作为本学期教研方向。说起音乐游戏,孩子们一定是非常感兴趣。鉴于以往我上过的音乐课大多是律动和打击乐,对于音乐游戏还是有些不自信,比如:游戏形式有哪些?课堂如何组织等。

教研前期,本组的老师们收集了一些音乐,需要确定音乐素材后进行集体备课,由于在第一次教研中很多音乐就被筛选掉了,加之我对音乐游戏选材经验的匮乏,对于音乐游戏的开展显得更加无从下手。

在本园赵老师的带领下,我们首先学习并了解一些基本的音乐游戏概念。音乐游戏是在音乐伴随下进行的游戏活动,主要表现在游戏和音乐的相互关系上。在音乐游戏中,音乐和游戏是相互促进、相辅相成的。音乐指挥、促进和制约着游戏活动,而游戏动作又能帮助儿童更具体、形象地感受和理解音乐,获得一定的情绪体验。因此,音乐游戏是深受儿童喜欢的一种音乐活动。音乐游戏是一种有规则的游戏,培养幼儿规则意识也格外重要。

音乐游戏是多种多样的,分类方式也各不相同。从游戏的内容和主题来分,可以分为有主题的音乐游戏和无主题的音乐游戏两类,从游戏的形式来分,可以分为歌舞游戏、表演游戏和听辨反应游戏。

通过分析《小兔散步》《狮王进行曲》《开始和停止》《两只小鸟》等音乐后,初步感受到不同的音乐适合不同的音乐活动,有些适合音乐欣赏,有些适合音乐游戏。同时,不同的音乐适合不同的年龄段幼儿。

10月正值秋季，我们初步选定了歌曲《落叶飘飘》。通过集体备课，制定了教案。活动目标：1.喜欢参加集体音乐活动，感受音乐活动的乐趣。2.发现并感受音乐中的特效。3.在游戏中体验同伴互动的乐趣。

第一次活动：

第一次活动由本组张老师进行公开课展示。带领幼儿跟随音乐进场，通过欣赏音乐，让幼儿听有什么不一样的声音。个别幼儿能听出"叮"，大多数幼儿不能主动听出特效音。听音拍手，当听到特效音做律动。基于幼儿不能听出特效音，律动及同伴游戏，参与度不高。游戏：<大树与落叶>由老师扮演大树，小朋友扮演落叶，当听到"叮"时，被摸到头的小落叶就要悄悄蹲下。这个游戏孩子们参与度很高。小朋友们一起游戏，听到声音"叮"，扔落叶。此环节较为混乱。

活动一结束，我们就开展了说课，研讨，评课活动。该教师就自己组织的活动思路、活动流程以及取得的效果和存在的不足进行了反思。她认为自己高估了幼儿的经验和能力，以至于造成自己唱"独角戏"的局面。听课的老师也认为，音乐活动中欣赏音乐是至关重要的环节，需要幼儿认真倾听，次数可增加。对于幼儿不能听出特效音，教师可以把上课的距离拉近，形式多样。并且通过教师的表现力，面部表情，身体动作进行加以引导，还可以加上辅助道具三角铁。对于音乐特效音的不固定，可以将音乐进行截音处理。基于幼儿关注不到特效音，也是后续游戏参与度不高的重要原因。

鉴于第一次的课堂成果及幼儿反应，我们重新审视了此次活动的目标，以及相关问题，反思更改教案。

第二次活动：

第二次活动由我跨班进行公开课展示，先请小朋友欣赏一首歌曲，听听有什么不一样的声音？当特效音响起时，给幼儿一个听的手势加以引导。二次律动和三次幼儿互动均为熟悉音乐的过程。并提问幼儿，一片叶子掉下来有几声叮的声音？帮助幼儿梳理特效音的数量，为后面的游戏进行铺垫。二次活动我将指导语更加简练精准。

<落叶飘飘>，经过一课多研，反思更改教案，让教师们进一步理解了备课的意义。经过修改部分内容，课程基本达到了较好的教学效果，音乐的处理帮助了幼儿更改好地听出特殊音效的规律，有利于活动游戏的开展。第二次活动

中指导语较为明确，使环节层层相扣。

后续的多次研讨活动，我将收获的音乐游戏运用到了幼儿一日生活中的过渡环节，孩子们非常感兴趣，并且参与度非常高。通过一学期的教研活动，我对音乐游戏的选材、目标的设定有了一定的收获。音乐游戏中让幼儿欣赏并感受音乐最为重要，设计游戏环节需要层层递进，由简到难逐步加大游戏难度。活动中精准的指导语是我今后每节课都需要继续研究的目标。

通过这样一课多研的活动，不仅让年轻教师得到了锻炼提高，其他参与的老师也在这样的活动中边实践，边研究，边反思，边提高，学会了在教育教学中不断反思，并遵循"从幼儿中来，到幼儿中去""从教学中来，到教学中去"的原则，落实以幼儿为主体的理念。积极研讨，大胆发表见解，改进了教学方式，有效地提高了教师的教育教学能力，促进了教师的专业成长，幼儿园也形成了一个民主、开放、和谐的学习氛围，使幼儿园成为一个教师团结合作、快乐学习的乐园。

我的研修故事

杨桐桐

音乐游戏是在音乐伴随下进行的有规则游戏。有助于幼儿在乐此不疲的游戏过程中掌握一定的音乐知识和技能、收获积极的情绪体验、健全积极主动的个性品质,是一种具有重要教育意义和教育作用的游戏形式。

一、音乐游戏的素材选择

素材选择即选曲,也就是选择什么样的音乐来创编音乐游戏,这是开展音乐游戏的前提和基础。在选择的过程中并不是一帆风顺的,虽然经历了一些弯路但终究是到达了终点,沿途的风景也成为我们思考的点滴。

(一)最先的思考——以自我为中心

在教研初期,我不可避免地陷入了以自我为中心的困境,过多地依赖主观的判断,在选择音乐的过程中多凭感觉。所谓感觉,即基于我的教学经验和审美偏好做出判断。首先,作为一名新手教师,我并没有足够的教学经验,现有的教学经验更不足以支撑我去做出正确的选择。其次,作为一名非音乐专业出身的人,缺乏足够卓越的音乐素养。种种原因致使我在选择音乐的过程中过多地依赖了自己的审美偏好,表现为我对于某些音乐类型的偏好,而相对忽视对其他类型音乐的注意,结果就是我喜欢的音乐可能并不适合作为音乐游戏创编的素材,而我很容易忽视了其他更适合的音乐。在一次教研活动中,组长为我们提供了《胡椒小猪》的音乐让我们进行创编,由于这首音乐的曲调不够明亮,节奏不够欢快,不是我喜欢的类型,我也想当然地认为孩子们也不会喜欢这首歌。但是孩子们在听到这首歌的反应却出乎我的意料。可爱的小猪形象深受孩子喜爱,炒菜的情境也贴近孩子生活,甚至最后打喷嚏还成为孩子最大的兴趣点。这不禁让我陷入了思考,在选择音乐时我是不是走上了错误的方向。

（二）教研后的思考——以幼儿为中心

之后组长带领我们迅速地调整了方向。首先，以《幼儿园教育指导纲要（试行）》（以下简称《纲要》）和《3—6岁儿童学习与发展指南》（以下简称《指南》）为基准。《指南》强调幼儿在艺术领域的目标是感受与欣赏、表达与创造。《纲要》也要求，学前儿童音乐游戏活动应促进幼儿认知、情感与态度、动作技能三方面的发展。教师选择音乐时严格遵守《纲要》和《指南》的精神与要求，选择有利于幼儿感受和欣赏、能够激发幼儿表达与创造热情的音乐作品。其次，兼顾不同音乐类型。比如包括现代儿童歌曲、民间儿童歌曲、原创儿童歌曲的儿童音乐，如《小花猫》《可爱的小熊》等；诸如《牧童短笛》《麻雀与小孩》的中国器乐曲；包括以流行歌曲为主的成人歌曲，如《你笑起来真好看》等；诸如《墨西哥草裙舞》《荷兰圆舞曲》的外国器乐曲；也包括无音乐的说白节奏，因其歌词简单、朗朗上口、对仗等特点也是音乐游戏的不错选择。再次，遵循幼儿的年龄特点。小班幼儿处于具体形象思维阶段，行动容易受情绪支配，对有喜剧色彩、情绪激烈的音乐更感兴趣，应多选择形象生动、有趣的音乐，歌词简单以便于幼儿理解和记忆。中班幼儿运动技能进一步发展，强烈的好动活泼，应选择节奏简单、欢快的音乐。大班幼儿身体发展迅速，协调性和控制性增强，应选择曲式结构相对复杂的音乐。最后，尊重个体差异。幼儿发展有普遍的阶段性特征，但也存在个体差异，幼儿对音乐的喜好也各不相同。教师在充分考虑幼儿年龄特点的基础上，也应允许部分幼儿不喜欢某个音乐现象的存在，我们应该尊重幼儿的个体差异，不强迫幼儿接受。

二、音乐游戏的玩法创编

在确定音乐之后，音乐游戏玩法的创编是一个经历分析音乐、了解幼儿、贴近生活的缜密过程。

（一）分析音乐

对音乐的分析包括分析音乐的乐曲风格、曲式、节奏特点、有无歌词等。比如分析乐曲风格更适合设计何种游戏形式，是互动性音乐游戏还是简单的音乐律动；音乐的旋律或歌词可以帮助教师设计适合的游戏情节；明确的节奏变换或某些标志音也可以作为指令帮助教师创设游戏规则。

（二）了解幼儿

首先，小班幼儿初步掌握各种粗大和精细动作技能，因此在动作设计上要偏于简单、重复。小班幼儿的思维特点为非常典型的具体形象思维，因此动作应更具形象性、生动性和夸张性。为了吸引幼儿的兴趣，也可以创设幼儿喜爱的、易于理解且贴近幼儿生活的情节和角色。其次，中班幼儿的年龄特点为运动技能进一步发展、强烈的活泼好动、交往能力和游戏能力发展很快等。因此为中班幼儿创编音乐游戏时动作难度可以相对增大，设计更富游戏性和互动性的音乐游戏。最后，大班幼儿的身体发展迅速、动作协调，因此大班幼儿的音乐游戏动作设计可以更为复杂，如队形变换等。大班幼儿社会性有很大发展，游戏形式也多为合作游戏，因此可以设计小组化的音乐游戏以增强游戏的互动性。大班幼儿的规则意识逐渐形成，他们对于带有竞赛性质的音乐游戏具有极大的兴趣。

（三）贴近生活

无论哪个年龄阶段的音乐游戏，游戏动作都应贴近幼儿生活。在本次教研活动中，中班组的教师就利用《开车舞》的音乐设计了"发型师"的音乐游戏，因为每个幼儿都有剪头发或者是看妈妈烫发染发的经历，所以这种贴近幼儿生活的音乐游戏很受小朋友的喜欢。

（四）丰富形式

音乐游戏除借助肢体动作进行设计之外，也可以借助其他因素来增强游戏的趣味性。比如将打击乐融入于游戏之中，打击乐清晰的节奏赋予游戏更为轻快、活泼的特点。除了打击乐，也可以充分利用身边常见的各种道具进行创编，比如沙包、球等。此外在游戏之中加入队形的变化、玩伴的交换以增加游戏的趣味性。我们甚至可以利用我们的民间传统游戏，将传统游戏匹配合适的音乐进行再创造，传统游戏也可以玩出新花样。

（五）开放包容

音乐的独特魅力就在于它的包容性，每个人都可以对音乐有不同的理解。所创编的音乐游戏也是如此。虽然在本次教研中音乐游戏创编的主体是教师，

但是在教学过程中我们仍秉持尊重幼儿、以幼儿为主体的教育原则，给予幼儿充分的空间让幼儿欣赏音乐、理解音乐，激发幼儿的想象力和创造力去创编音乐游戏。

游戏是对幼儿进行全面发展教育的重要形式，而音乐游戏作为其中的一个分支，对幼儿的价值不容忽视。在音乐游戏的组织设计方面我积累了一定的经验，而如何实施以最大程度地发挥音乐游戏的独特意义仍是我下一步需要探寻的方向。教育不停，学习不止。我愿和幼儿一起共同成长！

我的教研故事

张玉萍

每周三下午1:00—2:30是中心固定的教研时间。通常情况下，大教研时间和小教研时间会交替进行；大教研就是业务园长"唱独角戏"，高效地传递教育信息，提出教师思考的方向，分享和推广团队的实践研究成果；而教师们更喜欢的是"自己的舞台"——小教研时间，它是集教师工作、学习和生活为一体的生态化取向的教研方式，在这一刻，大家会自主研讨，出谋划策，创意无限，友好互助，共同激励，成为一个思维碰撞的大课堂。

如往常一样，我以观察者的身份进入到每个教研小组，踏进大班组的一瞬间，我立即被其热情澎湃的研究氛围感染了，她们的研究主题是"大班儿童的集体律动的编排和设计"，只见在动感十足的音乐背景中，在大班教研组长引领下，每一位大班教师热情洋溢地说着自己的想法，并配合以精心揣摩的动作示范，大家集体模拟儿童演练着每一个动作，身体力行地体验它的力度和效度，努力创编出适宜儿童动作发展的节律体操。同时，教师们满怀信心地表述着自己对儿童身体发展和动作协调的理解和认识，各抒己见，群策群力，不断地研磨，不停地修正，一套集大家之智慧的完美的幼儿体操就这样产生了。她们自发表现出的这种对儿童教育负责的专业态度和强烈的团队合作的精神，进而迸发出的智慧火花，令我深刻地感受到了自主教研的神奇力量。

同一时刻，另一个组的教研情境映入眼帘，我不动声色地观察着这一幕：大家围坐成一圈，气氛有些沉闷，教研组长拖着缓慢的声调略显严肃地说："今天，我们一起来商量小班的体操，针对以前我们的操节编排过于倾向小班的律动趣味性和舞蹈性，使得小班操达不到基本动作的锻炼效果，所以领导希望我们在动作编排设计上强调基本动作的规范，大家可以说说自己的想法。小班的年龄特点大家也知道，我觉得以前《动物模仿操》有点简单了，要动作规范的话，选择音乐很重要，关于音乐大家有什么提议吗，我觉得《儿童广播体操》的音乐节奏挺适合，你们觉得呢？"这时，只见在座的老师们表现各异，有的沉默不语，有的自顾自看着什么，有的交头接耳，有的漫不经心地呼应着，有的躲在一角，不愿发言，有的很茫然，不知所措……沉默良久，时间似乎凝固了，教研活动立刻陷入了尴尬的境地，这时，有一个老师提议，"我们上网搜搜适合的音乐吧"，于是几个老师随声附和，几个年青教师匆匆打开网页，现场进行搜索和播放，音乐逐一播放，听取大家的意见。而大家总是你一言我一语，不置可否。在我旁边的一位老教师，低声抱怨了起来："应该提前就让大家搜集资料筛选出一些适合小班的音乐，今天再研讨选出最佳的音乐，这样才有效率；不然，现在才开始盲选，太浪费时间了。"此时教研组长也似乎意识到这一点，于是她说："那我们先找到《儿童广播体操的音乐》，让我们大家共同来感受一下吧。"这时我们非常熟悉的音乐响起了，有的老师说："这个音乐太有历史感了，让我回忆起了小时候"；有的老师说："这个音乐太小学化了，不适合小班的孩子年龄特点。"有的老师说："这个音乐太长了，中间没有停歇，小班孩子不适合这个速度和节奏。"而有的老师却持有自己不同的看法。"我觉得我们可以在这个基础上改编，包括有选择地编辑音乐的长短，简化动作的难度，增加适合小班儿童的趣味的模仿动作。"根据这个思路，有的教师选了《动物模仿操》音乐，随着教研的时间过半，这时教研组长抛出一个提议："我们可以邀请我们中有丰富编操经验的老师，根据这个音乐现场尝试创编一些动作，带领我们大家一起来示范体验一下吧！"这时，所有老师的积极情绪都被调动起来，她们一改先前的沉闷神情，积极踊跃地一字排开参与律动活动中，纷纷呈现出小班儿童喜欢的模仿动作，并根据小班身体的全面发展的原理，设计每一个规范到位且富有童趣的动作。大多数教师都主动参与意见，分享彼此看法，在协商中达到思想上的共识和行为上的默契，让我感受到了基于行动的教研活动和教师做中学和研所释放出神奇的力量。因此，当教研采用教师力所能及的策略和适宜的方法时，教师是可以全身心积极投入的。

离开教研现场，我找机会与这位教研组长进行了交流，希望一方面认真倾听她在教研组织过程中的感受和反思；另一方面，我们一起探讨了教研过程性策略使用的有效性问题。首先，我视频播放了来自第一位教研组长的整个教研活动实录，让她直观感受成功教研的全过程。只见这位教研组长专注地观看着视频呈现的每一个细节，此时她既是一名观察学习者，又是一名重新唤起置身于教研情境的参与组织者；在对比和参照中更加清晰地看到自己的问题所在。

第二编 教师教研与专业发展

于是我不失时机地提出一些引发她思考的问题，诸如"你认为教研视频实录中整体令你感触最深的是什么？""哪些教研组织细节是她关注到而你所没有关注到的呢？""有准备的教研在这个实录中体现在哪些方面？""这个教研组长在调动教研团队积极性方面运用了哪些教研策略？"等，这些问题一步一步地引导教研组长进入积极深入地思考中，她时而沉默思索，时而快速反馈问题，时而又提出自己的困惑问题，时而又提炼关键词，最后我让教研组长简单地绘制自己的思维网络图，把自己的观察和感悟联接起来。

在观摩分析这个教研案例告一段落后，我转而提到了在这位教研组长主持的教研活动中我观察到的一些情况，比如教研氛围前后戏剧性的变化，尤其教师从被动教研到主动教研的变化，我很感兴趣的是哪些因素调整在其中起了作用？同时我又赞赏了她在教研现场能够机智地调整教研方法的勇气，这些都令这位教研组长很受鼓舞，她认真地结合自己组的情况开始分析先前教研沉闷的原因和后面教师改变的原因，她谈到："当我没有意识到教研团队内部蕴藏着亟待我开发和激励的资源价值时，我总是孤立无援，感到自己陷入'孤立被动'的境地。事实如此，当我逐渐发现每个教师主观能动性的重要性，我所采用的方式就是要支持引导教师积极主动性发挥，充分尊重教研主体的身份，就会出现高效优质的教研成果"。后来部分教师教研行为的变化就足以地证明了这一点，当教师们在教研活动中各显神通，根据自己的教学经验、知识背景、情感体验从不同视角对儿童的活动给予个性化的解读和分析，最终就形成了一个有共识的活动方案，老师们的发散思维在整个教研过程中犹如神来之笔，比起锁定在一个活动方案上"添砖加瓦"似乎更具有灵活性、适宜性和创新性。随后，我带领教研组长就有效的过程性教研策略尝试罗列出一份清单，包括"个性解读法""情境模拟法""榜样示范法""儿童视角分析法""头脑风暴法""学习体验法"等，从而帮助教研组长实现其实践经验的专业理论提升。

最后，我又向她抛出了一个问题："我们教研出的这些'成果'应该到哪里找答案？"她陷入了沉思，我相信她已经有了自己的答案，也相信这位年轻的教研组长将会充满自信在自己教研专业成长的道路上继续探索前行。

教研活动并没有在这一个半小时戛然而止，而是继续在孩子们那里延续，当老师信心满满地将精心设计的体操律动展示在孩子们面前，不料孩子们意兴阑珊，然而孩子们的评判是最直观而中肯的，表现在他们或者跟不上音乐的律动节奏、或者做出的模仿动作有些牵强、抑或不均衡的肢体运动导致儿童不愿行动起来——老师们敏锐地观察和发现孩子们对音乐和动作体验不佳后，就会积极去进行音乐转换、动作简化和再创新等方面调整，因此这些在实践中反馈出的真问题促使老师们又聚在一起，进行分析，最终确定下来能够真正体现儿童发展的运动体操，这个看似自然简单而烦琐的细节，恰恰体现出教师们尊重儿童，从儿童发展视角审视自己教育行为的教研观念，这种科学的研究态度就是在这样的行动教研过程中深深地植根于每位教师的心中，成为他们用来衡量自身教育行为的永恒坐标。更为重要的是，教师会根据儿童的个性发展、兴趣爱好和能力水平设计出各具特色的活动方案，支持儿童个性化发展。

我是教研故事的亲历者，在每个故事情境中，我都会持续地观察、倾听、不时地反思：教研引领者究竟对自己的专业权威角色如何重新定位呢？我的教研故事让我看到了教研智慧就在于对团队资源的充分利用，来自团队的激励往往大于单一的激励，尤其是教师的创新，更需要激发和鼓励。同时也认识到每个教师的参与度和自主性发挥的关键在于教师是否已然成为一个有准备的教师，因为灵感来自积累、启迪发自思考、创新源于内在，当信念有准备，专业有准备，教师在互动分享的教研活动中才能学有所获，研有所悟，获得共同的成长和进步。在我教研故事中的这位年轻的教研组长正是凭着满腔的专业热忱，植根幼儿园实践研究的沃土，不仅自身快速地成长为一名研究型的专业教师，而且带领一线教师研究团队取得了令人称道的教研成果，其不断探索的教研管理经验在全园范围内也得到了推广。

我的教研故事就如同自己不断谱写的一段恒久的美妙旋律，偶尔会出现各种不和谐音符，但我总会满怀热情去紧紧奏响教研的主旋律，伴随着教师在教研实践的路上快乐前行，指引着她们的心思循着"规划—实践—反思调整—再实践—总结—再规划"的回声轨迹传递……

园本研修故事
——我们生活中的数学

何高莉

一、园本调研

我们园每个学期初都会对老师进行调研，了解每位带班老师的需求，然后根据老师们的需要，梳理规划，并有针对性地开展教研。如学习《3—6岁儿童学习与发展指南》（以下简称《指南》），深入探讨幼儿的"学习品质"；研读探讨《指南》科学领域部分内容及具体实施办法；骨干教师活动展示及教学活动设计与组织的研讨；阳光体育游戏课程的研讨；发现生活中的科学教育契机——以班级自然角构建为例；融合教育"包容和接纳特殊儿童随班就读"的研讨；如何进行幼小衔接活动；研习《纲要》中关于幼儿数学认知能力发展的相关内容等。

二、园本研讨

本学期我参与了我园"重新走进数学""隐藏起来的模式"和"生活中数学计算"三个专题讲座研讨。

首先，我了解了什么是数学？数学是研究数量、结构、变化、空间以及信息等概念的一门学科，数学是科学领域的一部分，而我们的生活离不开数学。

序号	从内容划分	具体学习
1	分类	单一维度、两个维度，分类标准推理
2	颜色	三原色、混色、红黄蓝
3	图形	认识平面、立体几何
4	空间	位置、方向、远近、部分整体、角度、转换、对称、空间知觉、模式
5	数字	数量统一、对应

其次，从心理学角度解读，集体学习关于幼儿数学思维发展中的关于"模式"建立的认知发展特点及相关机制。结合学习的内容，我们积极地进行交流及研讨，进一步理解什么是幼儿数学"模式"。关于模式，我个人理解就是一种规律，就像孩子们按照一定序列进行排序；是他们发现规律，并能够按照规律进行活动的过程。

通过集体讨论，归纳总结，我发现模式的建立其实对孩子们来说，是一个很重要的思维能力的发展，因为它体现了一定的逻辑思维能力，能够探知他们的基本能力。

最后，每位老师去探讨研究本班幼儿的数学模式，通过图片、游戏等形式，说明幼儿在"数、量及数量关系"的认识。之后，每位老师再来总结自己的学习研究成果。

三、学习探究

1. 结合数量的问题，教师在本班展开了深入学习和研究。我在本班区域游戏规则制定的墙饰背景中制作了一些小旗子，并按照1—5进行了限定。这样孩子们在进行区域游戏的时候，也能够有相关数与量关系的认知机会。

2. 我们班的图书区添加绘本《小黑鱼》，这本书里的相关内容能够帮助孩子们进行数和量的学习。让他们认识"1"和"许多"的关系，也能够进行一定数量的点数。

3. 创设活动"美丽的小蝴蝶"：在蝴蝶的翅膀上，一半贴有1—5数字，另一半上面贴的是对应的1—5个点。让孩子进一步感知5以内的数量，练习手口一致点数并说出总数。并在感知物体颜色，数量的基础上，尝试根据二维特征分类。

4. 在日常学习生活中，孩子早晨进班搬一把椅子，洗完手一个人对应挂一块毛巾，一个人对应一个水杯等，处处是数学，只要我们老师用心去观察、分析、探究，就一定会有收获。

四、园本分享

通过讲座、研讨、学习和实践，我了解到生活中有许多可以挖掘的数学知识，以及如何将数学运用到生活中去。我们以往的数学教学往往比较重视解答现有的数学问题，在大力推行素质教育的今天，有必要让孩子在数学应用中，在生活实践中使知识得以验证，得以完善。例如：在教学"认知图形"后，我让幼儿观察周边环境，找一找生活中哪些物体是什么形状的。孩子把日常生活中每天看见的、但又没有意识到的是什么图形的物体一一找了出来。这无疑使孩子体会到数学与实际生活离得很近，也增强了孩子今后运用数学知识去创造美好生活的意识。

五、研修总结

本次研修体现了教育独特的价值和意义，也是对老师们教育意识和能力的挑战。经过充分的研讨，我们初步明确了关于孩子们的数学学习可以有很多的途径和方式，重要的是老师要有发现教育契机的智慧。

讲座内容从一个新的角度为老师们解析了幼儿数学学习中关于规律的认识，是将心理学研究和教育学研究相结合的学习，能够很好地补充和丰富我们的相关认识。虽然我们学习探究的不一定完美，但是在研究中，我们逐渐清晰了可以如何利用身边的寻常事物，引发幼儿对数量的关注与观察。这就是研究的重点，也是很有价值的地方。

非常时期的"非常"音乐
——记疫情期间音乐小组的研修活动案例

赵 娜

一、背景与问题

正当大家贴着春联、挂着灯笼准备迎接我们中国传统节日之时,一场突如其来的新型冠状病毒感染疫情,打乱了我们原有的生活节奏,原本热闹非凡的街道变得分外冷清;原本高朋满座的酒楼变得无人问津;原本欢声笑语的公园更是毫无人迹,面对这些变化,成年人都会出现不同程度的烦躁、紧张和焦虑。孩子们更需要好玩的游戏来消耗掉他们无限充沛的活力,我们应该采用什么样的方式为幼儿提供丰富多彩的活动呢?怎么做才能弥补孩子们足不能出户,百无聊赖的心情呢?在这个特殊时期,我们不仅需要预防病毒做好防护,更重要的是要帮助幼儿调整好心态,做好"心理上的防护"。

二、研修课程设计

1. 研修对象

我园领导在与老师们多次商讨下,制定出专项工作方案,将全园教师按照各自专长分成了不同小组(音乐、体育、科学、绘本、美术等),分别通过网络形式开展以"健康快乐幸福时光"为主题的亲子课程,为大家推送了适合家庭亲子互动的各项游戏。本人负责音乐小组,小组内是分别来自大、中、小不同年龄班且能歌善舞的老师们,她们的加入使我们音乐小组变得格外热闹与欢乐。

2. 研修主题:"云端音乐小课堂 亲子乐动欢乐多"

在这段特殊"战役时光",音乐是烦躁恐慌情绪最好的镇静剂,音乐提供了想象力和安慰。成人可以在音乐中重拾面对困境的勇气和信心,孩子们可以在音乐中感受到爱与温暖,平复内心的不安,同时也能够缓解由于疫情带来的烦恼。

我们根据幼儿年龄特点挑选不同类型的音乐、歌谣等，进行互动游戏、节奏游戏及音乐律动等不同形式的创编，再通过网络视频方式传递到家长及幼儿家中。虽然隔着屏幕，但是隔不住我们对孩子的爱。

为了让居家幼儿能够随着好听的音乐动起来、跳起来、欢乐起来，经过大家各抒己见，我们小组名字也应运而生"Let's go，让我们跳起来吧！"

3. 研修目标

（1）遵照教育部指示精神，落实"停课不停学"，通过不同形式的音乐教学视频活动，安抚幼儿焦虑的情绪。

（2）通过音乐亲子互动游戏，增进父母与幼儿之间的情感。

（3）引导幼儿欣赏不同曲式曲风的音乐，感受音乐带给我们的独特魅力。

（4）用具体形象、生动有趣的舞姿，传递教师对幼儿的爱与思念。

（5）通过大班哥哥姐姐的音乐律动，激发幼儿进行模仿。

（6）通过各种有趣的节奏游戏，引导幼儿感受音乐中不同节奏的变化。

（7）巧用生活中的物品为乐曲伴奏，激发幼儿对音乐节奏游戏的喜爱。

4. 研修时间和学时

我们音乐小组的研修从 1 月底至 3 月底为期两个月，每周准时为幼儿推送 3—4 个不同形式的音乐律动、音乐游戏或音乐欣赏等。小组内的成员在每周一将自己寻找或创编的音乐律动等素材发送到微信群里，大家根据具体的内容进行分析与研讨。

时间	编排教师	音乐活动名称	教学形式
1月31日	余丽、赵娜、韩杰等多位教师参与初期研讨活动		音乐律动、亲子互动游戏、节奏游戏、音乐赏析等
2月7日	刘倩老师 李赟老师 韩杰老师和睿睿姐姐 石头哥哥 欧阳力行老师	《小玉米》 《兔子跳跳跳》 《顶牛》 《我的身体》 《狮王进行曲》	音乐律动 音乐律动 亲子互动游戏 音乐律动 音乐赏析
2月14日	谢珍金老师 谢珍金老师和石头哥哥 睿睿姐姐 刘倩老师 欧阳力行老师	《武汉加油》 《我最喜欢》 《手指游戏》 《哎呀呀》 《阿西跳跃》	音乐律动 亲子互动游戏 手指律动 音乐律动 音乐赏析

续表

时间	编排教师	音乐活动名称	教学形式
2月22日	石头哥哥	《就是这么牛》	音乐律动
	睿睿姐姐	《123跳》	音乐游戏
	刘倩老师	《爵士猫》	音乐律动
	李赟老师	《新健康歌》	音乐律动
	欧阳力行老师	《糖果仙子舞曲》	音乐赏析
2月29日	韩杰老师和睿睿姐姐	《烧萝卜》	亲子互动游戏
	刘倩老师	《妈妈是超人》	音乐律动
	郭宏老师	《石头剪刀布》	音乐律动
3月9日	谢珍金老师和石头哥哥	《布谷鸟》	节奏互动游戏
	李赟老师	《加油鸭》	音乐律动
	马晨老师	《棒棒糖》	节奏游戏
	欧阳力行老师	《水草舞》	音乐赏析
	韩杰老师与睿睿姐姐	《我的好妈妈》	歌曲欣赏
3月19日	刘倩老师和小朋友	《布谷鸟》	节奏互动游戏
	郭宏老师	《村居》	古诗新唱
	韩杰老师和睿睿姐姐	《春晓》	古诗新唱
3月31日	马晨老师	《春天在哪里》	打击乐游戏
	李赟老师	《古诗联唱》	音乐律动
	谢珍金老师和石头哥哥	《小松鼠进行曲》	节奏游戏
	欧阳力行老师	《马刀舞曲》	音乐赏析

5. 研修课程内容

许久不见，孩子们在家都做些什么呢？如何调动他们唱起来、跳起来的积极性？他们都喜欢哪些歌曲和音乐？他们最想见的人又是谁呢？随着对问题的思考，我们从如何选择音乐入手，在众多音乐之中挑选出了一些节奏鲜明，欢快活泼、朗朗上口的小儿歌，并以歌曲表演、亲子游戏、小舞蹈、小律动、音乐欣赏作为研修的课程内容。

三、研修实施过程

（一）依据教师专长，明确职责分工

小组内共有十位教师，每位教师都各具特色，在大家的商讨下，我根据大家的特质与资源进行了合理分工。李赟、刘倩、郭宏和马晨四位年轻教师主要负责舞蹈律动的编排和展示，韩杰与谢珍金两位老师家中孩子都是大班幼儿，完全可以配合妈妈一起完成亲子互动游戏创编部分，我们利用同伴间相互学习这一特点起到事半功倍的成效，云端那边幼儿看到往日熟悉的伙伴，都情不自禁地模仿起来。两位小帮手也深刻感受到为同伴服务的光荣，他们的出现为我们音乐小组增添了很多亮点；欧阳老师在音乐素养方面有较高的造诣，从音乐曲式曲风、不同乐器演奏方式等有很好的赏析和听辨能力，因此经典音乐赏析部分由她来负责；林源老师是园内电脑高手，对于音乐整合与编辑非常专业，因此由她来负责背景板的选择以及后期教学视频整合与制作等工作。

（二）发挥团队力量，促进专业性成长

1. 选择适宜不同年龄段幼儿的音乐素材

分工明确后，老师便开始搜集音乐素材，开始有些老师会寻来一些"好听、节奏欢快"且比较热门的音乐进行创编，但录制好的视频发到群里后，我们发现无论从歌词或动作创编都没有较好地体现出不同年龄阶段幼儿的特点，普遍中大班化，歌词较多且曲式复杂，对于小班幼儿不够适宜，于是我们针对如何满足不同年龄段幼儿为思考点进行研讨，通过分析，大家认识到小班幼儿处于具体形象思维阶段，所以应多选择形象生动、有趣、歌词简单以便于理解的音乐。中班幼儿运动技能进一步发展，好动又活泼，所以我们可多选择节奏简单、欢快的音乐。大班幼儿身体发展迅速，协调性和控制性增强，因此我们可多选择曲式结构相对复杂的音乐。

2. 以幼儿为中心，采用多种教学方法

在创编的过程中，大家分别采用了教师示范、亲子互动、同伴演示、倾听音乐等不同的教学方法，引领家长与幼儿开展亲子游戏互动、舞蹈律动和音乐赏析等多种音乐活动。我们吸取了挑选音乐时的经验，一直遵循幼儿年龄特点和学习方式，从手指游戏到单一动作，再到较复杂动作循序渐进的学习方式，所创编律动的形式要突出易学、互动性强，容易接受和模仿的原则。小班幼儿动作设计要偏于简单、重复、形象性、生动性和夸张性，以音乐律动为主。中班幼儿动作难度可以相对增大，可设计更富游戏性和互动性的音乐游戏。大班幼儿动作更为复杂，游戏更具挑战性，同时带有一定的规则性。

3. 面对新的挑战，力争精益求精

录制视频对于老师们是全新的挑战，大家力求做到"精"与"细"，我们会针对每一个发过来的小视频进行具体的分析与研究，例如：画面是否完整流畅？录制后，家里背景墙的布置与摆放效果是否舒适与合理？示范者服饰颜色是否与表演的律动内容相适宜？音视频的声音是否清晰、无卡顿，是否为原声音乐无杂音？动作是否规范并且节奏准确？表演者的情绪情感是否积极，并有很强的感染力等，针对这些问题，大家在微信群里经常会从中午一直谈论到晚上，而老师们也经常会因为一个节奏是否合拍或者是一件乐器是否适宜而多次进行录制，直到得到大家的认可和自己满意为止。

（三）不甘满足现状，积极完善创新

起初老师们从一周3、4个视频的录制，渐渐地我们又发现新的问题，感到律动、亲子游戏和音乐赏析等视频模式还是略显单一，如何将我们小组视频教学形式再度创新呢？于是我对大家提出了自己的想法，"如何将音乐教学视频变得更有深度？如何将不同形式的教学视频整合为同一主题？"在我的引导下，老师们一致决定，可以以节日为教育契机形成主题下的音乐教学活动，例如：结合"三八妇女节"我们创编了《我的好妈妈》歌曲和律动，结合清明节我们创编出符合不同年龄班的音乐律动《清明》；选择家喻户晓的古诗，开展古诗吟诵歌表演，例如：《春晓》《古诗联唱》等，使幼儿在轻松愉悦的氛围中就习得了古诗；同时我们还将亲子互动游戏调整为亲子节奏互动游戏，还有图谱和道具的出现，尤其谢珍金老师和儿子（小石头）的《小松鼠进行曲节奏游戏》，使幼儿边听音乐中的固定节拍，边看着不断变化的节奏拍手、拍腿，练习幼儿的应激反应，这样生动有趣的教学活动很好地体现出"玩中学"，隔着屏幕都能感受到音乐带给我们的快乐，由此石头哥哥和睿睿姐姐也成了园里的小明星。

四、研修成效、经验与创新

音乐研修小组在两个月里开发出了7版网络课程，共创编出音乐律动13个、亲子互动游戏6个、节奏游戏5个、古诗新唱2首、音乐赏析6首等，看到作品被成功发送到全园师生手中时，大家心中有说不出的自豪与激动。在这个非常时期，我们用一种"非常"方式，通过音乐独特的魅力传递着彼此的情感。正如园里一名家长所说：当孩子在视频中看到熟悉的面孔，心里无比的激动和温暖，每天跟随音乐唱唱跳跳是我们全家的互动环节，这种愉悦你我的游戏带给了我们无比的欢乐。

在给幼儿带来快乐的同时，老师们自身也收获了专业上的成长，学会站在幼儿的视角出发，选择有利于幼儿感受和欣赏、能够激发他们表达与创作的音乐作品进行创编。老师们能够针对乐曲风格、曲式、节奏特点、有无歌词进行分析，不同风格的音乐适合创编何种游戏形式，是互动性游戏或是简单的音乐律动；鲜明的节奏变换或标志音也可以作为指令，帮助教师创设游戏规则等。

当然，对于从没有接触过视频教学这种模式的老师们而言，更是一种全新的挑战，掌握好音视频的编辑制作技术还是十分必要的。

五、研修反思

（一）作为小组负责人，通过为期两个月的研修活动，引发我更多的思考

1. 在这个特殊时期，我们通过云端教学视频这种特殊的"纽带"向家长和幼儿传递着爱与温暖，拉进了师生之间的情感，也深刻体现出家园共育的重要性。

2. 通过音乐的独特魅力，缓解了由于疫情带给我们的负面情绪，有效促进了家庭和谐的氛围，增进亲子之间的关系。

3. 通过教师精心编排录制的各种教学视频，使得幼儿在音乐素养方面得到良好的熏陶，同时也提高幼儿对音乐的感受、表达与创作等方面的能力。

4. 此次特殊的教学模式，打破了以往寻常的教学状态，对于老师而言，无论从音乐教学专业性或现代化技术等方面，都有了突飞猛进的成长与进步。

5. 小组负责人较好地发挥引领带头作用，能够及时发现问题并给予教师专业上的引领，用鼓励的话语，激励教师将最好的状态展示给孩子和家长，较好地促进了团队的向心力与凝聚力。

（二）此次研修需改进的方向

1. 录制的教学活动应尽可能面向全体幼儿，尊重幼儿的个体差异，体现个性化教学。

2. 提高教学视频过程中与家长及幼儿的互动性，针对家长的建议给予积极的反馈。

3. 教师需加强相关专业理论知识方面的学习，学会一切以幼儿为中心，从孩子视角出发，遵循幼儿的年龄特点与发展规律，以促进自身专业的成长。

玩转科学小游戏，促进教师专业成长
——疫情期间幼儿居家科学游戏研究

孟 帆

一、研究背景与问题

2020年1月29日教育部提出"停课不停学"，1月31日在我园业务园长的带领下，业务部门成立了网络教育服务项目，分别组成了健康、语言、音乐、美术、科学五个小组。科学游戏研修组集结了八位在幼儿科学教育方面富有经验的骨干教师参加，选择什么样的内容？如何制定适宜的目标？如何更好地呈现科学现象？经过沟通、学习、研磨、尝试、完善，在这个特殊时期，通过一个个好玩、有趣、引发思考的科学游戏与孩子、家长互动，收获快乐与成长。

二、研究设计

1. 参加教师：科学小组骨干教师
2. 研究主题：研发适宜幼儿居家操作的科学小游戏
3. 研究目标：提高教师对科学游戏的设计与实施能力，积累科学核心经验，结合特殊时期居家条件，研发适宜的科学小游戏。
4. 通过学习《3—6岁儿童学习与发展指南》《幼儿园科学领域教育精要——关键经验与活动指导》（以下简称《指南》《关键经验》），分析科学领域关键经验、把握幼儿年龄特点，了解幼儿兴趣需求，结合疫情居家现状，设计适宜的科学小游戏，为家长提供科学游戏教育资源。

三、研究过程

第一阶段	学习	《3—6岁儿童学习与发展指南》科学领域
		《幼儿园科学领域教育精要——关键经验与活动指导》
	研讨	如何选择科学游戏内容？
		科学游戏体现形式、体现要素

续表

第二阶段	整理资源	收集游戏案例，建立共享资源库
		研讨资源库素材，分析关键经验，确定游戏内容
	研磨游戏	设计游戏目标，游戏玩法
		游戏视频录制、编辑
		小组分享，研讨与完善游戏视频
第三阶段	推送游戏	每周三至四个游戏视频推送给班级
	收集反馈	搜集家长与幼儿互动反馈
	反思总结	个人、集体反思，调整完善游戏

四、研究成效、经验与创新

（一）研究成效

1. 24个科学游戏资源受到好评

科学研修组老师们一共完成了24个科学游戏小视频，平均每周推送4个游戏，当我们精心录制的科学游戏内容与小朋友见面后，深受幼儿与家长的喜欢，老师们也收到了很多反馈，有小朋友尝试游戏的精彩瞬间，也有在游戏启发下的创意玩法，还有家长主动与孩子开展更多的科学游戏与老师分享。

2. 教师科学领域专业能力得到提升

通过专项学习、教研，老师们的思想经历了几次突破性的碰撞，明确了科学关键经验与游戏目标的关系，科学内容选择三个原则，如何选择合适的内容？如何制定适宜的目标？如何更好地呈现科学现象？对科学游戏的核心经验、探究方式及效果有了更深入的了解，在不断调整和完善中提高了科学领域专业能力。

3. 认真梳理实践经验，积极参与园刊投稿

科学研修组四位老师经验分享收录到了幼儿园《晨曦园》抗疫特刊中，有对关键经验的总结，有对科学活动严谨性的思考，有对科学游戏设计的探索。

燕园幼教拾贝集

科学活动要注重严谨

尤凤娇

新的学期,本该早已重聚到欢乐的幼儿园的我们,因为疫情的原因,我们不得不暂时不能与小朋友们相见。为了帮助家长提供可参考选择的幼儿活动内容,做好对幼儿居家生活的教育关注与指导,我有幸作为科学教研组的老师来研究孩子在家就可以完成的科学小游戏,从中科学游戏的严谨性有了一些体会:

一、活动材料的严谨性

在选择材料时一定要注意材料是否安全,比如在"巧取硬币"的小实验中,在胡椒粉与五香粉的比较下,活动材料最终选择了五香粉,因为胡椒粉味道很浓,容易呛鼻。所以材料的选择一定要严谨。

二、操作方式的严谨性

操作方式直接影响着实验的结果,比如在"火箭发射"的小实验中,用力挤压瓶身气流不够大,火箭发射的实验结果也不明显。经过研讨,我们将操作方式改为将瓶子立在桌子上,两手用力拍打瓶身,气流增大,火箭一下子就从瓶子上被发射出去,小朋友也玩得不亦乐乎。

三、科学原理的严谨性

科学原理是对某一科学领域所作的系统解释的知识体系,由系列性的概念、判断和推理所组成。简单点说是游戏结果的一种解释。但是这需要我们查阅过相关资源后,用词用字准确,向孩子来说明这个实验的科学原理是什么。给孩子奠定科学的基础,同时传达严谨的态度。

其实我们所设计的网络教育资源服务中的各种活动,不仅仅是科学活动,还包括其他所有的活动都要注意严谨。所以我们应该在每个环节、每个细节都要注意严谨,做好网络教育资源服务,在指导家长的同时,让孩子受益。

27 晨曦园(32)

4. 对后续班级活动开展起到启发作用

四月份以后,随着疫情情况的不断变化,各行各业开始复工复产,很多家长需要回到工作岗位。园级教育资源已经不能满足广大幼儿的需求,于是开始调整以班级为单位主题活动。班级教师对科学游戏有了一定的了解和把握,对班级开展春天种植、昆虫等主题活动有了很多的启发和借鉴，为以后班级开展区域游戏和科学活动打开了思路。

（二）研究经验

1. 确定了科学游戏资源的三个原则

（1）游戏现象有趣、明显、易做

科学游戏有趣，才能吸引幼儿和家长产生兴趣；明显，是指科学现象容易观察到，幼儿不仅能体验到研究的乐趣，还能对奇妙的现象产生好奇心，进一步引发幼儿对科学现象的思考；易做，是指科学游戏过程不复杂、不烦琐，易于操作，如果游戏过程太难，要反复看视频才能学会，家长和孩子就会有畏难情绪。有趣、明显、易做这是我们确定科学游戏内容最重要的标准。

（2）科学材料安全、常见、易找

安全是任何游戏基础的保障，也是我们在选择材料时的最基本的要求，要选择无毒、不刺激的材料，如果用到剪刀、筷子、玻璃杯等材料，也要在视频中提醒家长在幼儿游戏中关注幼儿的安全。特殊时期，家人不能随意外出购买材料，我们选择科学游戏材料都是家里常见的，易找到的，比如水杯、盘子、纸、水盆、瓶子等，有了材料才能支撑游戏顺利操作。

（3）以幼儿视角确定游戏视频的基本思路

科学游戏给谁看呢？幼儿及家长。好玩的科学游戏如何让幼儿生动直观地看到呢，动态的视频是最好传递方式之一。视频里老师会介绍游戏名称、准备材料、具体玩法、安全提示等内容，一分半左右时间，每期内容包含三个游戏，结束后会总结游戏目标或简单的科学原理，这个主要是供家长参考，家长可以结合自己孩子的特点、喜好、经验水平来选择和互动好玩的科学游戏，根据幼儿兴趣进行延伸或创新。

2. 严谨的科学态度保证科学游戏效果

为什么有的游戏效果不明显，或者怎样能更明显？随着视频的不断出炉，我们也发现了一些问题，比如《空气火箭》中，老师用手挤瓶子，纸做的火箭受到气流阻力升高的现象不明显，火箭制作的太大太重？塑料瓶子比较硬挤不动？操作方式有问题？大家首先聚焦了三个影响因素，有的老师在家里制作了小一些轻一些的火箭，把双手挤瓶改成了用双手拍瓶后火箭能飞很高。然后录制视频的老师更换了拍瓶的操作方式，火箭果然飞起来了，达到了我们预期的效果。

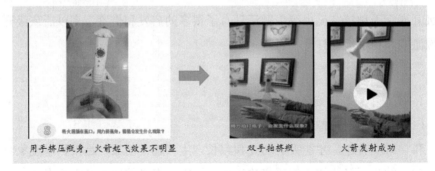

用手挤压瓶身，火箭起飞效果不明显　　　双手拍挤瓶　　　火箭发射成功

还有一个《纸炮》的游戏，老师在视频中展示了纸炮的制作方法，从六分之一处折纸，纸炮边比较窄，不方便幼儿手捏住甩，纸炮的声音也不够响。经过调整，折纸的宽度变宽，就解决了上面的两个问题。

3. 结合幼儿发展，增加数学游戏

经过了三期科学游戏尝试，我们开始思考幼儿对科学领域中的数学游戏内容是否有需求。老师们与家长沟通后，大家很迫切地希望老师分享一些好玩又适合幼儿玩的数学游戏，帮助幼儿积累数学领域的经验。于是，老师们分为科学游戏组和数学游戏组，交替为小朋友呈现游戏内容。数学组开始行动，结合《指南》中数学领域的目标，开始寻找适宜的内容。经过几次沟通，决定尝试一期扑克牌的数学游戏，不同年龄段扑克牌的不同玩法，积累数与量的经验，还有图形与空间、模式、思维拓展等游戏。

（三）研究创新

1. 多媒体的综合运用

利用网络收集优质资源，迅速建立资源库，为科学游戏内容参加及视频制作提供帮助；视频编辑软件的运用、**PPT** 如何转化成视频、文字体现时长、背景音乐能否贴合游戏内容……老师们精益求精不放过每一个细节，大家总能在第一时间发现问题，解决问题，以严谨的科学态度尝试多媒体的综合运用，不断优化我们科学游戏的视频，达到理想的效果。

2. 珍视幼儿的反馈

当我们精心准备录制的科学游戏内容与小朋友见面后，老师们也收到了很多反馈，其中有小朋友尝试游戏的精彩瞬间，也有在游戏启发下的创意玩法，还有家长主动与孩子开展更多的科学游戏与老师分享。

在征求小朋友家长同意下，我们的内容从单一的教师准备，扩大到了幼儿主动分享，在第二、三、四期科学网络服务内容中，就有中、大班小朋友分享自己的科学小游戏，鼓励幼儿有更多表现的机会，同时引发幼儿对科学有更深的思考。

五、研究反思

在这个特殊时期，我们科学游戏小组经历了将近两个月时间的研修活动，完成了 24 个游戏视频，每一个游戏背后都有老师的学习、思考和努力。

1. 明确研修目标，形成学习共同体

1 月 31 日晚接到园所成立研修项目的任务，我们立刻就组建了科学研修小组，首先明确了研修目标，"提高教师对科学游戏的设计与实施能力，把握科学核心经验，结合特殊时期居家条件，研发适宜的科学小游戏。"明确了共同的目标后，大家都肩负起特殊时期的骨干担当，形成学习共同体，很快进入学习、工作的状态，形成合力，共同努力。

2. 发挥群体优势，创建优质资源库

确定了目标和原则，结合科学关键经验和幼儿发展需要以及疫情居家现状，老师们群策群力，搜集优质资源，建立了"科学游戏资源库"。资源库里的科学游戏，为我们科学游戏提供了素材、研究媒介、参考案例，大家在共享和研究中，不断更新资源库。

3. 抓准核心问题，达成共识同前进

科学游戏给谁看？由谁来操作？和平时组织的科学游戏有什么不同？根据这些思考，我们很快确定了游戏内容选择的三个原则，适用于本次科学游戏设计的特殊性。

游戏内容的关键经验是什么？如何设定适宜的目标？游戏效果如何更好地体现？这是我们在完成具体的游戏案例时，大家逐一讨论和解决的问题，《指南》《关键经验》两本书是指引也是参考，当我们不太确定的时候，就一起翻书寻找答案。大家在研讨和碰撞中，攻克一个个难题，形成了让大家满意的游戏资源。

4. 及时梳理反思，优化研修内容

在这个特殊时期，老师用这样的方式与幼儿互动，老师们在这个过程也有收获和成长，对材料及材料之间的关系、对目标的表述、对操作过程的严谨，都能静下心来及时梳理和反思，不断优化我们的游戏资源。曾经让大家很苦恼的科学区或数学区可以投放何种让幼儿真正玩起来材料，经过这段时间的研修，我们发现原来生活常见的材料也能玩出那么好玩的科学和数学游戏，这些都可以成为经典的区域游戏。我们科学小组就是这样本着严谨、创新的态度，不断优化游戏内容，希望我们的努力，能在小朋友心中埋下探究的小种子，爱上探索，爱上数学，动手动脑，体验快乐。

基于幼儿视角的数学课程研究

孟 帆 尤凤娇

数学活动都哪去了？

从查阅老师的周计划，到推门进班看活动，两周下来发现几乎没有看到数学活动，我们的数学活动都哪去了？带着这个问题，与部分老师进行了沟通，"数学活动要操作，材料不好准备。""数学核心经验掌握不足，也没有系统化的教材，活动内容不好确定。""去小学化，去的我们不知道哪些该讲哪些不该讲。"以上是老师很少组织数学活动的主要原因。

结合老师们提出的问题需求，我们从两条路径共同解决。

一、提供物质保障

选择适宜幼儿操作的数学材料，选择适宜教师使用的教材或优质课程。经过老师们的推荐、相关的调研，我们配备了很多低结构的数学材料，可以作为日常教学的操作材料；为教师订购了《学前儿童数学学习与发展核心经验》《幼儿园数学领域关键经验》相关参考书；选择了《智爱·幼儿教程》小、中、大班的教材，教师进行数学活动有抓手，孩子有材料。

二、提供专业支持

《智爱·幼儿教程》为教师们进行教材理念与解读、教学开展的相关培训，帮助教师在最短的时间里能够了解教材、会用教材。

数学活动回来了，却变味了

数学材料和课程支持已经到位，数学培训按计划进行，孩子们的数学活动应该会既丰富又系统吧？充满期待，走进班级，虽然看到了久违的数学活动，可是却变味了。

问题一：数学活动从操作纸开始，到操作纸结束

教师仅仅围绕幼儿操作纸上的数学经验、重难点来进行教学，幼儿数学经验无法迁移和运用。

例如大班数学活动找方位"在哪里呢？"教师不能很准确地知道活动的难点和重点。在做操作纸找方位的时候，孩子们不能很好地理解从左/右数和从上/下数，造成活动中的困难。

问题二：数学活动只按教材顺序开展活动

完全按照课程体系的顺序进行教学，课程体系中数学经验难易程度与幼儿经验不同步，不能很好地衔接。

5K-7《给蔬菜浇水》

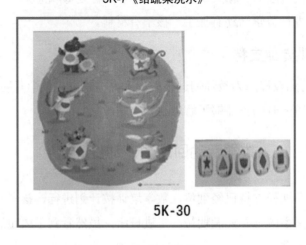

5K-30《拎书包》

例如小班认识形状的系列活动,《给蔬菜浇水》在前,《拎书包》在后。5K-7《给蔬菜浇水》的活动,需要孩子除了认识形状之外还要会比较同类形状的大小,才能准确找出与作业纸相匹配的准确大小的图形,贴纸中还存在多余的比较大小的干扰项。而 5K-30《拎书包》的活动,活动目标是辨别相同形状的平面图形,即幼儿需要在贴纸中找到与动物衣服一样形状图案的书包,贴纸中不存在多余的干扰项,难度系数比 5K-7 低,而这节活动中认识形状、辨别相同形状也是 5K-30 的基础和铺垫。所以从幼儿经验学习的难易程度来说,课程的顺序是需要调整的。

重新建构幼儿视角下的数学课程

一、什么是幼儿视角？

陶行知先生讲过:"我们必得变成小孩,才配做小孩的先生。"顾名思义,就是教师把自己变成小孩子,要用幼儿的思维来思考,从幼儿的视角来理解,想幼儿所想,解幼儿之谜,才能真正走进幼儿的童心世界。基于幼儿视角,再来审视数学活动中教与学的关系,我们手上有教材,有教案,上面有我们要教什么,可以怎么教。但是真正走进数学活动中的孩子,我们会发现,孩子的前期经验、能力水平不同,完全按照教材进程来开展活动,孩子兴趣、掌握程度都是不理想的。所以,只有了解幼儿的真正需求、兴趣、水平,才能相对准确地把握孩子需要什么,才能知道如何引导幼儿学习,就是所谓的怎么学。

二、我们可以怎样做？

（一）从以教材为核心到以幼儿为核心

问题一：数学活动从操作纸开始，到操作纸结束

调整：打破单一操作纸的数学模式，从幼儿的学习方式及思维特点出发，注重引导幼儿通过直接感知、亲身体验和实际操作的方式进行数学学习。

同样是这节《在哪里呢？》的数学活动，韩巧巧老师在做纸张作业前准备了一个小的简单的方位图让孩子们先感受从左到右，从上到下的概念，比如为了让孩子们更好地理解这个坐标位置，先设计一个活动——排雷，排雷的这个坐标是 3x3 的，会相对简单一点点，然后每个地雷会有一个坐标点，孩子们要先记住这个口诀，不然雷就会爆炸。通过这个活动后，孩子们熟悉了坐标概念，

再去迁移到这个作业纸上，就能更容易理解了。比如中班的数学活动《找位置》，教师的导入是出示的玩具柜，玩具是怎么摆放的？为什么这样摆？从而引导幼儿发现形状与颜色的关系。幼儿对游戏式的数学活动会更加有兴趣，比如何高莉老师执教的中班数学活动《找位置》，让孩子们扮演成小蝴蝶、小鱼站到相应的位置，亲自参与到游戏中去体验。

我们在组织形式上加入 PPT、动画、操作玩具材料等，通过游戏的方式亲自体验数学的乐趣，中、大班通过合作分组操作帮助幼儿建构数学经验，做到从以教材为核心到以幼儿为核心的转变。

（二）从以课程体系为依托到以幼儿经验为主线

问题二：数学活动只按教材顺序开展活动

调整：结合幼儿经验水平、学习方式，打破课程体系的数学，对课程内容进行分类、排序、重组。结合班级幼儿已有经验，教师以年龄组为单位，先对课程的构架和关键经验有整体的了解，结合幼儿经验水平、学习方式分析课程内容难易程度、适宜程度，打破原有课程体系的顺序，重新建构课程。

每个班级教师根据本班孩子的数学经验整体水平,选出比较简单的,不需要教师支持,自己反复尝试就能掌握的——放区域;一般程度的按照本班幼儿水平重新排序;有难点的内容,作为教研活动进行开展。

(三)创建以幼儿为中心的多维数学课程

如何帮助幼儿更好地了解幼儿数学核心概念,如何在了解幼儿原有水平上进行数学经验建构?我们特别邀请了我园赵红梅博士,她从幼儿心理发展的角度,结合数学核心概念,为大家进行了"重新走进数学""数与量的多面性""隐藏起来的模式""如何用数学解决生活问题"四次专题培训。

幼儿园数学包括哪些学习内容?

内容划分	具体学习
分类	单一维度、两个维度、分类标准推理
颜色	三原色混色红黄蓝
图形	认识、平面、立体、几何
空间	位置方向、远近、部分整体、角度转换、对称、空间知觉、模式
数字	数量统一、对应、识数、单双、顺序、计算、分数

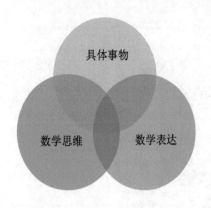

通过赵博士的培训与指导,老师们更加了解幼儿的数学经验建构过程,结合幼儿经验,分析课程内容,我们将数学活动内容从区域游戏、教学活动、生活活动三个大的方面相互补充,创建了多维的数学课程。

1. 区域游戏中的数学

区域游戏是教师根据教育的目标和幼儿发展的水平，有目的地创设活动环境，投放活动材料，让幼儿按照自己的意愿和能力，以操作摆弄为主的方式进行个别化的自主学习的活动。结合班级幼儿的兴趣和不同水平需求，教师从四个方面丰富材料及数学游戏的内容。（1）挑选和投放适合区域游戏中的数学材料；（2）在原有低结构的材料基础上，增加教师支持的操作卡或记录单，更有数学目标地进行游戏；（3）增添自制材料；（4）不同区域数学游戏的整合。

2. 生活中的数学

数学在幼儿的日常生活中无处不在，时时处处都可以找到很多数学元素的存在。例如：钟表，分吃糖果等。进入中班，孩子们做值日生要知道发筷子发多少双，一双是两支。进行班级区域活动，要按照玩具柜上的数字标识进行分类放好等。数学来源于生活，也应该回归生活，帮助孩子们解决生活中的实际问题，教师要重视幼儿生活中的数学游戏。比如通过观察一双手套、一双鞋、一双袜子来理解一个与一双的区别。过渡环节，几个小朋友找朋友，幼儿来理解数群；比如体育游戏中走绳梯，一开一合跳到终点就是 abab 模式的再现。

3. 集体数学教学活动

幼儿数学是系统性、科学性、逻辑性非常强的学科，依据《3—6 岁儿童学习与发展指南》（以下简称《指南》），结合幼儿的实际需求和原有经验水平，在教研小组的带领下，做了分析与重组，并在逐渐尝试幼儿视角下数学活动设计与实施。

第二编 教师教研与专业发展

幼儿视角下的数学课程带给我们的思考

一、珍视幼儿数学的价值与意义

幼儿数学不仅仅是算算数，它反映的是孩子的思维方式，通过思考获取知识的能力，为进入小学做准备，还是奠定良好学习习惯、思考习惯的基础。教师要激发幼儿对数学活动的兴趣，选择合适的内容，以游戏、启发、操作探索等活动形式来开展，帮助幼儿学习和理解数学，形成数的概念，促进思维能力的发展。让孩子在数学活动中感受数学的魅力，幼儿通过观察、分析、比较，表现出专注、不怕困难的学习品质。教师要注重生活活动中数学经验的积累，区域游戏中数学经验的建构，以及数学活动中的经验积累，教师爱上数学，教师具备数学思维，才能带给孩子更多数学相关的经验。

二、重视数学活动的设计、实施、反思的全过程

教师要站在幼儿的角度来思考数学的学习，关注幼儿的已有经验、兴趣需要、年龄特点。数学核心经验——研究课程内容，核心经验是什么？如果要学习这个经验，幼儿需要具备哪些已有经验，重难点是什么？我们共同学习了《指南》数学领域的内容，并且在每次教研的时候都结合幼儿已有经验，结合《指南》，分析教材的关键经验，找到幼儿的最近发展区，然后才能准确制定适宜的目标。重视幼儿感知，活动过程中要先感知、充分感知，再理解、再运用，让幼儿先感知相关经验，然后再举一反三。每个活动环节要有小结，及时梳理相关经验，关注个体差异。有了教研小组，老师们的设计、实施、反思有了更多的力量和平台，每周的教研会上，大家都会分享自己活动中的体会与困惑，相互提出问题、解决问题，就是这样一个学习共同体，让我们的数学活动从被动到主动，从很少开展到有质量的开展。

三、课程领导下促进干部、教师双向成长和进步

通过数学课程研究，对于业务干部，能够发现问题，带着老师共同分析、思考问题，能够及时借助专业力量，解决问题，与教师共同成长。在这个过程中，我们也看到了干部、教师在专业素养上的进步。

（一）学科素养

数学学科特点对教师的要求，必须科学、系统了解数学核心概念，对数学有了敏感性，才能发现生活中的数学，提供适宜的区域材料，开展优质的数学活动。尤其对于数学活动的开展，教师更加专业、严谨。

1. 数学的严谨性

比如模式的排列，一定要完整，出现两组及两组以上有规律的排序才能称为模式，所以给予幼儿引导和观察时应出示完整。比如大班《我来找朋友》，下图请老师看一看这是什么模式的路线？至少两组以上重复的才能是模式，那么这两个图例是不是不完整呢？

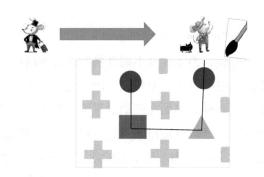

2. 准备工作要充分

课程的顺利进行体现的也是教师之间的协作，配课老师对执教教师上课的过程了解程度。比如到什么时间应该分发材料，材料是发到幼儿手上还是贴在身上，下一个环节该做什么，都需要教师之间提前协调好，使课程有条不紊地进行。

教具数量要提前检查好，避免出现不匹配，给幼儿加大难度以及老师的盲目指导。比如大班《找朋友》的活动中，幼儿分组贴路线时，由于一组多一个，一组少一个，造成路线不能够顺利到达，老师指导语："走最近的路就到了。"最后发现是材料缺少的原因。

（二）专业素养

除了数学科学上的提升，教师对孩子观察、解读，与孩子的互动上都有了很大的提高，这种专业意识可以迁移到其他领域的活动或者互动的环节，尤其是以下两个方面更为突出：

1. 留白——幼儿思考空间、表达空间

在活动过程中，要给予幼儿积极表达自我观点的机会，可能他会比教师提前预设好的时机来得早一些，比如大班《我来找朋友》的数学活动，老师在导入时引导孩子观看依次出现的红色圆形、黄色三角形、蓝色正方形的模式PPT时，还没有等老师提问，有的孩子就说"我发现规律了""我也发现规律了"，虽然老师可能认为回答的时机还未到，但依然可以让这个孩子大胆说一说："那你发现什么规律了？"这也正好起到抛砖引玉的效果。在活动总结时，尽量让幼儿来进行总结，这是给孩子梳理经验的过程，也是孩子思考和语言提炼与表达的过程。

2. 接纳——师幼互动水平

教师要心中有爱，善于观察不同性格的幼儿在活动中的表现，在活动中的言语要顾及不同性格的孩子，避免孩子因为受挫产生难过等不良情绪，甚至对数学活动产生畏惧心理。比如在活动过程中，有个别幼儿出现了错误，在通过同伴的指点做对之后已经表现出来不好意思了，老师在总结时可以不提该幼儿，对全班进行提问："你们认为今天最难的地方是哪里？"既能巧妙地指出今天活动中的问题梳理经验，又不会让该幼儿感到不好意思。做一个善于观察、善于换位思考的教师。

这两年，我们经历了从很少看见数学活动，到提供数学课程后表现出的一系列问题，到现在的区域、生活、教学三维立体的数学课程模式，这其中，我们能够共同发现问题、分析思考并解决问题，也许还没有到最优，但是我们在更优的路上一直没有停止过步伐。最后我们想说，"不要以今日收获衡量成就，而要以播下的种子。"希望在教师们的共同努力下，能在每个孩子心中埋下一颗数学的种子，逐渐发芽、开花、结果。

土豆实验室的土豆怎么了？
——记一次园本教研植物角的活动历程

张金红

《3—6岁儿童学习与发展指南》的颁布标志着幼儿教育改革进入了一个新的阶段。新的时期对我们幼儿老师的专业化水平提出了新的要求，对幼儿园课程和教育教学提出了新的要求，如何让我们一线教师能够不断成长呢？在多年的工作实践中，特别是在园本教研活动中，我收获了许多，也成长了许多。

多年来，我们园所一直积极努力开展形式多样的园本教研，比如专家讲座培训、案例分享、现场模拟教育教学、小组合作学习等，我们不断地尝试各种不同的教研方式。最终，我们认识到，用什么样的方式培训教师，教师就用什么样的方式教育幼儿。可见，教师在教研中的主体地位和主动学习过程尤为重要。在不断地尝试中，我们开展了根据教师的兴趣和特长自主选择教研小组——园所保教主任的专业指导——平行班级的环境展示——自主探索实践为脉络的园本教研方式，旨在以幼儿关键经验的获得和教师适宜的指导策略为切入点，促进教师专业素质的提高，促进幼儿快乐生活，主动学习与有效发展。

兴趣是最好的老师，在自选兴趣小组的初期阶段，美术小组，足球小组，音乐舞蹈小组，植物角小组，数学小组，各种教研小组可供老师们选择。而我，多年来的兴趣就是植物，因此毫无悬念地选择了植物小组。我希望在植物小组中不仅学会更多的植物角的知识，还能够学会更好地引导幼儿进行植物角的探索，培养幼儿细心观察的能力，悉心照顾植物的责任感等。

植物小组的老师们在我园业务园长和保教主任的带领下进行了如何创设大班植物角的头脑风暴，大家畅所欲言，有的老师从大班幼儿的年龄特点分析，有的老师从选择植物的角度分析，有的老师从幼儿的兴趣进行分析……我从老师们的交流中深刻地感受到"大家的智慧是多么的开阔，大家的集体思维是如此丰富，我想这首先便是认识上的提升。我们根据大班幼儿可以进行持续的细致观察，能够坚持做好一件事为依托，以同一种植物的三种不同的生长环境对比观察为抓手，带领班级孩子进行实验，这一路走来，我们的孩子们是如此的让我感动！

  有了植物小组研讨的经验，我便开始了我的尝试。选哪种植物好呢？植物的生长环境离不开阳光、空气、水以及土壤。正当我犹豫不决的时候，有一天，我班幼儿从家里带来一个发芽的土豆，并且告诉我说："妈妈让我们一起观察这个土豆的生长变化！"这个土豆吸引了许多幼儿的兴趣，幼儿纷纷围过来，边看边讨论："这个土豆怎么种呢？""这个土豆喜欢阳光还是喜欢阴凉？""这个土豆为什么会长这么多的芽？""发了芽的土豆还能吃吗？"看着孩子们对生活中常见的土豆这么好奇，我不禁想到现代教育家陈鹤琴先生曾经说过："幼稚园需布置一个科学环境，尽可能地领导儿童栽培植物（花卉、菜蔬），布置园庭从事浇水、除草、收获种子等工作，并饲养动物等……"这不正是证明了陈先生所说的——我们要和幼儿一起创设一个科学的植物角，让孩子们在植物角中栽培植物，探索发现植物。

  我的思维又回到小组教研头脑风暴中学习《幼儿园教育指导纲要（试行）》（以下简称《纲要》）领域中的内容：在科学领域，要求在幼儿生活经验基础上，帮助幼儿了解自然、环境与人类生活的关系，爱护动植物，关心周围环境，亲近大自然，珍惜自然资源，有初步的环保意识。在健康与社会领域，要求教育幼儿爱清洁、讲卫生、注意保持个人和生活场所的整洁和卫生，爱护玩具和其他物品，爱护公物和公共环境；在语言领域，要求创造一个自由、宽松的语言交往环境，体验语言交流的乐趣，并且能表达对大自然的热爱，讲述有关大自然的故事，形成环保意识；在社会领域，要求教育幼儿爱护公物和公共环境。

  根据《纲要》精神和孩子们的兴趣，结合教研中我学到的植物角的研究点位，我们开展了有趣的土豆实验室活动，意在种植土豆的过程中感受植物的生长变化与自然环境之间的关系，同时让孩子们在实验过程中发展观察力、增长和丰富知识。

  首先，我们设置了三所实验室：暖房、自然房和暗房（见图1）。我们重点研究土豆的生长与阳光和温度的关系。三月上旬，我们引导幼儿观察，哪所房子里的土豆生长得快，并向幼儿详细说明三所房子所涉及的生长环境；其次，幼儿猜想：鼓励幼儿说出自己认为哪间土豆生长的快，并做好猜想。再次，为幼儿制作观察记录表，幼儿每天记录自己的观察，锻炼幼儿的坚持能力和观察能力；复次，两周以后对比看结果；最后，幼儿总结原因。（如表1所示）

表1

土豆在哪间房子里长得快？			
土豆的种植：发芽的土豆用刀切下，埋到土里。			
	自然房：（大自然的环境）	暖房：（有密封的保温薄膜，阳光可以射进去。）	暗房：（阳光不能射进去；可以保暖，有一个小开口作为窗户来观察。）
我们的猜想	同意的人数：4人	同意的人数：18人	同意的人数：8人
我们的分析	自然房虽然有时温度低，但是有阳光，中午温度会高。	很温暖，又有阳光。	虽然温暖，但是没有阳光。
我们2周时间的观察发现	两个星期没有什么变化，土豆没有怎么长大。	1. 中午有阳光的时候，塑料薄膜上会有一层水珠。2. 土豆最后腐烂掉	有两颗土豆开始长高，明显高于自然房和暖房。
我们的分析	我们种的比较早，温度较低，所以土豆没有生长。	1. 暖房里边温度太高了，土豆热死了。2. 塑料薄膜不透气，太潮湿土豆没有办法呼吸。	虽然没有多少阳光，但是暗房保暖，又透气，因此土豆长得比较好。
我们的总结	因为是早春，早晚温差大，中午的阳光充足，自然房的土豆生长得最慢，暗房的土豆生长得最好。虽然没有多少阳光，但是温度较好，因为不透光没有引起类似暖房的太潮湿的现象。但暖房的土豆却因为中午阳光太充足而产生大量的水汽最后腐烂掉。我们知道了太潮湿的环境不利于土豆生长，土豆会腐烂掉，土豆喜欢透气的环境。		

第二次土豆实验室

通过两次实验，孩子们看到了植物的变化（图2），这个变化给幼儿留下了深刻的印象，幼儿由此知道了阳光，水和温度都能影响土豆的生长。在这个过程中，幼儿对土豆产生了浓厚的兴趣，不断进行深入观察，我们的土豆放在窗台上，面朝阳光的一面土豆总是朝着阳光生长，于是孩子们知道了生长茂盛的土豆喜欢阳光，并且会根据土豆的茎的朝向不断地变换调整花盆的位置，让土豆顺利向上生长。（如表2所示）

表2

土豆在哪间房子里生长得快？ 土豆的种植：发芽的土豆用刀切下，埋到土里。			
	自然房： （大自然的环境）	改进后的暖房： （有密封的保温薄膜，阳光可以射进去，塑料薄膜上扎好小透气孔。）	暗房： （阳光不能射进去；可以保暖，有一个小开口作为窗户来观察。）
我们的猜想	同意的人数：0人	同意的人数：18人	同意的人数：10人
我们的分析	因为前期实验，孩子们认为土豆在自然房生长得最慢，没有人选。	很温暖，又有阳光，又透气。	很温暖，又透气，土豆喜欢阴暗的环境。
我们2周时间的观察发现	土豆生长得很好，植物很茂盛	植物生长得很好，植物很茂盛	植物长得又细又高，没有多少叶子，一直长茎。
我们的分析	因为天气变暖，自然房也很暖和，叶子长得很茂盛。	暖房因为透气不会产生大量的水汽，又温暖，因而生长得最快。	土豆喜欢阳光，因此土豆努力向上生长去找阳光，所以一直长茎，没有叶子。
我们的总结	随着天气的变化，刚开始，还是暗房的土豆生长得最快，但是它长得又细又高，没有多少叶子，自然房和暖房的土豆均长得比较好，因为天气变暖，自然房也很暖和，叶子长的很茂盛，幼儿知道了温度和阳光对植物生长发展的影响，暗房因为没有阳光，所以没有长出多少叶子，没有进行光合作用。因此孩子们得出结论： 1. 土豆喜欢透气的环境。 2. 太潮湿闷热的环境不利于土豆的生长，土豆会腐烂掉。 3. 长期没有阳光照射的土豆会努力向上寻找阳光，叶子很少，土豆喜欢阳光。		

一阶段的植物角探究活动结束了，我们每个植物小组的成员带着自己满满的收获，又坐在一起分享交流，参观各植物小组创设的植物角现场，我们收获满满，有的班级研究植物的水培、土培、沙培的生长环境，有的班级研究植物的喜阴、喜阳……大家畅所欲言，既有现场交流，又有植物角现场观摩，我觉得我们的研究一下就丰富起来了，由越来越多的实验形成了质的飞跃，最终带给我们理念上的深刻洗礼，促进了我们关于植物角植物生长环境的探究的专业成长，在这个过程中，教师的支架直接促进了幼儿多方面的发展。比如一阶段的植物角探究活动结束了，幼儿在探究过程中，锻炼了爱心、细心照顾植物的

能力，学习了一些植物的知识，学会了想办法解决问题——给植物做支架；培养了孩子做事的专注力；发展了孩子的审美意识；锻炼了孩子们的思维能力，学会了互相帮助；学会了使用工具浇水，除草；见证了生命的生长历程及植物的生长变化。我想这些都是在园所教研的引领下，教师专业成长最终促进了幼儿的发展的体现！

园本教研就是将教师的专业提升课程与幼儿领域研究课程相结合，将教师的实践研究与幼儿的发展在自然的环境中融合，达到师幼相互促进的正向发展过程，这个过程，我们需要专业引领，需要合作学习，需要动手实验，需要分享交流，需要园本教研这个学习共同体，这样我们才能在今后的教学生涯中不断获得理论与专业的提升。让我们今后的教研继续延续既"研究"又"行动"吧！

图1　土豆实验室

图 2 土豆实验

园本研修故事——加油吧，足球！

张春娟

幼儿园教师园本研修一定是大家都不陌生的事情，那么呈现在大家脑海中的研修是什么样子？一群老师围坐在一起，一位专家在台前滔滔不绝，大家按照年龄班级分组然后根据给定的题目进行分组讨论……令我记忆最深刻的一次园本研修是一次关于足球的培训。

那天接到了幼儿园的通知，中午要进行足球培训，我像往常一样，拿着笔记本，带着笔就去了音乐厅。一到音乐厅我就发现了和往常不一样，园长神秘地拿着一把彩色纸条，让我选择一个彩色的纸条，我选择了最喜欢的红色，心里想：这么神秘，这是什么意思？终于到了开始时间，园长请手拿不同颜色纸条的老师自由组合，每个组都有红色，绿色，蓝色，黄色，橙色。等我们都好奇地自由组合之后，园长公布答案了，原来不同的颜色代表了不同的团队角色，例如，红色就是领导者，绿色就是记录员，蓝色就是发言者等。因此我成了我们组的领导者。接着园长给每个组分发了不同的题目，让我们学习结束后，要进行分组讨论发言。接下来的活动主要是户外进行。

足球是我非常不熟悉的球类，我甚至对足球比赛的规则都不太熟悉，但是这次足球培训让我有了很大的收获，感触最深的是足球可以成为日常教学中的普通玩具，而不是只有通过专业的训练才能开展足球活动。

暂且不说足球培训的研修内容如何，单是培训老师的哨声就让我记忆犹新。哨子于我们大家而言都不陌生，但是它并没有成为我们日常教学的主力，这次研修活动，老师用哨声代替了我们平时户外活动时老师扯着嗓子大喊口令。只听一阵清脆的哨声，就告诉了我们要集合排好队了；一声短促的哨声，告诉我们要蹲下休息了……哨子就是户外活动的口令，培养孩子们良好的上课常规，通过熟悉哨声的指令就能完成动作，是我今后需要学习的地方。

通过一系列热身活动，我们老师舒展了身体，活动了关节。老师们开始进行游戏活动了。足球的花样真是多，光是踢球这一个动作就包括正脚背踢球，内脚背踢球，外脚背踢球，脚弓踢球。再说说颠球，可以脚背颠球，腿部颠球，还可以肩膀颠球,头部颠球,胸部颠球……利用这些足球技能,可以设计很多的游戏。例如:"小鸭过桥""过障碍运球""拿球抓人"等。这些游戏真是打破了我对足球固有的认知。以前我认为足球只有通过专业的培训,才能开展起来,但是通过这次培训,我发现足球可以成为一种日常运动,可以是每个孩子都来参与的游戏活动。

现在给大家介绍一下我印象深刻的足球小游戏:大家围着操场带球顺时针绕圈,老师通过哨子发号施令,让自己的身体某个部位去接触足球,例如:臀部,肩膀,胳膊肘等,这个游戏并没有局限老师必须用脚接触才行,而是可以用身体的各部位去接触。当用身体其他部位去接触足球的时候会出现很有趣的身体形态,非常有意思,老师们都玩得很开心,更何况是孩子呢!老师提示我们很重要的一点,接触足球初期,要释放孩子的天性,为了充分地了解球性,培养球感,可以不要求只用脚去接触球,让孩子随意玩耍,在熟悉之后才会要求用脚去控制。如用脚停球,用脚发球,用脚传球,通过练习基本做到指到哪里球就可以踢到哪里。

简单玩了几个小游戏之后,老师让我进行了一场足球比赛,这是我生平第一次参加足球比赛。我们选择了一个人作为守门员,然后听到哨声,比赛开始了。自己踢足球比赛和观赛的感觉完全不同。当自己带球奔跑时,身后,身旁仿佛无数个人都在阻拦着自己,而脚下的足球就像一个顽皮的孩子一样不受控制。你想让它往左,偏偏往右去了,当时,我既紧张,又兴奋,大脑给我的身体传递的信号就是勇敢向前冲,努力去抢球!这种感觉非常的不一样,我想只有足球才能带给我如此亢奋的状态。可惜,这次我的足球被对方抢走了,"哎呦,好疼啊!"对方球员抢走我的球时,狠狠地踢在了我的小腿上,瞬间一股疼痛感直上我的心头,但是为了团队的荣耀,我不能休息,我必须要努力奔跑把球追回来!我顾不上自己的腿疼,坚持追赶对方球员,就在一个空档——哇,好机会,我抢到了球,我看准时机,一脚大力踢出,看着足球朝着球门飞过去了,在空中划出一道美丽的弧线,那瞬间感觉周围都安静了。进门了吗?我紧张又兴奋地盯着足球,紧接着一阵叹息声,哎呀!足球打到了门框上,然后弹了出去,太可惜了!大家纷纷感叹道。时间就这样一分一秒的过去了,比赛结束了。结果是我们组输了对方一个球,但是这些都不重要,重要的是当时踢足球时我的身体状态是释放的,亢奋的,紧张的……

户外的培训时间结束后,我们所有人又回到了音乐厅。这时我们又按照之前的分组进行讨论。这次足球培训最大的收获是什么？之前认识的足球和通过这次培训完之后对足球的认识有什么不同？因为我选择了红色的纸条，所以我是本组讨论的负责人，这也是我第一次作为组长来组织讨论研修活动，所以这一次的活动对我个人的提升也非常重要。通过讨论，大家都分享了对足球培训的感受，记录员记录了大家发言的内容，并且代表我们组和大家进行了分享。通过这次足球研修，幼儿园的老师们对足球运动有了更深入的了解，不再仅仅停留在足球开展只能是进行专业的训练这种想法，而是我们的足球运动要进行普及，要全面。要让幼儿园的每个孩子都喜欢玩足球游戏。

通过这次园本研修活动，我对足球的认识有了一个质的改变。我们的幼儿园的足球理念是全面普及性的，从老师到孩子，再到家长，我们做到了全面的普及。足球运动是一项特别强身健体的活动。从孩子的角度看，足球活动可以锻炼孩子身体协调性，锻炼意志，能够增强孩子的免疫力，对孩子的健康发展是非常具有促进作用的。从老师的角度看，老师通过了解更多的足球活动的知识，能够更加丰富自己的专业知识，同时也有助于自己的心情舒畅、愉悦。从家长的角度看，家长也非常支持幼儿园为孩子们开展足球活动，强身健体，不仅孩子喜欢，家长也很愿意加入家园共育。

培训结束后，我在我的班级开展了足球系列活动。活动一：足球比赛。我们足球比赛并不正规，也不专业。孩子们自愿参加，自由组合成两队，老师充当裁判，并给孩子们简单介绍足球规则——不能用手，只能用脚。自己队的队员相互传球，要求把球踢进对方的球门。令我吃惊的是我们班有的孩子非常熟悉足球规则，并且踢球的姿势非常帅气！比赛非常激烈，孩子们不怕累，不怕苦，一直在为自己的队伍坚持抢球，传球，射门。这次足球比赛，孩子们兴奋极了。中场休息的时候，大家都还想继续，不愿意休息。通过这次足球比赛，孩子们不仅锻炼了身体，而且还获得了良好的学习品质——坚持，合作，自信。

活动二：足球游戏——足球战车。这个游戏需要4—6人一组，根据自身能力自由选择运送的足球数量。因为刚刚开始，我们需要的是4人一组，手拉手围圈，然后从起点到终点，大家共同运送一个足球，要求就是：1.不能用手碰球。2.足球不能踢出围成的圈。根据我们孩子的人数，孩子们自由组合后，分成两组，哨声响起，孩子们开始运球。这个游戏需要大家配合，边走边踢球，会要求有一个孩子是倒着走来保护足球，其他孩子从周围保护足球不踢出去。孩子们都非常谨慎，同时也非常认真地踢球。有人指挥着如何踢球，有人提醒快点走……这个足球游戏也是非常有趣的，孩子们非常喜欢。在这个游戏活动中，培养了孩子坚持、合作、从始至终的良好学习品质。

活动三：足球操。我们自己创编了足球操。在足球操中我们编入了踢球、颠球、队形变换等元素。孩子们生龙活虎，非常帅气，而且也非常喜欢我们的足球操。

足球活动将会是我们一直坚持下去的项目，它的好处数不胜数。当然，在组织足球活动的时候，作为老师我也有一些顾虑和担心。如何在足球活动中避免受伤？如何降低孩子们受伤的概率？要想解决这个问题，还需要从日常做起。平时要教给孩子一些简单的自我保护的方法。例如：摔跤的时候用双手支撑，任何时候保护头部都是最重要的。在日常活动中多锻炼体能，让身体更加灵活协调，这样才是避免受伤的前提。只有孩子的身体条件达到了一定的水平，才能最大限度地去避免受伤，保护好自己。

这次研修活动我收获很多，通过反思总结，我又将这些内容传授给了我班的孩子们，孩子们在足球游戏中天真无邪的笑脸，健康快乐的成长就是我最好的回报！

不忘初心潜心教育

张 帅

从事幼教岗位至今已经有十五个年头了,从一名懵懵懂懂的新教师,到成熟稳重的青年"老教师",我完成了一次次的自我成长和蜕变。

记得刚参加工作时的自己,还没有真实的育儿经验。对班级孩子的生活照顾上只能靠书本知识、向身边的老师学习、在日常生活中日积月累。怎样让家长放心把孩子交给我呢?身边的老前辈透过我焦虑的表情看出了我的担忧,语重心长地鼓励我:"经验都是慢慢积累的,最重要的是保持一颗爱孩子的心!"

工作中为了看护好孩子的健康,我经常会和家长说:"孩子近期如有需要关注的地方,请您及时告诉我。"但是,慢慢的我发现很多问题是我自己怎么也解决不了的,比如家长说:"老师让他多喝点水,最近总是咳嗽"。我痛快地答应了,并这样做了。但是第二天家长打电话说:"孩子咳嗽严重,不来了。"我明明给孩子多喝水了,为什么咳嗽反倒是又严重了,直到第二年我带托班的时候遇到一个孩子,他因为身体的原因一个月内只来了几天,其他时间都是病假。后来他的奶奶给我写了长长的一条短信,短信上面写了这个孩子在园期间需要注意的各种事项,如:睡觉的位置夏天不能挨在空调边,冬天不能在窗户下面,也不能在暖气旁边;户外活动时穿多少、回来班里穿多少;如果咳嗽严重会导致如何严重的后果,希望老师如何做等,从她和我的多次交流中我感受到老人对孩子的照顾是那么的无微不至。我将在她身上学到的护理方法用在班里那些需要特殊照顾的孩子身上,效果显著。直到毕业那年我才知道原来她是一名从事幼教三十多年的退休教师,我明白了有一些经验是无可替代的,不过我也相信只要我坚持对孩子"爱"的初心,总有一天也能够积土成山、积水成渊。

现在的我已经是两个孩子的妈妈,作为教师的同时,我深知每个孩子对于妈妈而言都是这世界上独一无二的存在。我爱着我的孩子们,同时我也更愿意去欣赏他们。欣赏他们调皮好动时自信满满的神情;欣赏他们滔滔不绝时手舞足蹈的身姿;欣赏他们争强好胜时热情洋溢的神态;欣赏内敛害羞的孩子,专注思考的样子;欣赏乖巧懂事的孩子,善解人意的样子;他们每个人带着自己独特的个性来到我们身边,为我们的生活带来不一样的色彩!爱他们就要尊重他们的个性,爱他们就要保护好他们的色彩,爱他们就去创造舞台让他们闪闪发光。

在我们班里有这么一个孩子,他叫鹏鹏(化名),是一名特殊需要儿童,他属于轻度孤独症。作为留级的插班生,刚来到班里时他总是一个人坐在固定的座位上不愿意和小朋友玩,也不说话。发现这个问题后,我先是带领他熟悉环境,请两个活泼开朗的小朋友坐在他身边,希望用同伴的力量带动他参加各项游戏活动,帮助他适应新环境。终于功夫不负有心人,他从不愿来幼儿园,到每天在大门口盼望着熟悉的小伙伴,一起手拉手走进幼儿园,脸上洋溢出开心的笑容!

为了让他更进一步融入集体,淡化其"特殊"性,我开始观察他的行为,发现了他对熟悉和喜欢的人总是表现出特别的关心,如:看到他的特教老师蹲在小朋友身边,他会默默地搬个椅子送过去;洗手的时候从来不用老师提醒,每一次都照着镜子认真用七步洗手法去洗手;区域中执着于数字连线的益智游戏,并能够一口气全部闯关完成。看到他优点的同时我也发现了他在社交上存在的问题,如:和同伴交流上仍处于被动的状态。通过我的分析发现,这个问题是由于他长期依赖同伴和老师的帮助,缺乏独立自主锻炼、自信心不足的原因导致的。

为此,在班级中我们开展了《独特的我》主题活动,通过创造宽松、包容和尊重友爱的精神氛围,促进他与同伴之间主动地交流,让彼此的优点都能被看到和放大,建立起他在集体中自信。活动中鹏鹏身上好的行为都逐一在集体中显现出来。在做值日生的时候,鹏鹏认真地观察和提示每个小朋友和老师洗手方法,不放过每个步骤,成为最认真和负责的值日生;班级来客人老师时,鹏鹏也不再出现眼神的躲闪,而是主动邀请客人老师坐下来,一起玩自己擅长的益智游戏。就这样,一天又一天,鹏鹏在集体中的表现欲变得也越来越强:教学活动中经常举手回答问题,给小朋友讲简短的笑话逗大家开心;户外集体操中争着要当小老师,带领小朋友做操……

毕业之际,我们班级承担了全园的升旗仪式任务,鹏鹏在老师的鼓励下选择了在国旗下讲话,国旗升上去的那一刻,鹏鹏在所有人的注视下,独自迈着从视频中自学的正步,骄傲地走到旗杆下,站上讲台大声并熟练地朗诵了他准备许久的诗歌！那一刻的他是全场闪亮的星，那一刻的我更加坚定了不忘初心的信念。

回首这些年我的身份变了、岗位没变，年龄变了、对工作的初心没变！我骄傲自己是一名人民教师，未来工作中我会继续坚守这份"爱"的初心，深耕幼教事业，做一名新时代的幼儿教师。

第三编　家园共育

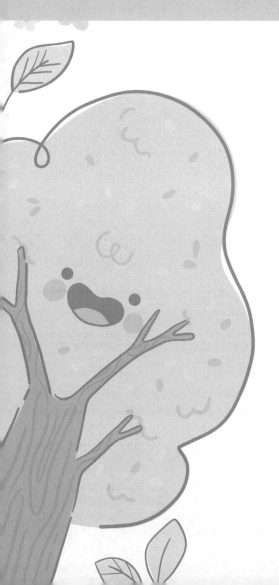

0—3岁婴幼儿父母的家庭教育指导策略研究

赵红梅

一、问题提出

0—3岁早期家庭教育是教育之根本，父母是家庭教育的第一责任人。在父母了解正确教育理念的同时，还必须要教给他们持久有效的策略和简单可操作的教养方法。

在国家政策方面，《中华人民共和国教师法》《幼儿园工作规程》《幼儿园教育指导纲要》以及《北京市学前儿童家庭教育指导大纲（0—6岁）》等相关文件都明确了一点：幼儿园作为专业幼儿教育机构，有责任有义务指导家长开展科学的家庭教育。

海淀区现有160所幼儿园，自2002年，区教委就开始着力推进早期教育工作并提出了"让科学的早期教育走进千家万户"的目标，经过15年的努力，现已有83个市区级早期教育示范基地，200个社区固定活动站点，1个早教工作室和1个早教工作坊，形成了一支专兼职早教教师队伍。2012年，海淀区成为"全国0—3岁婴幼儿早期教育试点区"之一，2015年推进蓓蕾工程中，区教委与妇联联手共同推进早教工作，为家长科学育子搭建更宽广、便捷的平台。

在推进早教工作过程中，我们发现幼儿园教师早期教育指导中存在一定问题，老师们能发现家长在教育行为上的偏差，但缺乏有效的指导策略和方法。主要表现为：1.单纯地模仿或套用亲子活动的模式，而忽略了家长的教育需求。2.因社区家长不固定时间的参与，很难对幼儿及家长行为给予持续的指导与观察；3.指导家长的形式较为单一，除家长俱乐部、妈咪聊吧、亲子活动等一些方式外，缺乏针对家长育儿问题的有针对性的教育模式。4.幼儿园早教教师在0—3岁家庭教育指导方面的知识与经验积累并不丰富，缺少有效的方法和策略，能力亟待提升。5.幼儿园开展亲子活动中，缺乏对各类教育资源的整合。

为此，我们开展了此项课题，拟研究以下问题：0—3岁婴幼儿父母家庭教育指导策略研究。研究对象为婴幼儿第一监护人"父母"，在调研其家庭教育中存在的观念和行为问题及育儿过程中存在的困惑问题的基础上，寻找相应的指导策略。

二、研究内容及方法

我们以一个问题的研究为模板，作为启动点，模板确认后，同时推动其他所有问题的小组研究。逐步推进，开展"过程性指导"策略的研究，即根据婴幼儿实际的发展状况，进行有针对性地指导、点拨、评价、反馈与督促，进行阶段性的研讨和交流。在研究过程中，我们不仅通过研讨、梳理问题，参考专业书籍等方式给出建议，而且收集整理了家长优秀成功的早教经验进行总结提炼，作为良好的范例。

本研究关注两个群体，一是孩子父母、二是早教教师。内容主要涉及以下两个方面：一是通过调查和访谈等方式，收集婴幼儿父母在家庭教育中遇到的困惑和难题，寻求解决办法；二是针对教师在日常活动中观察和发现的父母教育思想与行为存在的亟待解决的问题，寻求更有效的指导方法和解决策略。针对这两类问题，我们通过研究、培训和讨论，总结出细致科学的指导建议，供婴幼儿父母和早教老师们学习借鉴，力图使其成为受父母欢迎喜爱的家庭教育参考资料，成为教师早教指导工作中的重要学习资料，让父母的家庭教育更加科学有效，让老师的早教工作有据可依、更加自信、指导工作更加系统，更好地帮助婴幼儿的父母。这样的研究内容，不仅提高教师的指导能力，而且要提升家长的教育能力。具体如下：

（1）婴幼儿父母家庭教育中的难题和困惑。主要是指当代父母面临的一些共性和个性问题，涉及教育理念、教育的技能技巧、教育的内容安排、与祖辈的教养分歧等多方面，例如：孩子总是喜欢玩电子产品怎么办？如何应对哭闹等，这些问题都是从父母的角度直接提出，我们对这些问题进行分类，然后根据幼儿年龄特点及身心发展规律，给予具有一定标准化和规范化的答复建议。

这部分内容主要采用问卷调查和访谈法收集困惑和问题，结合文献查阅，再运用教师评定排序方法，进行最终研究问题的确定。

调查和访谈指导语为：（父母）请列举出您在育儿过程中的困惑和难题，并举例说明。（教师）请列举出您在指导父母早教过程遇到的困惑和难题，以及您观察到的父母在育儿过程中存在的问题，并举例说明。

文献查阅途径主要为中国知网学术期刊检索、图书馆查阅、以及经典图书资料专著。

教师评定：将初选出的问题提供给早教老师，请老师根据问题解决的紧迫性和问题存在的普遍性进行排序。

（2）教师观察和发现的父母教育问题及指导的方法与策略。问题提出者是教师而不是家长，家长有时不能发现自己的教育问题，教师将以专业的眼光发现这些问题，收集起来，然后对这些问题给予系统地整理和解决建议，例如：面对男家长较少参与孩子带养的问题；祖父母教育观念不一致问题；父母包办代替行为特别多的问题等。通过群体的研究，找到更有效的指导形式和方法，给予家长更专业、更系统的指导。

在进行这一部分课题内容研究时，我们主要采取行动研究。通过问题认领、组长牵头、小组研讨、小组研讨案例示范、集体审议决策等步骤，对最终的指导策略进行分析、论述和确认。

整个指导策略研究过程，依据统一的标准，遵循婴幼儿身心发展特点规律，父母群体的教养方式特点，结合案例给予有效的教养指导，所有教育策略"以婴幼儿身心健康发展"为核心。

三、研究结果与分析

本研究聚焦 13 个早教问题，首先从正态分布上判断孩子的问题属于什么类别，然后判断孩子的行为是否和年龄阶段、性别等客观因素有关。尝试从幼儿发展纵向的角度加以分析，分析过程中使用大量类比、比喻和数据等论据，使得最终的策略行文具有逻辑性和画面感。

研究问题及其提出的关键策略如下：1. 要不要让孩子玩电子产品？（不接触、少接触、控制使用时间）2. 孩子哭闹如何应对？（立即满足、充分满足、选择满足和决不满足）3. 孩子喜欢打人怎么办？（无意识感知、学习自卫、心情欠佳、教养方式、二胎家庭）4. 孩子总吃手指怎么办？（发展需要、不良习惯、心理需要）5. 如何给孩子高质量的亲子陪伴？（无陪伴、无效陪伴、低质陪伴、高质陪伴）6. 如何进行亲子阅读？（认知偏差、阅读环境、选书盲目、阅读策略）7. 祖辈与父辈培养有分歧怎么办？（生活护理、喂养进餐、自理能力）8. 孩子总是黏人怎么办？（教养方式、短暂分离、生活方式、断奶引发）9. 孩子注意力不够集中怎么办？（时间久、范围宽、调节快、兴趣浓、意志强）10. 孩子没有规则怎么办？（建立规则、感受规则、规则意识、解读敏感）11. 如何进行二孩养育?(大孩出现排斥现象、大孩产生心理障碍、两孩相处存有困难)12. 孩子特别胆小认生怎么办?(本能反应、自我探索、缺乏掌控)13. 孩子多动怎么办?(个性好动、缺乏规矩、多动症)。

针对上述每个问题,本研究都总结出了详尽的策略,共计形成21.7万字的图书《0—3岁婴幼儿父母家庭教育指导策略研究》,已于2020年1月由中国纺织出版社正式出版。

四、研究意义与展望

本研究关注两个群体,一是孩子父母、二是早教教师。针对这两类群体,我们通过研究、培训和讨论,总结出细致科学的指导建议,成为教师早教指导工作中的重要学习资料,让父母的家庭教育更加科学有效,让老师的早教工作有据可依,不仅提高教师的指导能力,而且也提升家长的教育能力。

通过本研究,希望让全社会认识到科学养育的重要性和可操作性,降低父母养育焦虑,悦纳孩子的养育问题,为父母提供长远发展的目标建议,更好地支持每个孩子的个性化发展。

关于进一步研究问题和设想,我们考虑是否能够做到图文并茂,让父母等教养人更能理解策略,科学教养。将已有成果制作成VCR视频小短片,通过网络,惠及更多的父母和家庭。

如何解除午睡环节里的"心理魔咒"?
——小班新生幼儿家庭心理支持策略的追踪案例

赵红梅

午睡是小班新生入园适应过程中一个很有挑战性的环节,在《3—6岁儿童学习与发展指南》关于健康领域的描述中,换新环境时情绪能较快稳定、睡眠基本正常,是幼儿身心健康的代表性参考指标。因此,新生入园,午睡适应的重要性毋庸置疑。

一、案例描述

2019年9月新生入园后的第二周,小班幼儿文玉(化名)的妈妈来到我园儿童心理评估与教养咨询室,咨询孩子的睡眠适应问题,我们进行了第一次面对面的沟通。

妈妈说,孩子一看到晒幼儿园的被褥就哭,总说:"我不要去幼儿园,不想在那里睡觉!"还说:"中午睡觉的时候,老师一直在床边陪着我,我就紧紧抱着我的海马,可我还是想妈妈,就想哭!"妈妈问孩子为什么总在弄眼睛,孩子说:"我在幼儿园睡觉的时候,就这样撑着眼睛,不让眼泪出来,要是有眼泪,我就挤下来,抹在床边儿上。"

对全家人来说,午睡成为一种痛苦的煎熬。

二、原因分析

入园之初,幼儿会产生分离焦虑,在午睡环节,这种紧张不安的情绪会表现得更加强烈,文玉的反应也属正常。在与妈妈沟通中,我发现文玉的午睡问题还存在一个很大的问题:妈妈心里一直存有一个"心理魔咒"。

夫妻两人一直没能成功怀孕,但在40多岁时,妻子却意外怀孕。关于是否留下这个孩子,爸爸认为年龄大,精力不够,自己又患有比较严重的抑郁症,担心遗传给孩子;妈妈则认为孩子是老天赐给自己的礼物,无论如何,应该好好珍惜。为此，二人争执不断，最终还是生下文玉。

文玉从小到大都很健康，但睡眠问题一直困扰妈妈。首先孩子从不午睡；其次有时晚上，孩子会猛地坐起来，在床上转圈走，一边大哭一边说："我不要睡觉，我害怕！"有时会持续两个多小时，直到精疲力尽。

孩子午睡困难，妈妈认为，孩子在肚子里能感受到爸爸的话："别要这个孩子，赶紧去医院做掉她"。由此妈妈认定，在孩子的意识深处，某个地方有一个结，而现在这个结就落在午睡这个点上。同时妈妈担心孩子真的遗传了爸爸，患有抑郁症。于是，午睡的"心理魔咒"在妈妈的心底不断滋生。

孩子没有午睡习惯，父母缺乏对分离焦虑的有效解释，以及妈妈潜存的负面暗示，都使得文玉的午睡适应需要老师、心理老师和妈妈共同协作，方有解决的可能性。

三、心理支持策略

在面对面咨询过程中，我跟文玉妈妈反馈了三个内容：首先，孩子的问题具有普遍性，需要一两个月的适应时间；其次，回家再总结一下孩子的优势，助力孩子尽快适应；最后，在没有医生诊断前，不要给自己太多负面暗示，这会严重影响孩子的适应能力。

我特别跟文玉妈妈强调了《必要的丧失》一书中的观点：只要提出分离的人是孩子，而不是母亲，只要母亲还可靠地在"那里"，孩子就可能会冒险独立，甚至还会沉迷于独立。由此可见，分离之后，孩子如何看待分离十分重要，如果这种分离是孩子主动自愿的，那么他们就没有那么痛苦。

无论如何，入园对孩子都是个"应激事件"，需要时间来适应。就像我们突然吃了一口辛辣的食物一样，无论耐受力如何，那种痛的感觉总是需要一些时间才能消除。

后面几天，我将文玉的情况进行了整理，同时也分别在区域游戏、集体活动、午睡等不同的环节去班里观察孩子，随时跟班上老师沟通，进一步了解了孩子的情况。一周后，我给文玉的家庭提供了以下书面反馈。

1. 孩子方面：（1）暂且忽视孩子的午睡和其他睡眠事宜，给孩子一个更长的适应期。午睡虽然重要，但也只是幼儿园一日生活中的一个小环节而已；（2）孩子眼神专注，其他活动情绪稳定，说话条理清晰，语言表达能力非常强，有条不紊，很善于跟成人沟通；（3）目前比较弱的地方是同伴交往，孩子很少主动去参与小伙伴的游戏，也很少与小朋友聊天，更喜欢跟成人在一起。我观察到，孩子的目光追随老师比较多，对老师更有兴趣。班上老师反馈，孩子的午睡情况已经有好转，能明白老师讲的道理，接受老师的安抚和陪伴。

2. 父母方面：（1）多拓展一些办法为孩子讲述道理，因为孩子的理解能力超强，倾听能力也很不错；（2）创造一些机会，跟其他小朋友一起游戏和玩耍，比如朋友的小孩，社区里面的孩子，或者是公共游戏场所；（3）重点学习一些提高孩子同伴交往技能的养育书籍，充分了解小朋友之间的交流方式；（4）为孩子选购一些感兴趣的绘本，提高孩子的沟通互动能力，特别是一些社会交往和趣味游戏的绘本，让孩子的生活更丰富有趣。

3. 老师方面：尝试鼓励孩子多跟老师沟通，引导孩子对同伴交往产生兴趣，愿意和小伙伴在一起做游戏。把孩子对老师的过度关注逐渐转移到集体游戏和同伴游戏中去。

四、持续支持和后期追踪

自孩子入园的这一个学期以来，儿童心理咨询室、班上老师和家长三方一直保持紧密沟通，共同关注和解决孩子的入园适应问题。家长各种形式的反馈，说明之前的心理支持策略的有效性，文玉午睡的"心理魔咒"正在逐渐解除。以下是妈妈的反馈摘录：

1. 面对面咨询后，妈妈10月21日反馈要点：给她强调一天很长，大部分时间在玩，做游戏，吃饭，睡觉只是午饭后很短一段时间，我用物理的长度来比喻时间的长度，她好像有点不太担心了。

2. 书面建议提供给家长和班级老师后，妈妈10月28日反馈要点：刚才她睡着又突然乱翻腾大哭了一场，很难安慰，应该是做梦了。不过这次比较短暂，按照你的建议顺着她说："好，不要，不要了，扔掉吧！"等她开始叫妈妈接受妈妈抱的时候，我抱住她，像抱小婴儿睡那样，很快又睡着了。我觉得，在您见过她之后，有一种说不出的改变，说不出来，虽然也还闹午睡情绪，但内在那种负面的力量小了很多，被消解了一些。

3. 一个学期结束后疫情期间，妈妈2020年1月23日反馈要点：文玉睡了，我们被疫情和大雾阻挡在归乡半途的宾馆里。您的爱心和帮助不仅极大地缓解了文玉的午睡和入园情绪问题，而且是在心理上给了我重要的后援支撑！文玉情绪的缓解，对于我们家是大事，而不只是孩子成长的事。我真的无法把握蝴蝶的翅膀在我家一扇动，会带来什么后果。对您来说，把握的是蝴蝶的翅膀，对我家来说，平息的可能是一场飓风。从十月一直到放寒假前，我过得非常艰难。孩子入园，我工作考核升级，家人健康危机的三重压力，让我没有片刻喘息。其中万千，不必细说。但是还好，孩子在幼儿园里，有您，有班里四位充满爱心、耐心的老师。只要能把不生病的文玉送进园，我是可以放心了！当时，一见到您，我内心关于文玉的焦虑就放下了。我知道问题不会一下子解决，只是要经历这个过程，孩子不会受到多大的影响，不会到幼年阴影的程度。事实证明果不其然。文玉也提到，常常有位赵老师到班里和她说话，自那以后，她的问题在慢慢解决。

五、案例小结

对一件事物的认知和反应方式，会直接影响我们下一步的行为。我们不仅要看到孩子的焦虑，还要安抚家长更深层的焦虑。在应对分离的挫折时，每个人的内心都在渴望获得关爱、抚慰和承诺。孩子和家长之间互爱互信的亲密关系，饱含的亲子之爱，是化解焦虑的良药。而我们幼儿园老师，则是这种美好的守护者。

如何以科学适宜的方式开展疫情期间的家园工作

孙 琼

一场突如其来的新型冠状病毒感染疫情,打破了所有人的生活节奏,让失去自由活动的孩子们和困宅家中的家长百无聊赖。但特殊的疫情也赋予了我们这代人最特别的体验和意义。如何在这个特殊的疫情期间,坚持以科学适宜的方式开展家园共育工作呢?我分别从以下几个方面进行了疫情期间家园工作的积极探索实践,取得了良好成效。

一、制订《网络教育服务支持方案》,家园合作制作家庭网络教育活动

在园所"成立了心理健康、卫生保健、体能游戏、音乐、美术、科学、语言绘本、伙食等多个教育活动小组""组织老师利用网络交流互动探讨""进行家庭网络活动研究与设计"的基础上,本着尊重、平等、合作的原则,召集班级家委会成员共同商议并制订此次《班级网络教育服务支持方案》的活动设计,经过家委会成员周密的思考与老师在幼儿教育方面的专业建议,开展主题内容为"亲子健康时光""亲子快乐时光""亲子幸福时光"的家园互动网络分享课程。为使课程的趣味性更浓,提高幼儿与家长的参与度,与家长商讨,主要采用卫生保健小视频、习惯培养小儿歌、体能亲子互动游戏、心理建设小游戏、做一做科学小实验,美工小魔术等多种游戏形式来开展活动。重点围绕关注幼儿身心健康发展,鼓励幼儿主动参与,引导家长与幼儿亲密互动,给予幼儿一定支持。

二、通过网络教育服务支持的形式,做好对幼儿居家家庭教育的关注与指导

(一)"老师妈妈讲故事"栏目。用和蔼亲切的口吻、抑扬顿挫的语调演绎《小猫的胡子》《打喷嚏》《猪八戒吃西瓜》《肚子里有个火车站》《羊和狼》《小蝌蚪找妈妈》等传统经典故事中的不同角色,用声音吸引小朋友完整地听完故

事,鼓励小朋友主动讲述并分享给自己的爸爸妈妈听,提高语言表达能力的同时增加亲子之间的沟通。

(二)体能亲子互动游戏"2m²+30min=☺+↖(^ω^)↗"栏目,分别从平衡类、灵敏类、协调类、力量类、耐力类5个方面设计游戏活动。例如:"趣味跳格子""爬山""仰卧传球""赶小猪""合力变大山""安静的火车""易拉罐游戏之蝎子爬"等游戏使用家里常见的一些体育用品和废旧物品,一物多玩。鼓励家长朋友带领孩子在家开启难得的一天多次、一次多样的"体能游戏亲子时光",通过一起玩这些钻钻、爬爬、滚滚、跳跳等有趣的体能游戏活动,锻炼身体、开发思维、提升空间感受能力。同时也让家长与幼儿在家也能运动起来,更让以往忙于工作的家长与幼儿之间的关系变得更加亲密起来,认识到父母陪伴对于孩子成长的重要性。

(三)开展多种游戏形式的家庭亲子网络教育活动的同时,注重幼儿心理发展,开展心理家庭教育支持小游戏:1.《炒菜游戏》通过父母共同摇晃床单、身体安抚和幼儿接触软布床被,帮助幼儿增强安全感。2.《卫生纸游戏》通过边撕下一片片卫生纸边讲述自己不再害怕的事情,帮助幼儿克服恐惧与焦虑,增强安全感。

三、通过网络形式,关心并安抚幼儿及家长居家身体、心理健康情况

加强家园沟通工作,与家长视频连线,适时地关心并安抚幼儿及家长居家身体、心理健康情况。充分尊重幼儿以及家长意愿,自愿报名参与《隔离不隔爱,视频心连心》的视频连线主题活动。鼓励幼儿与家长配合国家做好疫情防控工作,居家隔离,齐心同力,战胜疫情。

(一)视频连线与幼儿谈心,一起聊聊开心事,安抚幼儿可能因疫情期间不能外出活动,不能入园的焦虑、烦躁的心理。通过进行一对一连线,一对三连线,三对三连线,分批与幼儿网络视频见面,分享现状,重新建立师幼关系,加强与幼儿的直接交流与互动。

(二)视频连线,与幼儿及家长进行新型冠状病毒居家清洁消毒的预防措施宣传:勤通风、勤洗手、勤洗衣物、家居表面保持清洁、餐具消毒、口鼻分泌物处理、消毒注意事项。

(三)视频连线,与幼儿及家长共同关注从营养膳食开始增强免疫力。推出

早餐、午餐、晚餐、3个加餐一日家庭营养食谱,为家长提供简单易学,科学合理的饮食搭配。有效保障幼儿机体免疫功能发挥作用,增强抵抗病毒感染能力,陪伴、呵护幼儿平安健康地度过这段难忘的经历。

(四)班级微信群报平安,与家长每日至少一次联系,安抚家长情绪。

呼吁家长重视疫情防控工作,坚持做好每日居家隔离、每日班级微信群报平安,以及个别14天内回京人员的体温报告,保持对自然和生命的认知和敬畏。面临前所未有的挑战和考验,在独处中回归内在、自我调节,理性认识疫情,克服恐慌心态。跳出家庭沟通雷区,控制自己情绪,参与游戏释放不良情绪。不听信谣言,谨防受骗,陌生电话谨慎接通,注意居家用火用电安全。

四、开展网络形式家园主题活动,家园共育

结合疫情期间班级幼儿实际现状以及季节特点和班级保教工作计划安排开展班级主题性活动。比如:种植主题,云体育运动主题、读书分享会主题。充分利用家长资源和多媒体资源相结合,号召尚未复工以及退休带娃的爷爷奶奶们带领幼儿参与主题活动。教师可以通过在线视频、录制游戏视频、美篇制作等形式对家长们进行主题活动的宣传与引导,家长们只需要动动手指将幼儿的精彩瞬间记录并反馈在班级微信群,将这些反馈拿给孩子们看,讲给孩子们听,促使活动的继续开展,激发孩子们参与的积极性。

"行是知之始,知是行之成,生活即教育,社会即学校,爱满天下,知行合一。"只要老师科学适宜地开展家园工作,相信孩子们在生活中也一样能长知识,学本领,开心度过每一天。

疫情期间父母如何帮助孩子增强安全感？

赵红梅

一、疫情期间为什么要特别关注孩子的安全感？

安全感是一种整合后的心理感觉，难以用语言界定的内在信仰。但我们每个人都可以清晰地感觉到：我此时有没有安全感？我跟谁在一起会有安全感？

安全感有强弱之分。即使在同样的条件下，每个人的安全感也是不同的。孩子的安全感受环境影响很大。孩子年龄越小，心智越不够成熟，安全感常会随着环境变化而波动。孩子的安全感，虽然也与外部环境有关，但与父母为孩子营造的内部小环境更加密切相关。如果家庭环境氛围安全，父母自身有安全感，那么孩子就更容易拥有安全感。

疫情期间，如果大人们每天收看疫情新闻，查阅手机，不加限制地谈论疫情的各种内容，比如又有多少人被隔离了，又有多少人去世了，更重要的是，这些都是当着孩子的面，让孩子直接暴露在铺天盖地的疫情信息里，孩子的安全感极有可能受到挑战。

孩子生活在我们身边，他们会主动获得各种信息，他们每天看到听到这么多，会自觉产生联想和担忧。孩子可能会担心自己和家人也会生病、隔离、甚至死去。这种充斥在家中的信息，就像我们在孩子毫无准备的情况下带他们去参加葬礼一样，孩子不用懂太多，仅从人们深色压抑的着装，痛苦悲戚的表情，就能感受到强烈的不安，深深的焦虑，甚至是恐惧。如果孩子不按照要求防护，父母再说些不当的话语（比如孩子没有认真洗手，父母因为担心孩子健康，就说这样就会有病毒进入你的身体，会生病，可能还会死人），孩子的内心就会特别委屈慌乱。严重时，极有可能给孩子，特别是敏感的孩子带来一定程度的心理创伤，威胁孩子的安全感。

二、疫情期间如何保护孩子的安全感？

（一）关注家庭氛围。即使父母每天陪在身边，但如果营造的氛围不好，孩子也不会有安全感。要有选择性地让孩子接触疫情信息，多了解一些具体防护内容，让孩子借机学习到必要的防护措施，这样能增强孩子的安全感。

（二）实际操作防护措施。作息正常、按时吃饭、唱着儿歌认真洗手，每天做运动，这些规律健康的生活，就像一个大的保护罩或者保护伞一样，都会让孩子获得极大的安全感。

（三）传递正能量，感受英雄人物。父母可以抓住时机，教育引导孩子。比如提供积极信息，让孩子多了解科学家、医护人员辛苦为大家，保护大家等英雄人物和故事。在真实的环境里，激发孩子的斗志、鼓励孩子努力好学，引导孩子乐观向上。

（四）态度坚定，给孩子吃"定心丸"。当孩子偶尔有担忧和焦虑时情绪，比如问"我会生病吗？妈妈会死吗？"这样的问题时，父母永远要有耐心地向他们保证："肯定不会的！爸爸妈妈会保护你！有爸妈在，你就会健健康康，平平安安的！但是你也需要讲卫生，多运动，好好吃饭，照顾好自己。"仅是几句简单的安慰和坚定的保证，孩子就能够从父母的反馈中获得极大的安全感。

三、增强安全感的亲子游戏有哪些？

虽然说教对孩子有一定的效果，父母对孩子的教育和叮嘱多是严肃、严谨，有规则的，需要孩子精神高度集中，容易让孩子感受到压力和紧张，特别是对于年龄小的孩子，这种说教效果并不会特别好，所以增强小孩子的安全感，父母要多多采用亲子游戏的方式，这样更能事半功倍。

（一）炒菜游戏。这是一个每天都可以让小孩子玩的游戏。还记得小时候，我们把孩子放在床单里，去晃悠他们的游戏吗？每天再玩一会儿吧！如果孩子太重，父母太累怎么办呢？那就要玩炒菜游戏！让孩子躺在床单上，父母各占一边，拎起床单的两个角，孩子大部分身体躺在床上，不用完全离床。父母一起努力，让孩子在床单里左右滚动，可以一边说"炒啊炒啊炒豆子，今天炒个大萝卜！左炒炒，右炒炒，再用铲子按一按，还要撒上一些盐！炒好啦，出锅喽！"任何孩子喜欢的食物，都可以编进去炒来炒去，放些什么调料，就看父母的体力能支撑多久了。因为放调料的时候，父母可以稍事休息，同时用一只手捏捏孩子的身体，或者是挠痒痒，让孩子开心地笑，充分放松！最后出锅，一定要注意安全，让孩子滚到床上。为什么这个游戏如此有效？父母共同晃悠、孩子就会感觉很安全，再有父母给予的身体安抚，以及柔软的床单被褥枕头接触，这些都能帮助孩子增强安全感！最后还是要特别提醒，根据不同孩子的体能情况，父母一定要注意安全。

（二）卫生纸游戏。这个方法比较适合大一些的孩子，玩一次比较好！当然如果孩子乐意，也可以经常玩。这是一个帮助孩子克服恐惧的好方法，原则就是用他们已有的成功经验去自我激励。游戏时，拿出一卷卫生纸，孩子跟爸爸妈妈对面坐，告诉大家：每个人都可以撕下自己想要的卫生纸张数，一小片一小片叠放好。然后提出一个意想不到的游戏规则：现在每人拿出一片卫生纸，然后说出自己不再害怕的事情，比如我不怕黑了！我不怕小狗狗了！我不怕打针了！我不怕生病啦！孩子和爸爸妈妈要轮流说，直到大家手里的卫生纸都用完为止。游戏结束，父母能帮助孩子发现，原来自己已经这么勇敢，有这么多以前害怕的事情，现在都不再害怕了，这样就能帮助父母和孩子克服现有的恐惧和焦虑，增强安全感。

削减孩子的安全感，可以是分分钟的事情，但是想要增强孩子的安全感，却需要父母日复一日、年复一年的耐心付出，亲子之爱不是一旦建立，便会终生享有，越是高品质的亲子之爱，越需要精心的呵护和及时保温。

因为爱没有捷径。

特殊时期,家园工作的创新与实践
——隔离不隔爱

苏 伟

这个寒假有点长,一个多月以前,从新闻得知一种新型冠状病毒的出现。当时,我并没有太大的感觉,只是每天开始关注新闻,关注这件事情。后来,每天看到比前一天增加的数字,还有撑不下去的患者同胞包括医护人员失去生命,我为武汉感到担忧,为祖国焦虑。我的家乡很快也被封村了。我的家人都在身边,响应党和政府的号召,我们几乎不出门了,既为自己的健康,又为不给政府找麻烦。这时最让我忧虑的是那 25 名不知是在祖国的何处的老家过新年的孩子和家长们?有没有去过武汉?有没有接触过得病的人?我的家长和孩子们都是否还健康?

大家在哪里?是否安全?

疫情之初,我在班级群里看到几位家长转发一些关于冠状病毒的介绍和预防知识。相信大家都在关心和关注着疫情的动态。我也开始在班级群和家长们互动,问候大家都在什么地方?是否安全?班级群中是相互问候和报平安的状态。大家都越来越密切关注和讨论这场没有硝烟的战争情况。

在幼儿园的工作安排下,虽然并没有到开学时间,但我们早已自发地开始了在家办公的状态。我们先收集了班级所有幼儿的出生年月、户籍、目前所在地、有无到过或经过武汉?是否探亲或旅游?等信息,这使我们很明确班级中所有家长和孩子的具体情况信息,这颗揪着的心,才放松了一点点。

便捷表格报告每日健康情况

适逢新年,各个火车站出现"中国式大迁徙"。于是,我们开始了在班级中开展健康接龙的工作。但这种群内接龙方式,很容易被漏掉信息和报重,而且老师在最后统计的时候,每次都要对照班级的花名册逐个筛查,才能查出漏掉的人员再去单独与漏掉的孩子家长进行沟通，很不方便。就在为此事犯愁的时候，我发现有一位家长发来一个可以多人同时填写的便捷表格，而且表格里已经编辑好了幼儿姓名，只要家长打开链接就可以在自己孩子姓名后面填写健康情况，最后老师在统计的时候也可以非常清晰地看到漏掉了哪位小朋友的信息，省去了很多不必要的麻烦。可见，集体的智慧是无穷大的，做好家园的有效沟通，实现家园的有效合作，最终受益必然是纯真可爱的孩子们。

分组管理，更加清晰、易统计

新年过去了，这个不平凡的 2020 年带给我们延期开学的消息。虽然暂时无法回到美丽的幼儿园工作，但疫情防控我们一日都没有松懈，每天在班级群里的问候也是只增不减。正月初八就开始有陆陆续续返京的家长了，我需要重新统计幼儿的目前所在地，和最近 14 天是否接触过武汉的人或者到过武汉等。这次，我把班级每天上报健康的表格稍作了一下修改，幼儿姓名后面加入一列目前所在地，为了方便统计，我把班级的幼儿分别建了 3 个不同的微信群：一个是："未回京群"，一个是"返京未满 14 天居家隔离群"，另一个是"班级在京群"这样可以很直观地看到幼儿的目前所在地，随时有变化随时更改。

网络服务，隔离不隔爱

幼儿园将老师分成几个领域组，进行推送网络服务的网课制作。提供家长在家带娃的方便，丰富室内带娃的活动。有老师录好的室内运动小视频、小手工、简单的科学小实验，还有园长妈妈讲故事以及医务室提供的居家安全保健小知识和伙房老师提供的简单面点美食的制作步骤等等。我被分到美术组，不仅要完成视频的录制，还要完成录后剪辑工作，为此，我也在短时间内学习到了一项新技能。家中俩娃，老人不在，我是切身体会了家长们的在家办公真实状态，但克服一切困难，也要努力把工作做好。看到班级群，每天都有小朋友自发地来分享自己的新本领，开心地讲故事、陶醉地跳舞、制作好玩的面点等。为了班级 25 名宝贝有个健康又愉悦、丰富又充实的"室内长假"，做任何特殊的事情都是值得的。

从原计划开学的日子到现在，我们每天会和三位小朋友进行"视频聊天"，这种形式可以更直观地了解到班级幼儿的情绪情感、心理状态和发展水平。看到孩子们在电脑前见到老师和小伙伴的热情劲儿，我更加期待真正回到幼儿园可以抱抱他们。有的宝贝家长告诉我们她很期待与老师视频见面，但真正见了面又有些害羞，不讲话，一直笑；有的宝贝不停地表达，分享自己学到的本领和开心的小故事；还有的小男生则在摆满汽车玩具的地垫上，在自己的那一片天地跳来跳去，一会儿拿个大卡车，一会儿拿一辆混凝土搅拌车来给我一一介绍。隔离不隔爱，我们已经利用了各种方式来跟小朋友和家长进行沟通，不仅让我了解到了班级幼儿的发展现状，并为他们送去关心和情绪引导，也让我收获了他们对我满满的思念与爱。

相信疫情终会过去，防控不能松懈，每日的问候和沟通不减，无论多么紧急的通知，要求追踪来自武汉的家长和来自境外的家长信息，无论何时，都得到了家长的大力支持与配合。因为有了良好的家园沟通与合作，使得我们疫情期间的工作任务顺利完成。感谢家长疫情期间的工作配合！想念我的孩子们！期待我们真的相见！

家园共育工作的创新与实施
——特殊时期开展的多种形式家园联系

高雅琪

在新型冠状病毒感染疫情暴发期间,为了加强家园直接的联系和老师对孩子们的关爱和了解,我们展开了多种形式的家园联系,如班级群内的互动、每天和3—4位小朋友视频通话以及与家长之间的单独沟通等。我们班家长们都很乐于在班级群内"晒"娃,分享孩子们多彩的假期生活,老师们通过视频了解到孩子们在家的日常,鼓励赞美幼儿并给予相应的安全提示,如出门戴好口罩、做手工时要注意安全使用剪刀等。家长们有教育上的问题也会积极咨询老师的意见,寻找问题的原因以及解决问题的方法,共同制定家庭教育指导策略。有了以上频繁接触和互动了解的基础,我们每天和孩子们视频见面就很顺利。

此次视频会议我们将与孩子们围绕着"我学习到的新本领"以及"我是好帮手"两大主题进行分享与讨论。

4月13日

(一)记录

视频期间,小花一直在专心致志地做着自己的小实验,用显微镜观察着各种细胞。可以看出她对科学实验的热爱,但是对于我们的问候和询问却一直都是爷爷奶奶在细心解答,小花与大家的交流几乎是没有的。

(二)分析

经过老师们之后的视频会议的讨论与思考,初步认为小花的表现的可能是因为她在假期期间一直和爷爷奶奶生活在一起,爷爷奶奶对她也比较疼爱。在视频时,小花不说话,爷爷奶奶会立即和老师们解释是因为太投入实验才会不说话,这也让小花有了不想说话的理由。老师们也和小花的爷爷奶奶单独联系,首先充分肯定小花在科学实验上的兴趣与投入,同时也循序渐进地引导家长在视频中发现自己孩子与其他孩子的表现差异,经过长时间的沟通交流,小花的爷爷奶奶意识到了其中的问题，听取并愿意尝试老师的教育建议，会多与孩子沟通，以便孩子愿意和爷爷奶奶敞开心扉，乐于表达和抒发自己的情感。爷爷奶奶和小花约定会再和老师们单独视频一次，之后与小朋友们一起视频通话。和老师们单独视频通话时，我们围绕小花感兴趣的话题，积极鼓励小花和大家一起分享，发现小花有了很大的进步，乐于同大家介绍自己新玩具。我们期待小花下次和小朋友们一起视频通话时也能勇敢自信地表达自己内心的想法，向大家展示自己的新本领。

4月14日

（一）记录

陶陶小朋友平时在班级里是一个不爱说话的小朋友，但是在几次的视频中我们发现她特别爱和大家分享自己在家做的有趣的事情，比如多次和大家讲自己去了海边，喜欢在沙滩上跑步，和姥姥姥爷在家玩了各种各样的游戏，还学习了舞蹈动作，也都特别积极地和大家展示。

（二）分析

视频中陶陶的表现令我们惊喜，老师也在视频会议中讨论了为什么陶陶在家与在幼儿园有这么大的不同，并积极主动和陶陶妈妈沟通联系。经过家园共同讨论，达成了一致的意见，认为在家里，妈妈、姥姥、姥爷一直都陪伴着陶陶，每天和她一起玩，给了她足够的安全感，她所处的家庭环境是宽松和自由的，我们班里虽然也一直营造着宽松的氛围，但是显然跟家庭的宽松的自由还是不一样的，所以导致她的家园不一致。在开学后，我们也将继续关注陶陶小朋友，不断创造给她展示自己的机会，鼓励陶陶大胆自信地展现自己。家园共育，希望陶陶在班里也能像在家里一样勇于表达和表现自己。

4月15日

（一）记录

在几次视频中，最活跃、最兴奋的就是佑佑小朋友啦，他一直在积极地向老师们展示自己新学到的本领，之后又特别积极地给大家介绍自己的各种玩具。这和他在班里的表现基本相符。但是在轮到其他小朋友分享时，佑佑小朋友却仍旧继续介绍着自己的玩具，缺少耐心的倾听。

（二）分析

在和孩子们视频通话结束后，我们班级教师也进行了视频会议，并针对相关问题进行讨论。佑佑小朋友很积极地分享自己觉得有趣的事，能清楚明白地表述自己心中所想，语言表达能力发展较好。但是却缺少耐心的倾听。之后我们也单独同佑佑妈妈讨论了这一问题，肯定佑佑的假期生活十分丰富，而且乐于积极主动和大家分享，但是在倾听上可能还有不足，也向佑佑妈妈讲述了导致这一现象可能存在原因，首先是因为中班幼儿有意注意时间还不长，且不够稳定，加上佑佑的性格比较急，所以在和大家视频时他会缺少耐心的等待与倾听。佑佑妈妈也表示重视这一问题，并会积极配合老师。我们也会继续关注佑佑，家园共育，培养幼儿认真聆听的能力。为他选择他感兴趣的聆听内容，比如说他喜欢奥特曼，那老师们在视频通话时，可以有意向地引出"奥特曼"，请大家一起围绕这个话题进行讨论与分享，同时提醒佑佑小朋友仔细聆听，看看有没有自己不知道的，或者还有什么补充。这样能极大地激发佑佑的兴趣，在这样宽松有趣的环境中也会更乐意倾听他人，积极表达自己，从而同步发展语言表达与倾听能力。

新型冠状病毒阻隔了我们出门的脚步，但却不能阻隔我们爱孩子们的心。将我们的爱传递给每位幼儿，让孩子们在家也能感受到老师们的爱。我们一起努力，共同迎接春暖花开季节的到来！

爱的教育是给孩子最好的礼物
——疫情下和孩子们的聊天记录

耿 翔

突如其来的病毒挡住了我们与大自然接触的身影，阻隔了我们一起上幼儿园的脚步。老师虽然不能和孩子们在一起做游戏，享受温暖的阳光，但是惦念孩子们的心情却是那么急切，那我们用特别的方式"见面"吧。

爱是"零距离"的沟通

第一次和孩子打开摄像头见面时，我看到铖铖小朋友害羞地跑开了，只剩下妈妈的身影，我知道孩子不太适应这种见面方式，一会儿铖铖手里拿了好多在家里画的画，虽然还是不愿意在镜头前露面，但是我已经很清晰地听到他在一张一张介绍自己的作品，我认真地看着每一幅作品，嘴里不断地说着："真棒！画得真好！好有自己的想法！"在妈妈的鼓励下，孩子终于在镜头前和我聊天了，看着孩子微红的小脸，好想亲亲、抱抱他。我问："铖铖，在家里都学什么新本领了？"这个话题一下子让孩子兴奋起来："我会洗自己的小袜子；我会自己好好刷牙；会帮妈妈晾衣服了；也学会了很多剪纸。"还没等说完，索性拿着妈妈的手机去他的作品前到处拍，虽然我看到的是一些模糊的镜头，但心里真的是乐开花了，为孩子在疫情下的健康成长鼓掌。在和铖铖妈妈聊天中，我了解到特殊时期家长所付出的一切，每天坚持陪孩子做一到两个小游戏，督促孩子自己的事情自己做，家长做的点点滴滴都是对老师的信任和理解。

爱是有你的陪伴和守护

在病毒肆虐的日子里，我们关注每个孩子的健康成长，但彩孜小朋友引起我更多的关注。平时她就是安静、不爱多说话的孩子，特殊的日子里，她被爸爸妈妈送到了奶奶家，刚和孩子视频时，只听到了爷爷的声音，不一会儿就听见孩子的哭声，是彩孜，爷爷为了缓和尴尬的气氛，把镜头转向了彩孜自己，我看到了孩子站在地上，大声地哭喊着，没有说任何话，眼睛就一直看着爷爷，奶奶赶紧把孩子在家里做的各种手工拿到镜头前让老师看，我试图用做游戏的形式让彩孜安静下来，但孩子依然很伤心，我建议家长先安抚一下孩子的情绪再聊天，奶奶把彩孜带走了，爷爷说："彩孜不愿意和爷爷奶奶在一起，可是爸爸妈妈都上班了，平时在家就是静静地做自己的事情，也不怎么爱运动，最喜欢看幼儿园发的游戏小视频跟着做。"而后，爷爷把彩孜做的好多作品拿到镜头前让我看，我不禁竖起大拇指："彩孜真棒！爷爷奶奶真棒！您们辛苦了！"看到老人尽全力地付出所有，让我又一次感受到爱的力量。直到视频结束时，彩孜也没有再出现在镜头前，让我欣喜的是，爷爷把孩子在家里所学的新本领通过视频或图片的方式发给了我，看着照片中的彩孜脸上露出开心的笑容，我从心底为孩子鼓掌。

爱是静心聆听和鼓励

"天使宝宝"赫赫在家里的生活状况是我们老师最关心的。在和铖铖妈妈的视频通话中，看到孩子站在桌子上蹦上蹦下，妈妈边阻止边说："家里有两个孩子，姐姐每天要陪着上网课，赫赫只能让老人陪着，可是他到处闯祸，老人也管不了，索性就给孩子手机或平板电脑，一看就是一天，再这样下去孩子就毁了"。话语中明显感觉到家长的焦虑和无奈，老师也跟着着急，但更多的是要想办法帮助妈妈改变现在的状况。和妈妈商量是否可以用半天的时间陪着两个孩子出去玩玩，散散心，这样一来姐姐能陪着弟弟玩，家长也可以缓解内心的压力。同时老师还提出家长可以给孩子拍点小视频或照片发到班级群里，让更多的同伴看到赫赫开心的笑容。妈妈改变方式，开启一人带俩娃的模式，一开始看到的视频中只有两个孩子玩的身影，慢慢地能听见妈妈说："赫赫真棒哦，都会连续跳了""快看这是赫赫自己做的手工""今天姐姐讲故事，弟弟没有大喊大叫，真棒"。妈妈在用心地感受着孩子的成长，静静地倾听孩子讲的每一句话。老师看到孩子有这么大的进步，也在群里说了很多鼓励和表扬的话语。妈妈背后辛苦的付出我们看不到，但是我们能从孩子的点滴进步中感受到，这就是爱，一种最朴实却伟大的付出。

爱是对孩子的尊重和肯定

视频中然然小朋友的喜好让我眼前一亮。她喜欢古代神话中的人物和故事情景，从美丽千年的九色鹿到佛传故事——莫高窟，虽然只是4岁的孩子，但是已经有了自己独特的见解。然然是个心思细腻的孩子，虽然在视频通话中她的话语不是很多，但聆听最认真的就是她，视频快要结束时，她会缠着妈妈不要关手机，其他孩子已经下线了，只留下我和然然了，我知道孩子肯定还有很多话要说，但是等了好久然然只是在翻看手中的图画书，妈妈一直在提醒：你要和老师说话啊，要不时间都浪费了。然然抬起头不说话，对着镜头里的我呵呵笑，我也看着她在笑，这时我问然然在看什么书？能和老师讲讲吗？她摇摇头，突然大声地说："老师，我想你了！有很多的话要和你说。"妈妈愣了会儿笑了，我使劲地点头，眼睛湿润了，孩子的表达很直白，却是最暖心的语言。镜头前我和然然玩藏猫猫，听她讲故事，欣赏她表演的绝美敦煌舞蹈，看她不断地展示自己学到的新本领，我知道孩子的自信来源于尊重和肯定。

我们要把爱的这颗种子植入孩子们的心里，相信它能生根、发芽，并结出喜人的硕果。

与"高知家长"进行家园共育需更注重教师专业指导

董 岳

在高校附属幼儿园中,有一定数量的家长具有良好的教育经历。他们在幼儿教育方面,往往会根据自己的成长经验,为孩子进行规划。在规划中,既有对孩子个性化的突出关注,又有一些不全面的经验主义。这就容易与教师的教育理念、方法产生矛盾。面对此类情况,教师应该更注重通过专业性指导与家长进行交流,以期确保幼儿可以科学、全面、适龄地成长。

一、部分"高知家长"在幼儿教育中的特点及问题

"高知家长"是指具有较高学历、高技能的家长。这类家长具有的特点为:拥有天赋、努力、学习方法、习惯等优势及成功的教育经验,在幼儿的教育上,借鉴自己的成长经历,形成较为个性化的教育理念,偏执于自己的教育模式,仅重视自己认为重要的知识技能,而忽视了幼儿特定年龄段的全面性发展。较为集中的表现为:格外重视知识性培养,忽视自理能力及习惯性培养。

【案例】

一位小班幼儿的家长拥有博士学位,在教育孩子方面自我意识较强。幼儿年仅3岁多,便开始自己教授幼儿识汉字、字母等,并着手准备给孩子报兴趣、技能班。但是该幼儿在自理能力、身体平衡能力方面均未达到普通儿童应有的水平。因而在平时的交流中,教师便向这位博士爸爸进行了建议,希望给予幼儿更多自理、身体协调等方面的关注。但这位博士爸爸似乎并不太在意。在他的观念中,这里吃饭穿衣的技能早晚会学会的,而知识性的熏陶则对孩子更重要,他曾极端地表示:霍金不也成为伟大的物理学家吗?故而对孩子的自理能力依旧不太关注。

这个案例向我们展示了部分较为典型的"高知家长"的思想。在他们眼中，幼儿的成长是纵向的，同时他们较为自信对幼儿更为了解以及自己的经验，因而会专注于自己的教育理念和模式，对幼儿的全面性和适龄性有所忽视。

二、教师专业性完全可胜任幼儿全面教育

通常，教师在遇到这类家长时容易产生沮丧的情绪。明明看着幼儿"走偏"却又无法说服家长。甚至有些教师会在家长漠视的态度下，怀疑自己的教育理念是否正确。有一些年轻的教师就曾经表示过，家长那么出色，也许他执着的方式是正确的呢？

不可否认，"高知家长"确实在自己的学业、事业上取得了骄人的成就。但这并不能代表在专业教育方面，他们就具有全面系统的认知和考虑。在幼儿教育方面，教师所具备的专业素养以及教育经验，远非这些家长所具备的。在这方面切勿妄自菲薄。

由教育部制定的《3—6岁儿童发展指南》（以下简称《指南》）是为深入贯彻《国家中长期教育改革和发展规划纲要(2010—2020年)》和《国务院关于当前发展学前教育的若干意见》(国发〔2010〕41号)，指导幼儿园和家庭实施科学的保育和教育，促进幼儿身心全面和谐发展而制定的。其对幼儿的教育是结合了当下社会的整体情况而制定的。《指南》是从健康、语言、社会、科学、艺术五个领域关注幼儿的学习与发展。通过提出3—6岁各年龄段儿童学习与发展目标和相应的教育建议，帮助幼儿园教师和家长了解3—6岁幼儿学习与发展的基本规律和特点，建立对幼儿发展的合理期望，实施科学的保育和教育。

在这里应该特别注意"合理期望"这个关键词。不少家长在教育幼儿时，过于偏重自己的经验，从而在教育上厚此薄彼，在教育系统上出现缺失。更有甚者，因为自己的偏好，不顾幼儿学习能力的自然规律，强行提早进行幼儿无法理解的知识性教育，造成了"拔苗助长"的后果。因此这就更需要教师的专业指导。

三、用专业和权威说服"经验派"

面对上述家长，教师应注重分析这类家长的特点。他们虽较为执着，但也是善于变通及求索的人群，他们对于真理的追寻可以作为教师通过专业指导力搞好"家园共育"的密匙。

以下介绍两个小技巧。

(一) 权威式引导,激活家长学习力

【案例】

一位中班幼儿的妈妈从事幼儿心理、教育研究工作,在其领域取得了相当不错的成绩,并获得了较高的职称以及诸多的荣誉。于是教师就邀请这位妈妈在家长会期间为班里的家长们做了一次讲座活动。

讲座的主题是教师与这位家长提前拟定的。主要讲的是"适龄性""全面性"的发展,避免幼儿拔苗助长的情况。同时,教师特意将自己工作中遇到的问题,与这位家长进行了交流,让家长有目的性地进行广泛性举例。教师通过业内权威的方式,给孩子们的家长,特别是较为自我的家长进行了一次幼儿教育方式普及。结果收到了不错的效果,不少原来较为自我的家长纷纷主动与老师沟通,并调整了育儿方式。

必须注意到,"高知家长"是有较强学习能力的。他们较为自我,不太在意教师的劝说和意见的主要原因是,他们的不认同感以及对幼儿教育的不了解。教师可以通过找到他们认同的方式,向他们传递正确的方式,从而起到有效提醒的效果。

(二) 适龄教育,强调个体横向比较

【案例】

一位幼儿运动能力方面较差,但其家长并未重视,导致幼儿在大班时依然无法完成平衡球等技巧。于是,教师便在适当时间邀请了幼儿的家长,观看班级的平衡球活动。当这位家长发现其他幼儿都能够较为顺利地完成动作,而自己的孩子却无法完成的时候,自然而然地产生了"好强"的心理,便主动找到教师,了解情况,寻求幼儿的提升。

这里所说的"横向比较"并非是让幼儿在众人面前出丑,而是强调"个体"。在5—6岁阶段,幼儿本应比其自身4—5岁时在一些方面有所成长和突破。如果没有,一定是在教育过程中出现了缺失。因此一定要让家长理解"适龄教育"

的重要性。幼儿成长的不同阶段，身心成长的侧重点以及速度都是不同的，要让家长了解最佳成长阶段的含义。

家园共育目的是一致的，其有效的作法则在于家长与教师之间的配合，只有更全面地理解、沟通，才能更好地为孩子服务。在这个过程中，教师应更多运用专业指导力去影响家长，使家长首先能够先理解什么是全面、科学，这样工作才便于开展。

小美被"推"以后

赵 娜

放学时,孩子和家长走得差不多了,我正准备收拾班上的物品,就听到更衣室里的传来小美的声音:"妈妈,今天祺祺推我来着,差点磕到头——"听到这里,我赶快走进了更衣室,正在给小美穿衣服的妈妈立刻停了下来,开始扒拉着孩子的头发紧张地看起来。正巧,祺祺和妈妈也在一旁,一听孩子动手推了别人,大嗓门的祺祺妈妈一下子来了劲:"儿子,你说,你为什么要推小美,她招你没有?我告诉过你,有事找老师,老师没解决的我来给你解决!"一听这话,小美的妈妈马上按捺不住了:"你这话我就不爱听,你儿子推我们家小美,差点磕到头了,你怎么连句道歉的话都没有?"

看到双方家长的气氛陡然紧张起来,我及时制止了家长的争论,我请两位妈妈回到了教室里坐下,我告诉她们:孩子们的事情我已经处理过了,既然两个孩子是事件的主角,我们还是先听一听他们怎么说?两个妈妈都表示同意。小美首先陈述:在户外活动时,她们都在上滑楼梯的台阶,祺祺站在小美的后面,小美挡着台阶的路口,没有让后面的小朋友往上走,于是祺祺就从身后推了小美,小美一下就跪在滑楼梯的台阶上,所幸小美没有受伤。小美说完后,我让祺祺把事情的经过再说一遍,他的表达和小美的一样。

接下来,我告诉了两位妈妈我的处理方法:在知道这件事情后,我听取了两个孩子的陈述,并询问了在场的其他孩子,调查清楚孩子们的行为后,对全班的孩子都进行了正确交往提示和安全教育。我告诉他们:祺祺推人这样的做法首先是非常危险,并且不礼貌的,特别是从背后推人,在没有任何防范措施的情况下,这样做会造成意想不到的伤害,同时让他给小美真诚地道歉。同时,我也告诉小美,滑梯是幼儿园公共的玩具,大家都可以玩,不应该堵在台阶口,不让其他小朋友上,大家都是好朋友应该学会谦让和轮流。我还带领全班孩子来到滑楼梯旁边,请小朋友演示正确的滑楼梯、上下楼梯的方法,通过这件事,让全班的孩子都增强安全和自我保护的意识。两位妈妈听了都说这样的处理是很正确的，刚才都是心疼自己的孩子，情绪有些激动。

围绕孩子们在集体生活中可能发生的小矛盾、小纠纷等问题，我和两个家长继续交流了一些看法，每个孩子都是鲜活的生命，他们不可能像小桌子小椅子一样任人摆弄，他们时刻在用自己的方式探索着认识周围的小伙伴和环境，虽然有的方式是不可行的，老师和家长就要及时给予行为指导和提示，让孩子树立正确的行为观念并养成良好的行为习惯。家长对孩子错误的行为不调查，不进行正确的引导，而是一味地偏袒自己的孩子，为孩子撑腰壮胆，那孩子以后就没有不敢做的事了。祺祺的妈妈解释说：自己刚才说的话不是为儿子撑腰壮胆的，就是要儿子把事情说清楚。但是语气其实有点急，没有顾及小美妈妈的感受，对此表示歉意。而小美的妈妈也表示理解，并批评小美不该堵住路口不让其他小朋友玩。走出教室，两个刚刚还在"对质"的小伙伴，两只小手又拉在一起了。望着她们远去的背影，我能够体会到两位妈妈心里的感受。

在后来的交往中，我经常和祺祺、小美的妈妈就孩子的表现进行谈心，我及时告知两位孩子的点滴进步，祺祺妈妈也学会遇到事情要冷静处理的方法。祺祺妈妈告诉我，现在祺祺能主动帮助邻居小朋友搬物品、玩玩具时还能谦让。小美妈妈告诉我，小美总想拿玩具到幼儿园和朋友们分享，这在以前是从来没有的情景，两位妈妈为孩子们的进步感到非常地欣慰。

面对家长突如其来的纷争和责难，教师要学会控制自己的情绪，不能被家长的情绪感染甚至跟着激动，被动地参加家长之间的争论，这样只会让事情陷入更加混乱的境地，导致难以收拾的局面。只有心平气和地谈话，才能清晰地分析事情的来龙去脉，从而调节家长之间的气氛，寻求解决问题的方法。

每个孩子在老师心目中都是一样的，但在家长眼里都是自己的孩子最亲最爱。老师在处理孩子的问题中要公正公平，同时也要引导家长进行换位思考，用自己的真心换取家长的理解和支持。在日常保教工作中还要更加细心观察孩子的一举一动，教职工之间交接班做好无缝隙对接，全程掌握孩子的行动，及时发现并制止幼儿之间可能发生的意外情况，防微杜渐，减少家园交流中的反复调查和解释。

家园主题活动：今天我当小主播

韩 杰

疫情期间，如何有效地开展和实施家园主题活动？主题活动的内容选择、形式、方法是否能引发幼儿、家长参与的积极性和主动性？如何借助网络沟通的媒介，促进师幼、家园的有效互动？这是我在实施和开展家园主题活动中的几点思考。

经过一段时间与孩子们的沟通、交流，我发现每位幼儿都有着较强的表达欲望。能在围绕一个主题内容讨论的同时，积极主动地将自己最感兴趣、最擅长的方面，讲述或是展现给老师、小朋友们。每次的视频沟通，都让孩子们有种意犹未尽的感觉。如何创造适宜的空间和条件让幼儿充分地表达、展现呢？于是，尊重幼儿的想法，支持幼儿的意愿表达。"今天我当小主播"的家园主题活动由此而生。

一、创造适宜的空间和条件，支持幼儿的意愿和想法

主题活动的开展，激发了幼儿积极参与的热情。孩子们纷纷报名，加入到小主播的活动中来。在发布和实施的过程中，我们秉承自愿、自主的原则，先确定小主播人员后，建立各直播间。幼儿可根据自己的意愿和感兴趣的内容，自选加入直播间参与活动。始终将幼儿的参与兴趣和意愿置于第一位，即自主报名、自主选择、不限制参与次数等。让幼儿体验担当小主播、小听众的双重角色，满足幼儿的意愿和想法。

二、丰富幼儿的前期经验，增强幼儿的角色意识

什么是小主播？小主播需要做哪些准备？如何与听众更好地进行互动、交流？活动初期，为了丰富幼儿的前期经验，我们结合相关问题与幼儿进行了讨论。问题的提出，引发了幼儿积极的思考。"小主播就是要模仿老师的样子，给

大家讲课""要提前练习，准备好相关物品""想好与小听众的互动的环节"孩子们纷纷表达自己的想法。那如何当好小主播呢？"充分地准备和练习""把自己知道的内容很清楚地讲解出来"，孩子们又进一步的进行回答。讨论过后，我们提供相关小视频，丰富幼儿对小主播角色的意识。鼓励幼儿按自身意愿和想法选择所分享的内容、以及活动的形式。

对于大班幼儿来说，从听他人讲到讲给他人听。这个角色的转换，需要在实际探讨以及相关支持下，让幼儿获得前期的一些经验。同时，家园携手共同帮助幼儿提升担当小主播的角色意识。

三、多元表现形式，家园合作见成效

讲什么？如何讲？接下来小主播们根据自己擅长、感兴趣的方面，选择直播主题、设计活动。古诗词大会、历史故事、拍球比赛、扑克游戏……孩子们所报的主题内容，涵盖了文学类、运动类、游戏类、科学类、语言类、幼小衔接、艺术等七个方面。你问我答、闯关加分（既定选择、抢答）、亲身示范、互动比赛、猜谜答题、绘本引入……每一个小主播都发挥出自己的聪明才智，组织和设计互动形式。如：科学小实验，鲸鱼喷泉去哪了？是 Alice 小朋友在生活中发现的有趣科学小实验。小主播每一个步骤的展示都特别清楚，讲解的清晰明确。运用互动提问、亲身体验的方式，引导幼儿发现光的折射原理。在分享中，孩子们能借助一个主题，延伸多个点位进行互动分享。再如：UU 分享的绘本"春天来了"，借助故事引入，引发对春天美食、春天里的运动，以及制作美食的分享交流。还有瑶瑶借助"点"的绘本故事，引发的有关点的绘画创作交流分享。除此之外，还有笑笑自制不同国家的国旗，以问题导入的方式，介绍不同国家的地理文化、美食、服饰、风俗特色等。从每个直播间中，都可以感受和体会到小主播的用心准备和精心设计。从中也看到了家长在背后的支持和帮助，以及前期充分的准备和练习。在参与体验的过程中，增强了幼儿责任意识和任务意识。锻炼了敢于挑战、大胆表达的勇气和自信。而家园的有效支持和引导，为幼儿树立自信和体验成就感提供保障。

四、有效评价，关注过程重在发展

评价是有效定义幼儿表现的方式。它是幼儿园教育工作的重要内容，教师

的评价是基于被评价幼儿的表现和行为而产生的,对激发幼儿主体精神有益。评价是一种教育手段,更是一门教育艺术。在开展的家园主题活动中,我们抓住每一个有效评价的环节,关注过程重在发展。既给予肯定和鼓励,又提出合理的意见和建议。例如:你觉得今天哪里表现得好?哪里还可以表现得更好?引导幼儿对自己的表现作出评价。大班幼儿更注重他人对自己的认同,以及给予的评价,并在活动的过程中,学会相互评价,接受他人给予的建议。

除此之外,教师做到每天三个反馈:1.直播过程中和结束后,及时地点评和反馈。2.发放调查问卷,及时了解幼儿和家长参与的感受和体会。3.班级群中,将小主播视频及时进行分享和总结。三个及时反馈和既定动作,大大增强了幼儿的认同感和自信心。同时,对于老师、幼儿、家长给予的鼓励和赞扬,极大激发了幼儿的自信心和表现力。

五、问卷反馈,见成果促成效

从问卷反馈中,可以看到全体幼儿和家长非常喜欢这个活动。幼儿用激动、快乐、开心、高兴、有意义、期待、紧张等词汇,表达出参与活动时的心情。95%以上的小主播对自己的表现非常满意,幼儿表述的最大的收获是,一起分享知识、分享快乐,锻炼表达能力和临场发挥能力。促进幼儿间的交流,以及面对大家不紧张等。所有的家长都非常喜欢这种活动形式,认为幼儿有了小主人翁的意识,学会了等待和配合。有了积极交流的欲望,以及展示自我的渴望。还有的家长表示,这样生动形象的活动,可以让幼儿更加有兴趣学习,激发了学习的主动性,培养了表现力,值得推荐。也有的家长表示孩子报名参加到当主播,从选择直播内容到临场发挥,一直在认真准备。通过活动,锻炼了孩子的责任感和主人翁的意识,学会和听众沟通,注重听众的感受,学会换位思考。在建议和想法中,家长纷纷表达希望今后多组织这样的活动。

六、反思与体会

本次活动得到了幼儿、家长的喜爱、积极参与和支持。能取得良好的活动效果,是源于幼儿是活动的发起者和参与者,家长、教师在活动中起到了有效的促进和推动作用。而随着大班幼儿活动的自主性、主动性提高,幼儿有了自己的想法和表达意愿。在参与准备的过程中,做事情更加有目的性、计划性。

在师幼、幼幼之间的互动中，充分体现出了大班幼儿的好学、好问、喜欢挑战性的学习特点。并且，在相互评价的过程中，开始注意向同伴学习，学会接纳他人给予的意见和建议。

在亲身体验中，有了积极交流的欲望和展示自我的渴望。激发了学习的兴趣，提升表达表现力。养成良好的倾听习惯，学会换位思考。增强责任感和任务意识，体验获得的成就感。家园双方给予的支持，进一步增进了幼儿学习的能动性。活动的开展，增进了师生、同伴、家园之间的情感、提升了家园有效的配合度。

巧用沟通，把握家长心理，做好家长工作

罗 洪

北京市《幼儿园教育指导纲要》指出家庭是幼儿园的重要合作伙伴。家庭与幼儿园共同担负着促进幼儿身心健康发展的重任。良好的家园关系尤为重要。做好家园沟通也是需要技巧的，特别是年轻教师，对于家园沟通总是感到棘手，不知如何与家长沟通，特别是现今社会网络发达，信息获取便捷，很多家长在教育孩子问题上都有自己的见解与想法，有时很难接受别人的意见和建议，我们经常会听到别人在赞美幼儿教师的时候更多的是提到幼儿教师喂孩子吃饭、给孩子洗屎尿、鼓励孩子喝水、看护孩子睡觉等吃喝拉撒的琐碎事情，看起来幼儿教师多么辛苦、多么不易，甚至觉得这些只要有足够的爱心任何人都能做到，想让家长尊重教师、认可教师、信任教师，不仅要让家长看到真诚、看到教师的爱心，还要让家长看到幼师的专业性，沟通技巧显得格外重要。

一、在相互尊重中体现教师专业性

每天的离园环节是与家长沟通的好契机，有时是家长询问老师，孩子一天的表现怎么样，有时是教师主动跟家长反馈幼儿在园情况，家长其实非常想听到老师真实的反馈，既期待老师的回答又怕孩子真有什么小错误会受到老师批评，这时老师一定要当着其他家长高兴地把孩子做得好的地方，有进步的事情说出来，对于孩子的一些小问题可以把家长叫到一边借一步说话，真实客观地反映问题并互相探讨育儿经验。这样既顾及了家长的面子又让家长更好地配合园里的工作。这就需要老师一定要关注孩子一日生活的细节，当被家长问到时才能说出具体的例子，而不是敷衍地说"挺好的"，让家长感受到你是真的关注到他的孩子了，体现老师的尊重与真诚，才能更好地开展家长工作。

二、在日常工作中体现教师专业性

幼儿教师工作特别琐碎，吃喝拉撒都少不了老师们的帮助，这个过程如果老师没有体现出专业性，那么很容易被别人说这个工作什么人都干得了，这样

就得不到真正的理解与尊重。所以教师一定要体现自己的专业性，比如最常见的幼儿拉裤子，老师先观察大便的形态，是干便还是稀便，给幼儿用温水清洗身体，换好衣服，然后通过以下几点跟家长沟通：首先不大惊小怪，不责备幼儿，保护幼儿自尊；其次向家长了解情况，是经常性的还是偶尔的？并根据情况与家长分析是由于什么原因造成的，是心理原因（紧张、焦虑、不适应等），是生理原因（吃的不合适、肠胃弱等），还是教养方式（不会独立如厕等），之后提出合理化建议，最后再让家长把洗好的裤子带回去。这样做家长不会仅仅是因为教师给孩子洗屎裤子了才表示感激，而是从心里佩服教师的专业性，佩服教师对孩子无私的奉献精神，得到了家长的理解与尊重，才有利于今后家长工作的开展。

三、在意外发生时体现教师专业性

幼儿在幼儿园一天当中难免磕磕碰碰，产生一些小伤，老师心里都会很内疚，有些年轻老师就会特别发怵，怎么向家长交代呀，因此接孩子时老师需要将情况真实地反映给家长，这个沟通的过程也是需要技巧的，一味地把责任推到孩子身上，家长会反感，感到老师不负责任，老师如果把责任都揽到自己身上又觉得有点冤枉，明明是孩子自己不小心跌倒的，又怕家长埋怨自己。户外活动时经常会发生两个小朋友在奔跑过程中撞在一起，头上起了一个大包，跟家长沟通时首先真诚地向家长道歉，幼儿在我们的看护过程中受伤了，然后客观如实向家长反映情况，并帮助家长进行分析，首先从生理层面：如果幼儿经常在户外活动时摔跤，是由于缺钙？还是由于外八字或内八字？如果是缺钙问题，可以建议家长带幼儿多晒太阳或者食物补钙，为家长推荐几种含钙高的食物；如果是腿部肌肉力量不够，那么教师与家长共同加强幼儿体育运动；如果是腿部畸形造成的，建议家长带着去看医生进行矫正。从服装穿着上：鞋子是否合脚，是大了？小了？还是太硬？衣服裤子是否不合身导致行动不便，建议家长给幼儿穿戴合适的衣服鞋帽。从自我保护方面：是否有危险意识？是否会躲闪？建议家园配合，教师在幼儿园里开展相应的安全主题教育活动及躲闪跑游戏，培养幼儿的安全意识、自我保护能力和灵活的动作，家长在日常生活中也要注意培养幼儿的安全意识。从社会性发展层面：幼儿是否缺乏规则意识？比如逆向奔跑，没听清教师要求。建议家园配合培养幼儿倾听能力、规则意识。通过详细的分析使家长感受到虽然孩子受伤并不严重，但是教师高度重视，体会到教师对孩子的关心程度，对家长的真诚度，更加体现了教师的专业性。

总之，巧用沟通的技巧，体现幼儿教师专业性，关键在于教师是否用心，是否善于积累经验，向老教师和有经验的教师请教。还要通过不断学习，提升个人专业素养，学习专业知识、提升专业能力，获得更多的教育理论知识和教学实践知识，有效指导日常工作，巧用沟通技巧体现专业态度及专业能力，只有自身更加专业才能获得家长以及社会对幼师的理解、信任与尊重。

第四编　保教实践与研究

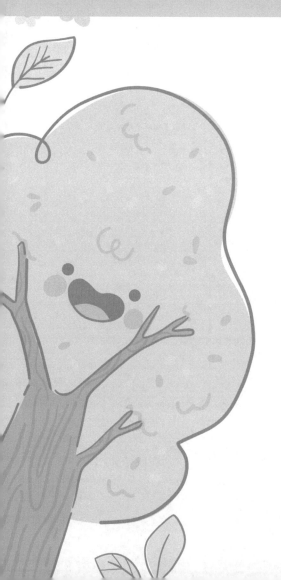

幼儿教育谨防"浅肥伤根"

王燕华

"浅肥伤根"一词源于茶农给茶树上肥的经历。在种茶时,有些茶农将化肥与水调和,直接喷洒在茶树旁的土壤表层,效果立竿见影,新栽的茶树很快就冒出密密的新芽;还有一些茶农坚持在距离茶树一定距离的地方,将肥料深深填埋,但这种方法比较费时费力,茶树生长也很缓慢。这样看来,似乎前者施肥方法更胜一筹。当后来遇到大旱,那些直接在土壤表层喷洒化肥的茶树全部旱死了,而将肥料在远处深深填埋的茶树却安然无恙。究其原因,人们发现其实当地地下水资源非常丰富,只要茶树的根能扎得稍微深一点就能吸收到水分,不至于旱死。但是在表层施肥,使得茶树虽然茶芽繁茂,但其根系却非常弱小,没能扎根于更深处,也就没办法吸收地下水,所以最终旱死。

这件事情让茶农们悟出一个道理:浅肥伤根。幼儿教育其实也一样,任何执着于表面功夫,想让孩子不费太多心力,凭借捷径就可以取得好结果的做法,实则都会残忍地剥夺了孩子在成长过程中应有的挫折、探索和历练,从长远的角度来看,都会最终以阻碍孩子的终生可持续发展为代价,因为一时的急功近利,致使得不偿失。茶树旱死可以重新种苗,但是孩子的发展和成长能够重新来过吗?错过学习与发展的敏感期和关键期,还能补救回来吗?浅肥伤根,这是一个值得所有幼儿教育工作者细细思量的问题。

在我看来,幼儿成长发展过程中能够为自身提供持续动力的内驱力是"根"之所在,也就是我们所说的学习品质。《3—6 岁儿童学习与发展指南》中多次提到,要"重视幼儿的学习品质,幼儿在活动过程中表现出的积极态度和良好行为倾向是终身学习与发展所必需的宝贵品质"。幼儿教育的根本目的就在于保护、引导和发展这些宝贵的学习品质,包括积极主动、认真专注、不怕困难、敢于探究和尝试、乐于想象和创造等多种素质或能力。

茶树需要施在深处的肥料,在幼儿教育中,怎样做才是适宜的施肥呢?我认为应该包含两方面的含义:一方面,我们要给予幼儿需要的支持;另一方面,我们要采用适宜的方法。把需要的肥料用正确的方法施下去，才能为幼儿的学习与发展提供根本的、有效的支持，二者缺一不可。在幼儿成长过程中，我们教育工作者既要给予他们足够的养分，还要注意使用适宜的方法，掌握合适的度。即使我们无法完全参透幼儿的发展规律和模式，我们仍然可以尽可能地遵循幼儿表现出来的学习特点、过程和结果，提供符合其发展水平的学习内容和学习方式，将发展作为幼儿学习的基础，让学习促进幼儿的发展。

  在一次小班的集体教学活动中，教师的计划是给孩子做一次语言领域的活动，提升幼儿的故事理解能力并学习一些关键句子。教师选择了《贪吃的小蛇》这个绘本，主要讲的是小蛇吃了不同形状的东西身体就形成了不同的形状。绘本本身非常有趣，非常吸引孩子，教师的教学也是相当有趣，孩子们积极参与互动，气氛非常活跃。当它的身体变成三角形的时候，老师让小朋友们猜猜小蛇吃了什么。孩子们七嘴八舌地议论起来，有说饼干的、有说西瓜的、有说胡萝卜的，各种想象不断涌出。哇！老师翻到了下一页，读着书上的字：原来小蛇吃了饭团子！其实早在老师读绘本的前几秒，有的孩子就看见绘本图片，大声说起来，是"粽子"！但是老师没有回应孩子，而是坚持读了绘本上的字。当听到"饭团子"这个东西，那位小朋友表示不认可：什么饭团子？这明明是粽子嘛！另几位小朋友也争先恐后地说起来，"是啊！就是粽子！咱们前几天还吃来着呢！豆沙馅儿的！可好吃了！"面对孩子如此的言行，老师耐心纠正，"大家再仔细看看啊，这是饭团子，不是粽子！大家记住了吗？"孩子们不以为然，坚持认为是粽子。在接下来的教学活动里，孩子们再没有了之前的兴奋、主动、积极和活跃。

  上述老师的做法在某种程度上重蹈了"浅肥伤根"的覆辙。为什么呢？因为她关注更多的是幼儿偏离了绘本上的文字，偏离了自己预设的教育目标。按照老师这样的教法，一节活动下来，也许孩子理解了故事，还能流利完整地按照绘本一字不差地讲述出来，但是这就是孩子在一节活动里需要学习和发展的全部内容吗？当我们用丧失幼儿的积极主动、思考讨论的学习品质为代价，来换取和追求"鹦鹉学舌"般的故事复述，这不是违背了我们设计教学活动的初衷吗？幼儿参与活动，是他们学习和发展的过程性表现，活动内容是媒介，参与程度是路径，终极目标还是要让孩子获得重要的学习品质，迸发出毕生发展的内在动力。正是老师过度在乎绘本的咬文嚼字，而采用忽视和纠正的教学扼杀了孩子们的想象力，打击了他们积极主动去思考和学习的热情，也挫伤了他们勇敢表达自己意见的锐气。试想，当提出"粽子"的孩子被老师否定了，其他想到"粽子糖"或其他答案的孩子还敢说吗？孩子们在以后的课堂上还能让自己的思想翱翔于想象的天空吗？他们以后还敢于提出不同的意见或主张吗？他们还能保持对阅读的兴趣吗？而这些正是我们孩子在教育中真正应该获取的"学习品质"，也是支撑其一生发展和成长的"根"之所在。教师完全可以保留接纳幼儿的不同看法，同时回应孩子："作者跟你们的想法不一样，他认为小蛇吃了饭团子！很多超市都有卖，小朋友们以后可以买回家比较一下，跟粽子到底有什么不同？"

我们经常提及的幼儿教育"小学化"的问题实际上也如出一辙。幼儿教育小学化主要是指在幼儿教育阶段只注重知识的传授，强调知识的"灌输"，而忽视了幼儿在游戏中的主动性、探索性的学习，忽视了其语言能力、运动能力、观察能力、想象能力等诸多学习品质的培养。这样的方法违背了幼儿身心发展的规律，是一种教育的急功近利，其后果也只能是"浅肥伤根"。很多教育机构为迎合家长的需求，也就采取了直接灌输式的教育教学方法，就仿佛将化肥直接喷洒在地表，因为只有这样，才能在短期内看到成效。而要发展和培养孩子们的学习品质，则实在是一件耗时耗力的事情，因为你要首先研究孩子们的需求，然后寻找到合适的方法，再找到合适的地点和时机给予他们适合的支持，正如使用传统施肥方法的茶农一样，而且成效短期内也不可见。"小学化"的幼儿教育恰似"浅肥"，用孩子们一时的成绩掩盖了其"根系"的柔弱和发展不足，而没有发达的根系，孩子们未来的学习和成长由什么来支撑？正如著名教育家李希贵校长所言："学校教育里的课程，不应是注射器，而应是体温计！"学习任何内容都应该是让孩子体验，是不是对这个内容有兴趣，将来长大成人步入真正的社会，才能实现自己的核心和优势价值。

幼儿天性喜欢游戏，喜欢自由地在游戏中去探索、发现、创造，喜欢在游戏中去体验，这是孩子们与生俱来的能力，正如"根"之能力在于吸收养分。所以，我们教育工作者一方面要设计出各种孩子们喜欢的游戏活动，另一方面我们在活动中对孩子们的支持、引导一定是在尊重的基础上进行引导，促进这些能力的发展，一定要认清幼儿发展的"根"之所在。

教师如何实现有效的师幼互动
——谨防教育引导演变成干扰孩子的白噪音

王燕华

以"幼儿为本"的教育理念逐渐成为所有幼儿教育工作者的共识,但是教师在用正确的方法支持幼儿的学习与发展,科学地帮助幼儿达到教育的期望方面,往往还存有很多不足。《3—6岁儿童学习与发展指南》(以下简称《指南》)中指出,学习与发展都是幼儿主体的过程,"学习"是主体通过与环境相互作用导致能力或倾向相对稳定变化的过程;"发展"是个体整体有序的变化,可以表现为数量、质量和结构的变化。所谓发展,指幼儿认知结构的建构。如果教师的言语指导对幼儿的认知起不到丝毫的触动,那就很容易演变成"白噪音"。

白噪音,在物理学上指一段声音中的频率分量的功率在整个可听范围内都是均匀的。但由于人耳对高频敏感,这种声音听上去是很吵耳的沙沙声。从人的心理感受上来说,并不是很舒适。虽然有研究采用白噪音帮助成人改善睡眠,但是白噪音对婴幼儿有一定的负面影响。比如有研究结果显示,如果婴儿一直处于白噪音的环境,那他/她对周围环境中的声音会失去敏感性,缺乏分辨力,变得麻木,有的婴儿甚至对父母的声音都缺乏兴趣。

幼儿园教育中,我们提倡幼儿在生活和游戏中主动学习、亲身体验,教师的角色定位是观察者、支持者和引导者。但在教育实践当中,不难发现教师在幼儿游戏时会不自觉地采用过多的、不适时的、不适当的言语指导,比如一句话反复说,一个要求反复提,久而久之使得幼儿对老师的引导和要求变得麻木,"充耳不闻、视而不见"。教师引导的语言,则演变成令孩子抓狂且起不到任何积极作用的"唠叨"。这样一来,不仅师幼互动的有效性难以实现,而且还容易让幼儿感受到幼儿园生活的枯燥和乏味,丧失探索学习的主动性,无法达到应有的发展。

"对孩子说话"与"和孩子对话"二者有着很大的不同,前者更多的是教师对幼儿进行"广播式的"互动,后者则是教师与幼儿在"倾听与反馈"中不往复循环，教师和幼儿更多的是"聚焦式"的互动。想要达到引导的效果，都需要幼儿关注到老师的言语内容。

不管是组织各种教育或生活活动，还是在幼儿自主活动时给予指导，教师必须首先明了的是幼儿真正的需要是什么，而不能为了指导而指导。比如区域游戏时，当孩子正在自己喜欢的区域专心游戏时，有些教师总是蜻蜓点水般地在各个区域飞来飞去：先来到美工区，看到一个小女孩正在画画，"呀，你画的是什么呀？"然后又"飞"到了娃娃家，"大家注意不要把娃娃家的东西扔得到处都是！"最后她又来到了"建筑"区，"你这里有点问题啊，能行吗？再仔细想想！"当教师在进行各类"白噪音"般的言语指导时，美工区的小女孩可能正沉浸在自己的创作之中，娃娃家的孩子们可能正摆开阵势要上演忙碌的厨房状态，而建筑区的那个孩子可能已经发现了自己搭建的问题，正在尝试不同的解决方法。这位老师在各个区域匆匆的脚步和随意的几句话对孩子们正在进行的活动除了打扰，没有任何意义。孩子自然会主动选择忽视，采取麻木的心态加以对待。

《幼儿园教育指导纲要（试行）》中有这样的论述："幼儿园的教育活动，是教师以多种形式有目的、有计划地引导幼儿生动、活泼、主动活动的教育过程。"教师在对幼儿进行言语指导，开口说话之前，有没有认真地想一想你的指导目的是什么？为达到你的目的，你有什么计划？你的指导计划对孩子有支持作用吗？孩子是否需要你的言语指导？

教师如何实现有效的师幼互动，如何让自己的指导不成为白噪音？规避这个问题的有效方法之一，就是给予幼儿的指导应当适时适当。

所谓适时，是指教师在对幼儿进行指导时一定要选好时机，而这个时机的选择则在于你的指导目的，你希望幼儿在进行的游戏中得到什么体验？获取什么经验或品质？比如拼插区的一个小朋友正在玩拼插材料，他试图将自己刚拼插好的一个不规则立体图形立在桌上，他尝试给安装了一个类似"腿"的支撑，结果失败了；然后他又尝试把这条腿装在立体图形不同的位置，仍然失败；这时候他终于想到要再多装一条腿，可是这个尝试依然失败。在失败了几次之后，这个小朋友逐渐失去了耐心，想要放弃。这时老师出现了，用一个手指支撑起立体图形倒的一侧，并且给了孩子一个鼓励的眼神，"你觉得会怎么样？"孩子恍然大悟，装了第三条"腿"，立体图形成功地站到了桌上。整个游戏过程中孩子都充满了主动性，他分析、研究、实践，体验挫折和失败，在老师的协助下也品尝到了成功和喜悦。老师那点睛一笔支持了孩子物理科学经验的启蒙——稳定的三点支撑结构。这个案例提示我们，指导不仅要适时，还可以"无声"，"白噪音"自然隐退。

所谓适当，包含两层意思。其一，教师要根据孩子的特点和本身的状态来决定支持的程度。对于天然就具备专注、探索等素质的幼儿，我们要给予他们足够的机会进行尝试和体验，呵护好并在关键时刻促进其本身的发展。比如上面的案例，孩子绝大部分的时间都是自主状态，老师根本不需要太多指导，因为他几乎可以把控整个游戏过程，老师只需在最后的瓶颈时刻点到为止。有些孩子对于活动本身有一定兴趣，但却不完全依靠自身进行深入和坚持，教师就需要在其活动过程中给予足够的引导。另外，还有一些孩子本身能力较弱，甚至是一些特殊需要幼儿，需要教师给予的指导涉及更多的辅助，包括言语辅助还有肢体辅助。在孩子学习能力不足时，给予他们需要的指导，才是适当的指导。

其二，适当的另一层意思，是教师指导的方式和方法。在很多时候教师的表情、眼神、手势等肢体语言起到的作用更甚于言语指导。上述案例中，如果老师最后的指导不是结合了启发性的言语和简单的动作和眼神，而是采用告知性下定论式的否定言语，那效果可能就会降低很多。比如教师说："再加一条腿试试！"这样一来，一方面可能会使孩子失去思考的机会；另一方面，孩子可能会认为最后的成功是老师帮我达成的，而并非自己想出来的，也使其成功的喜悦会大打折扣。无论在一般认知还是社会认知上，都会让孩子对当前经验的建构留有一定的缺憾。

师幼互动过程中，不仅可以让语言规避"白噪音"的频率范围，还可以彻底消除白噪音。消除的做法有三：一是更多地使用肢体语言。因为肢体语言不仅不会打扰到正在游戏中的孩子或旁边其他的孩子；还可以降低教师过度指导给孩子带来过大的压力。二是使用启发性让孩子感觉到温暖和鼓励的语言指导，通过观察"悄悄地"梳理孩子的困惑，用拓展性的言语而非终结性结论性的言语进行互动，激发幼儿的思维，而不是给出否定或者是模糊的反馈评价，引导幼儿进一步探究，而不是止于当前的思考。三是不断回到教育的初衷，以幼儿为主体，给幼儿充分自主的发展空间，把话语权留给孩子，把更多的时间留给孩子去亲自操作、体验和试误。教师在面对幼儿时，要发现真需要，促进真学习，支持真发展。引导做到极处，无有他奇；教育做到极处，无有他奇，只是本然。

会"说话"的班级环境
——让幼儿参与环境创设

刘 睿

《幼儿园教育指导纲要》中明确提出"环境是重要的教育资源,应通过环境的创设和利用,有效促进孩子的发展"。教师对幼儿来说兼具支持、引导、合作等多种角色,因此,教师要依靠自身的专业性和智慧,带动幼儿参与到班级物质环境的创设中,使幼儿在参与的过程中各方面能力得到发展,真正发挥环境的教育作用。

一、环境创设对幼儿发展的重要性

重视环境的教育价值是幼儿教育倡导的重要理念,以幼儿的发展为立足点,我们对环境的创设必须是刻意的,而幼儿与环境的互动必须是自然的。[①]在幼儿时期,他们认识世界的主要方式就是与环境进行交互。环境创设对幼儿的影响包括个性发展、创造力发展、审美能力、道德发展以及实践能力发展等多个层面。[②]因此,为幼儿提供安全舒适又富有童趣的物质环境,对幼儿的身心发展有重要作用,同时对幼儿园构建一个良好的教育教学氛围,也有重要意义。

二、教师带动幼儿共同参与环境创设

幼儿需要通过各种各样的实践活动来发展能力,教师应尊重幼儿的需求,与幼儿合作,将环境创设由教师主导转化为师幼合作完成,使幼儿感受到自主感、产生成就感。我所在的中班的年龄段幼儿的思维水平已经发展到一定程度,具备了与成人共同工作的能力和简单的操作能力。我们相信幼儿的能力,相信幼儿可以参与环境创设。

上学期班里有孩子因为喝奶茶而对茶这一事物产生了浓厚的兴趣,针对这一点,结合《3—6岁儿童学习与发展指南》(以下简称《指南》)的精神和幼儿的年龄特点,我们开展了"悠悠茶香浓"的主题活动。通过搜集资料,孩子们

学习了茶马古道的形成过程和历史线路,我们则引导幼儿重现茶马古道的线路。为此,孩子们积极思考设计方案,比如怎么表现途经的国家和地区,怎样让别人看明白,使用什么材料展示等。孩子们决定让老师帮忙把地图打印出来,他们负责用轻粘土将地区特色展现出来。幼儿既体验到工作的乐趣,也从被动适应环境的角色中跳脱出来,成为积极主动的环境创设者。还有细心的幼儿发现自己吃过的食物中含有茶的成分,于是我们设置了茶的大用途板块,包括茶制成的食物以及茶叶的其他用处两部分。这激发了幼儿的好奇心和探索欲,他们都开动脑筋去探寻,找到了各种各样含有茶的食物,还通过自己的方式了解到茶的其他用途,并用绘画的方式呈现出来。有的幼儿通过观察主题板,发现茶叶水可以用来浇花的画,于是他们就轮流用茶叶水去植物角照顾花草。在师幼共同创设环境的过程中,幼儿充分发挥主动性参与进来,也更加深刻地意识到环境创设工作的辛苦,这让他们更加爱护自己的劳动成果。

三、让幼儿与环境"对话"

瑞吉欧教师在环境创设中的主张是:幼儿园不能有一处无用的空间。校园环境需要跟着幼儿的需要变化,让幼儿与环境"对话"。在创设班级物质环境时,我们要坚持站在幼儿的立场,树立幼儿的主体地位,争取使物质环境创设处于一个动态变化的过程,真正实现幼儿自主创设的状态。比如,班级幼儿学习了童谣《大茶壶 小茶杯》以后,对于茶壶和茶杯的多样形状很感兴趣,于是我们开展了一次手工活动,幼儿根据自己的观察设计茶壶和茶杯,忙得不亦乐乎。足够的认知和体验促使孩子们的能力获得了进一步的提升。

  我们利用节假日的机会,将符合节日特点的事物引入班级的环境创设当中,使得幼儿更加喜欢幼儿园生活。春节前夕,听到孩子们在谈论"饺子""我喜欢吃肉馅的饺子""我也喜欢""我最喜欢吃我奶奶包的饺子"……我们围绕饺子,开展讨论,大家一起了解了春节的饮食文化,最后教师和全班幼儿利用轻粘土包饺子,节日的气氛十分浓厚。事后,我们和幼儿一起将他们的作品集中展示在走廊,供大家欣赏。放学时,幼儿一见到家长就迫不及待地展示自己的成果,滔滔不绝地介绍自己制作的过程,语言表达能力和叙事能力都得以提高。

  班级环境创设的过程是教师引导幼儿主动、积极、创造性学习和生活的过程。教师需要更新观念,认识到真正有价值的班级物质环境不应该仅仅是起装饰性或者美化作用的,它还要反映出幼儿在一个学习阶段后的重要成果。从而使班级的物质环境成为一名"会说话的老师",鼓励孩子无止境的探索,引导幼儿在回忆、表达、分享等不同程度与形式的互动中获得发展。

主题活动中的环境创设

刘 倩

环境是潜在的老师,《幼儿园指导纲要》明确指出:"环境是重要的教育资源,应通过环境的创设和利用,有效地促进幼儿的发展。"幼儿园的主题环境和教学活动密切相关,对幼儿的日常教育活动起着重要的作用。幼儿的身心发展、社会化发展以及个性化发展,无一不受每天所接触的环境影响,那么,环境创设的多元化互动体现在哪些方面呢?在我们的主题开展中如何创设和创新环境,充分挖掘主题环境的教育功能,谋求实现孩子与环境之间的良性互动,促进幼儿身心和谐发展呢?下面我结合班级主题活动《梦幻西游》的日常教学,谈谈点滴体会。

一、主题环境创设与教学互动

环境的作用常常是潜移默化的,并不断重复的,经过良好设计的环境可以激发幼儿的积极行为,有时比言传身教效果还好。主题环境是教学活动设计与实施的要素,幼儿的认知、情感和社会性始终来自和环境的相互作用,因此在墙饰创设中,我们把每一个创设和利用环境的细节与教学目标结合起来。

1. 主题墙环境的互动

在主题活动进行中,墙饰创设就像"骨架"一样把主题涉及的各个方面和一系列活动呈现出来,使墙面环境与主题活动呼应起来。例如,近期开展的主题活动"梦幻西游",主题的开展主要围绕几个小主题,"读西游""知西游""玩西游""演西游""品西游"。在主题墙的创设中,我们根据小主题所要表达的重点,分别创设了"我知道的西游记""西游人物""西游兵器库""蟠桃盛会""大话西游"等几个版块,集中了幼儿的绘画作品,幼儿收集的图片、照片,还有手工制作等各种形式的作品,丰富了主题墙的内容,让环境与课程有效地进行融合。从墙饰的变化中,我们可以清楚地了解主题活动的开展情况。平时,我们尽可能将所开展的每个主题的相关教育活动都与墙饰呼应,使每一面墙饰都成为幼儿学习和发展道路上的里程碑。

2. 关于主题墙生成活动

例如在大班主题活动"梦幻西游"的环境布置中，孩子们已经通过收集的照片和资料还有一些绘画作品来丰富主题墙饰了，但是在偶然的一次绘画活动结束后，孩子的一个问题引发了我们的另一个好玩有趣的活动，在蟠桃盛会中，我们组织小朋友每人带一个桃子过来，进行绘画和手工制作的前期欣赏，我们利用捡来的树枝做桃枝，然后通过手工折纸和绘画的方法制作了桃子，布置在了墙角的位置，形象逼真，孩子们兴趣也很大。但是活动结束后，这么多的桃子都堆放在了窗台上，这时有一个小朋友就提出了一个问题，这么多的桃子，都放在这里会坏掉的，于是我顺着这个小朋友的问题继续提问，那我们要想个办法了，把这些桃子保存下来，由于是在冬季，屋子里暖气很足，桃子很容易坏掉，孩子们说了很多方法，比如放在冰箱、放在阴凉的地方，还有制成桃子罐头，做成果脯，到后面的桃干，最后生成了我们的一些新活动"桃子大变身"。孩子们通过自己收集制作桃干的方法，并将方法整理出来，通过洗、切、腌制、冷藏、煮、烤、晒几个步骤共同制作了好吃的桃干，还引来了别的班的小朋友和老师的围观，最后我们总结经验，把我们的制作过程梳理出来，编制成册。这个过程由孩子们自主的去参与、完成，收获也是满满的。同时也丰富了主题墙，大大发挥了环境的教育功能。

二、主题环境创设与幼儿互动

主题墙环境不再是没有生命的完全物化的东西，而是一种富有人格魅力的教育力量。主题墙环境不仅能激发幼儿思考，与幼儿"对话"，还能引导幼儿的行为与活动。

1. "会说话"的墙壁、走廊和角落

在活动开展过程中，我们尽量利用所有的空间资源，大到活动室、小到走廊、拐角、阳台和孩子们一起布置主题活动的相关环境。环境和内容丰富多彩，有孩子、家长和教师共同收集、制作的图片、照片、文字、作品等，内容力求体现"多元性"和"互动性"。因此，孩子们走到哪里，哪里就成为激发他们潜能的资源。幼儿园的墙壁、走廊、角落……都发挥着重要作用。比如"梦幻西游"的主题活动中，我们讲到盘丝洞时，用彩泥制作了很多的彩色蜘蛛，这时候我想到蜘蛛是在蜘蛛网上的，于是我们利用墙与墙之间的角落，悬挂蜘蛛网，并将孩子们制作的蜘蛛挂到网子上,孩子们又惊喜又开心,时不时地会走过来欣赏同伴的作品,并且分享自己的制作过程。幼儿园的走廊也变成了"会说话"的环境,为孩子传递了知识,培养了美感。比如又在"梦幻西游"的主题活动中,我们在走廊通过橡皮泥、树枝、绘画等多种形式布置了西游里面经典的故事,孩子们在离园时间,不时与家长驻足观看,共同讨论自己的见解,在自由时间与同伴游戏的同时,也引发他们极大的兴趣,形成了墙饰与孩子的良好互动。

2. "动态化"的主题墙环境

在开展主题活动的过程中,我们要根据幼儿的需要及主题的开展不断变化环境,体现主题墙环境的"动态化"。如:中班幼儿开展"梦幻西游"的主题时,班级各个角落都布置成了西游记里的场景,而当孩子的兴趣转移到西游记里的兵器的时候,我们又搜集了西游记里面神仙、妖怪、师徒四人的兵器,丰富了主题墙。孩子们在开放的、多方位的、动态的主题墙饰中不断思考,享受着探索的快乐。

三、环境创设与家园互动

在创设幼儿园环境的过程中,家长也是一位关键的"合作者"。实践证明,家长的参与能带动孩子积极地与环境互动,不断推进课程的开展,同时也能加强家园合作,营造适宜幼儿不断发展的环境。

1. 家长的积极参与为活动提供了动力

在每次布置环境前,我们都真诚地邀请家长一起收集资料。很多家长会积极地和孩子一起在网络上收集大量的信息。有的家长还说:"通过参与环境布置,自己也开阔了眼界,增长了知识。"有的家长还主动地参与到我们的指导活动中来。例如,我们的"梦幻西游"的主题活动中,在开展"大话西游"的演出活动时,我们需要前期有一个调查,在演出前我们需要准备什么?于是我们将调查问卷发给孩子们,孩子们和爸爸妈妈一起讨论并收集资料,看到问卷后,综合每一个孩子找到的资料进行分享,这样也为我们后面的演出做好了铺垫,大大促进了活动的开展。

2. 促进家园间的沟通

家长通过参与主题墙环境创设,不仅与教师建立了良好的合作关系,也使家长了解了孩子的学习过程和教师教育工作的过程。在利用废旧物品制作的活动中，家长所表现出的智慧和创造力令教师称奇，他们用扫把、硬纸板、废旧衣服等材料一起和孩子制作了"大战红孩儿"的服装和道具。在"大战红孩儿"演出中，我们和家长一起布置演出剧场，家委会的家长们还一起在班级微信群讨论、交流，如何为孩子们的表演增光添彩，家长们还为孩子们制作了演出用的道具、服装。并且在群里分享制作的体会，通过活动，把家长和孩子的个别经验转化为共享的教育资源，有效地促进了家园间的互动。

四、主题环境创设与区域互动

教师应充分利用区域游戏活动来丰富和完善网络式的主题活动课程，在活动中鼓励幼儿成功、创造和进步，积极把孩子们的收获进行归纳和总结，善于让孩子们去探索、发现和创造，同时教师也在这些活动中获得知识、积累经验，体验与孩子一起成长的快乐！

1. 促使幼儿积极投入到主题活动中

区域活动与主题环境的互动，能促使幼儿更加积极地投入到主题活动中，幼儿参与主题活动的兴趣、主观能动性等都得到充分发挥，同时，他们也能够充分地感受到主题环境创设给他们带来的乐趣。区域环境是班级环境的重要组成部分，区域活动是由教师为幼儿提供合适的活动场地、材料、玩具和学具等，让幼儿自由选择活动内容，通过操作、摆弄、发现、讨论、拼搭等活动来获得知识、发展能力的一种教育形式。在"梦幻西游"主题活动教学中，我把整个活动室围绕《西游记》的主题意识，创造一种空间，一种氛围。比如，在建筑区，我们创设西游记的小主题，龙宫、天宫、花果山水帘洞、盘丝洞等主题，让幼儿根据主题来进行互动，制作一些辅助材料，思考探究搭建的方法，还有在表演区，孩子们为了表演更加丰富，自己制作表演背景、表演服装、表演道具，还有的小朋友在美工区制作了头冠，拿到表演区来表演，充分地利用活动区，有效地促进了与幼儿之间的互动。并且在活动"天竺少女"中，我们学习了天竺少女的小律动，孩子们直接将活动在表演区实现了，有的从家带服装，有的直接将区域里的纱布裹在自己身上进行表演。在语言区，我们也投放了西游小剧场，制作了一些人物手偶，孩子们可以通过手偶在表演区进行故事表演。还有在我们的"大战红孩儿"剧目即将演出的时候，孩子们在美工区分组制作了海报，来进行宣传。在活动中，使主题的开展更深入。墙饰与主题的良好互动充分挖掘教室内每个空间的利用价值，并且在开展主题过程中会寻找到环境创设带来的乐趣。在与材料、环境的交互作用中，孩子们主动发现、创造玩法、积累经验、体验成功。在活动区这个小天地里，孩子们有探索、有感受、有交流、有表达，促使主体性和创造性得到了不断发展。

2. 发展幼儿的创造性

兴趣与好奇常紧密联系着，好奇心是引起兴趣的先导，幼儿的好奇心强，对新鲜有意思的事由于好奇而引发对其产生兴趣，好奇心驱使他们喜欢寻找奇异的有刺激的事物，从而引起探索的兴趣，激发创作性活动的热情。幼儿经常会对一些事物产生好奇，我们应善于捕捉幼儿的兴趣，激发创造性活动的热情。围绕主题创设富有问题情境的环境，形成一些不确定的因素，诱导幼儿的好奇心与探索欲。在"梦幻西游"的主题中，孩子们一直保持着很高的兴趣，《西游记》是一部带有神话色彩的古典文学作品，里面人物的形象以及孙悟空72变的本领都深深地吸引着孩子们，兴趣是最好的老师，有了较高的热情，孩子们才能在这个活动持续地进行，并且幼儿通过自己去查找资料，动手制作，去了解这部经典的文学作品。拿"大战红孩儿"童话剧来说，演出前期，孩子们做了大量的准备工作，比如服装道具，很多都是利用废旧材料制作的，例如：猪八戒的耙子，使用扫把的杆儿和泡沫垫制成的，例如其中一个小妖的道具，直接捡了一个分叉的树枝，在树枝上记了一条红带子，太形象了，充分发挥了孩子们的创造性，这样才有了他们那么精彩的表演，对剧情的熟悉以及人物性格特点的准确把握，最后请家长、老师、小朋友来观看时，赢得了不少的掌声和赞扬，并且在这个活动中，让园里的小朋友一下子记住了他们，我想这就是兴趣才能引发他们的令成年人都想象不到的幼儿特有的创造力。在活动中，教师的作用是为幼儿提供充分发挥创造力的有利条件。

从整个主题墙环境创设中可以看到，从幼儿的认知发展和年龄特征出发，把环境设计作为一种教育连接和课程模式的建构性要素，将幼儿的主体地位放在首位，让课程的价值在幼儿与环境的互动中得到体现，作为新时代的幼教工作者，我们应该认识到幼儿园的环境创设不再仅仅起装饰、美化的作用，也不再是教师一个人的手工劳动，而应以幼儿发展的需要为目的，紧紧围绕主题课程内容，充分发挥孩子的自主性、主体性，创设性，创建一个与家长、区域进行良好互动的对话的环境，让幼儿在自己所创设的情景中感悟、学习、分享经验。实践证明，良好的环境创设能激发幼儿思考，引导幼儿的行为与活动，改变幼儿的认识和理解，对其将来的成长有着潜移默化、不可估量的作用。

促进幼儿主动学习的区域游戏材料研究

王燕华 孟 帆

走进幼儿区域游戏现场,我们看到了什么?思考了什么?

幼儿游戏中印象深刻的三个镜头:

某一个小班,一个小男孩面对托盘里有大大小小的 5 个瓶子,拧开盖,盖上,然后拿出其中一个,摇晃着瓶子,半分钟后开始对着手里的瓶子发呆。中班,两个男孩在活动室追逐,"别跑,砰砰砰!"他们手里拿着用了四块积木拼插的手枪在打。老师建议他们拼个机关枪,或者双枪管的枪。他们说:"不,我们只喜欢打枪玩!"大班,益智区一名小女孩斜趴在桌子上,一名男孩子走过来,"诺诺,你会玩这个钟表吗?""会啊,就这样。"诺诺一边回答一边用手转动着指针。"就这样?这有什么可玩的啊?我们去画画吧。""是没什么意思!"然后两人离开了。

我们把这三个画面录下来跟老师们分享,共同思考了以下三个问题。

第一,自己班级区域游戏活动中有没有这样的现象?

在 21 个班级中,大部分的老师都频频点头,每个班都有这样类似的现象,孩子游戏中的不主动、不投入、不专注、不深入。

第二,为什么会出现这样的现象?

"游戏材料孩子不喜欢,有的确实摆弄一下就没得玩。""还有的材料缺乏挑战性,尤其对于大班孩子来说,没有挑战的游戏他们就不喜欢玩。""很多低结构的材料没有目标和要求,孩子们会简单拼插一个喜欢的物品就嬉戏起来。"

第三,要改变孩子游戏的现状,我们可以做些什么?

"还是材料的问题,首先是孩子喜欢的,他们才会选择游戏。""我觉得喜欢是第一步,要有点挑战性,为什么乐高玩具孩子能专注一两个小时玩,他有一个非常明确的目标,最后要完成一个作品。""还有,教师的指导也很重要,孩子在嬉戏的时候应该及时给他们提出一个更高的目标,让他们有事情做。"

教育部明令禁止幼儿园"小学化倾向",区域游戏是非常符合幼儿学习方式的活动形式。什么样的游戏材料,可以让孩子真正投入地游戏、深入地思考、主动地学习,最后获得成功与自信呢?

对于我们的困惑,北京师范大学霍力岩教授带领我们寻找答案

带着这样的问题和思考,我们参加了北京师范大学霍力岩教授和海淀区教师进修学校共同主持的"十三五"中国学前教育研究会的课题"促进幼儿主动学习区域游戏材料研究",同时也开始了本园"促进幼儿主动学习区域游戏课程"的实践研究。

"区域活动是幼儿教师为幼儿提供的有准备的环境,让幼儿与环境材料积极互动,并由此产生主动学习与发展积极学习品质的过程。"

"幼儿的自主建构,需要教师搭建一个支架,回归孩子的学习方式。"

"高价值的玩与做,既符合孩子的学习方式又提升孩子学习品质的材料。"

"先行再知,孩子的学习是先行动再知晓,行动中学习品质的培养更重要。"

以上是霍老师在平时研究时谈到的一些观点,包括一些高频出现的关键词。学习方式,孩子学习方式是什么?玩中学,做中学。支架,老师要发挥什么样的作用,提供有准备的环境材料,让孩子在与材料互动中产生主动学习与发展积极学习品质的过程。我们始终坚持做一件事,做成一件事,就是全面落实《3—6岁儿童学习与发展指南》(以下简称《指南》),通过区域游戏材料支架幼儿学习,培养幼儿积极的学习品质。我们从重视孩子学什么到重视如何学,美国专家提出:"材料是每天为幼儿提供的创造性和目的性的参考,给幼儿提供课程内容的机会。""幼儿是根据自己的天性去行动的,用他们的提问寻求他们好奇心的材料。"所以我们认为主动学习是依托材料的,材料更能促使幼儿主动学习,我们研究材料就是研究幼儿的课程,研究幼儿如何学,并在这个过程中渴望学习、爱上学习、深度学习、有效学习。

第一,我们要明确研究目的,保证研究的方向性

响应国家政策,全面落实《指南》。《中共中央 国务院关于学前教育深化改革规范发展的若干意见》指出:"提高幼儿园保教质量,为幼儿提供有利于激发学习探索、安全、丰富、适宜的游戏材料和玩教具。"国家对幼儿游戏材料和玩

教具提出了更高的要求。我们从区域游戏材料为切入点，通过园本研修活动，提高教师的专业能力，培养本园的教师队伍。《指南》中指出："理解幼儿的学习方式和特点。幼儿的学习是以直接经验为基础，要珍视游戏和生活的独特价值，最大限度地支持和满足幼儿通过直接感知、实际操作和亲身体验获取经验的需求。重视幼儿的学习品质，要充分尊重和保护幼儿的好奇心和学习兴趣，帮助幼儿逐步养成积极主动、认真专注、不怕困难、敢于探究和尝试、乐于想象和创造等良好学习品质。"深入学习和解读《指南》，作为教师的我们要从幼儿的年龄特点和兴趣需要入手，顺应幼儿的学习方式，创设丰富的教育环境，提升孩子与材料互动的质量，培养幼儿良好的学习品质。

第二，我们要支架幼儿主动学习，培养幼儿的学习品质

游戏是幼儿学习的基本方式，什么样的游戏材料能促进幼儿的主动学习呢？一定是能够吸引他，他才会主动选择，然后在玩的过程中调动幼儿想要完成、能够完成的内部动机，不断思考、尝试完成一个又一个小挑战，最终获得成功。如果有这样的游戏材料可以支持孩子，就不会出现我们和老师们在区域中发现幼儿秒杀材料、简单的摆弄材料了，而这正是我们坚定想做、要做的事情，也是我们在霍老师的指导下逐渐明晰了的方向。

材料是支架儿童积极学习、有效学习、深入学习的第一要素，让他们不是随意地玩、疯狂地玩、摆弄着玩，而是通过与具有操作性与引导性的促进孩子主动学习游戏材料的互动，让孩子可以投入地游戏、深入地思考、主动地学习，最后获得成功与自信。比如"钟表"材料，孩子不再是拿着看看、转转、摆弄一下，而是需要他们去思考表盘上有什么，我怎么可以把这些"零件"组装成一个完整的钟表，这些数字有什么关系，如何正确摆放它们的位置？我们研究的材料，能够让参与游戏的孩子沉浸在自己的"研究"中，时而思考、时而皱眉、时而长呼一口气、时而心满意足地笑，他们一次次发现老师蕴涵在材料中的引导性，一次次完成挑战，最终获得成功并体验战利品展示给老师、同伴、家人时的满足和喜悦。这样的场景是不是才是我们要挖掘孩子的深度学习、主动学习，如果从小能够如此专心致志、专注坚持、勇敢挑战、不怕困难地做事情，这样良好的学习品质才能够伴随孩子在人生的道路上走出宽度、广度和深度。

促进幼儿主动学习的游戏材料是什么样的？

贯彻《指南》精神，我们要从幼儿的年龄特点和兴趣需要入手，顺应幼儿的学习方式，创设丰富的教育环境，提升孩子与材料互动的质量，培养幼儿良好的学习品质。那么，促进幼儿主动学习的游戏材料是什么样的？具备哪些特点？

1. 操作性——如何支架幼儿实现"主动做、做成了、带回家"

随着深入学习《指南》和课题，老师更加注重幼儿的游戏过程四个阶段中的典型表现与学习品质结合，她们明确设计材料的初衷，带着培养幼儿"学习品质"的目标，观察幼儿是否实现了主动做、做成了、带回家。

（1）主动做——兴趣需求

"我们的材料是不是能吸引幼儿，让孩子主动选择，主动去做？"老师们现在会有意识地观察哪些材料最受孩子的喜欢，哪些材料无人问津，为什么？问题启发她们基于观察幼儿而发现什么样的材料能让幼儿产生兴趣。

"小熊钟表有两个孩子一开始都想玩，造型可爱，一下就能吸引孩子。""水果拓印钟表一个小朋友在玩的时候另一个一直在旁边看，等着玩，我觉得这个可以拓印，有的玩，所以他们喜欢。""孩子毫不犹豫就选择了可爱的大熊猫，这个贴近幼儿生活，北京动物园的熊猫馆就非常受欢迎"……经过老师们不断地观察,发现贴近幼儿生活、外形可爱、游戏形式新颖的半成品材料最受欢迎。于是,在设计材料的时候,老师首先想到的是与孩子年龄特点相符,结合生活经验,然后再从外形上进行设计和突破,比如说坦克钟表、青蛙钟表,只有这样才能更容易引起幼儿的好奇心和兴趣,让幼儿主动选择。

(2)做成了——感受成功

"用什么做成?做成了什么?"材料操作性最大的特征就是从半成品到成品,老师们学会用这两个递进的问题思考自己的材料是否体现了这个过程。

"用表盘、数字、指针通过粘贴数字、拼插指针,完成了一个成品的钟表。""用扇面、京剧角色拼图、京剧角色剪影,通过比对、拼摆、粘贴,完成了一个京剧脸谱扇子。""我设计的这个十二生肖,就是这样通过幼儿对比、拼插完成的成品。"做成了是完全可以从材料完成度上看出来的,老师们学会思考这两个问题,其实就是解决了材料操作性的基本要求。

(3)带回家——扩展经验

"你的材料可以带回家吗?"

课题的前阶段,老师们基本上都是结合幼儿完成的记录单来完成带回家的要求,比如《小熊钟表》,小朋友完成了三维立体操作以后,还要完成一个二维平面的记录单,巩固经验,带回家。与此同时,老师还巧妙地制作了水果娃娃拓印钟表,孩子操作立体钟表拓印后直接就完成了记录,可以带回家。"怎样让半成品完成成品,这个成品就是可以带回家的?"后期,大家开始尝试完成成品的材料就可以直接带回家,并通过不断调整和尝试实现了这个挑战。看看孩子完成的这个小青蛙钟表,回家以后非常有成就感地展示给家人。

完成立体操作后,再完成记录单带回家

拓印一体化：完成立体操作中的拓印直接带回家

2. 引导性——如何支架幼儿实现"有点难、动脑子、过关卡"

游戏材料是区域活动的物质支柱，是幼儿活动的工具，材料的引导性是否得当，对幼儿的顺利操作和建立关键经验起着重要的作用，怎样将这些半成品建立连接完成操作，就需要老师设计材料的时候把一步步的引导隐藏在材料中，从而实现幼儿在游戏中经历"有点难、动脑子、过关卡"的过程。

（1）有点难

在班级日常区域中，我听到了课题组张老师和她们班级臧老师的对话。

"张老师，你看，这个孩子拿到材料6分钟了，还没有开始操作，一直在观察、摆弄。""是不是我们这个引导点设计的太难了，孩子无法找到，所以就无法建立半成品之间的关系。"臧老师和张老师观察幼儿操作《民族娃娃大舞台》材料时边观察边思考和我讨论。我们看着这个小女孩，一手拿着没有穿民族服饰的小娃娃和那一堆拼块对着舞台转呀转，不知道从何下手，脸上显然没有了刚刚操作材料的笑容，表情很是凝重。"霍老师讲过，材料的引导性应该是由简单到有点难，孩子先经历简单的，有点小成就感，勾起挑战的内在动力，然后再继续爬坡，经历有点难。如果一开始就把孩子难住，孩子就无法进行游戏。"张老师用霍老师的点评来回复臧老师的疑问。"是哦，我觉得第一个民族小人可以有个提示，比如服饰上的拼图是完整的，这样小朋友就知道这个小人是用来做什么的。"臧老师思考了两分钟后自己给出了调整材料的答案。

有点难，不是把孩子难住，也不是不用思考，随便一摆就完成，这个难点的把握的是否适宜，需要老师们准确把握孩子的年龄特点和前期经验，然后反复调整。现在不仅课题组的老师，包括所在班级的老师也在实践中逐步理解和解决引导性选择适宜性的问题。

（2）动脑子

"这个孩子好聪明，也好有耐心，他反复调整《变脸》中1、2、3的粘贴位置，开始粘错了，中间的2无法抽拉，第二次粘对了，但是脸谱不能很好地对应影响游戏效果，第三次他又来调整。"刘扬老师观察大班幼儿诺诺在玩《变脸》材料后感叹道。接着她又反思道："每一次孩子的调整都是基于前面的经验，他要思考为什么这样不行？我该怎么做才能达成？孩子就是这样爬过一个台阶再上一个台阶，在高度集中动脑子的思考中，逐步实现达到自己的预期目标。这就是动脑子的过程吧！"基于老师学习与实践后自身的理解，她们在设计引导点的时候会注意，引导点不能只是一个，要让孩子过了一关又一关，不断体验这种挑战的快乐，逐渐将幼儿引入深度学习的状态中。

（3）过关卡

彤彤拿到大班张老师制作的《京剧脸谱》的材料，通过比对发现扇面上卵形描线和卵形模板外轮廓是对应的，将贴有"生"字的卵形模板贴在屏风面上，同样的方法完成其他模板的粘贴。过了第一关，模板粘贴。彤彤拿起旦角的头饰拼图，寻找拼图块进行拼摆和粘贴。她发现扇面上剪影与扇骨上小图，以及小筐内拼图的对应关系。第二关，旦角服饰粘贴，第三关旦角头饰粘贴，第四关旦角脸谱粘贴。第五关，彤彤又将其他的生、净、末、丑四个角色完成。

张老师说："在这份材料中，彤彤要过了五个关卡才能完成，每一个关卡都要经过有点难、动脑子才可以挑战成功。在这个过程中，也培养了孩子积极主动、认真专注、不怕困难等良好的学习品质。""对啊，这就是霍老师说的孩子要过五关斩六将的感觉！"李老师带领着大班老师在教研活动中对孩子的过关卡有了直观、深刻的认识。

这样的材料会不会控制了孩子？

在钟表类材料经过了五六轮的尝试，地理类、文化类的材料相继开展，这个时候"安吉游戏"开始在我们身边传播和扩展，作为业务管理者我们经常会听见这样的声音："安吉游戏不都是低结构材料吗？孩子们多专注游戏啊！""我们这个材料是不是太控制孩子了？""完成了这个民族娃娃的材料，孩子就知道这几个少数民族了？"……每当老师们提出困惑的时候，我们就鼓励老师去思考："我们做的有没有价值，看看孩子就知道了。"

经过一段时间的观察，李老师跟我们分享：班级里有个孩子不喜欢区域游戏，总是说"不好玩""没意思""我家都有"，但有一次偶尔玩了《磁力钟表小书》，半个小时时间特别投入，从此对区域游戏有了兴趣，尤其喜欢老师制作的一系列的游戏材料。谢老师说：我们班川川是位高功能自闭症的特殊孩子，平时不会主动跟老师和小朋友交流，但是他对数学、钟表特别感兴趣。谢老师在制作钟表的时候他就会上前主动询问："你是在做什么呢？我可以玩吗？"当这些材料投放到区域以后，他也总是第一个尝试玩，从开始摆弄，到最后发现一道一道的机关并完成，很少表达的他，会特别有成就感地向大家展示。回家以后，他开始拆装家里的钟表，小班的时候就能认识整点和半点，中班开始对日历感兴趣，现在大班随便说一个阳历的日期，他就能很快精准的推算出阴历日期，现在已经变成了我们心中的"超常儿童"。还有很多很多，我们发现平时坐不住的孩子专心致志地进行操作，我们看到平时缺乏自信的孩子挑战成功后的笑容，我们听到孩子说"这个我太喜欢啦，我可以带回家吗？"，从孩子身上表现出来的种种，都让我们更加坚定，我们做的是一件多么有意义有成就感的事情。

跟随课题的大团队精益求精的不断研究，我们开始深入解读幼儿的"学习品质"，更加注重幼儿的游戏过程四个阶段中的典型表现与学习品质结合，明确我们设计材料的初衷，明确孩子的学习方式是什么，我们的支架作用体现在哪里。当我们有了疑惑的时候，最直接最正确的做法之一就是结合专家方向，鼓励老师在孩子身上找答案，孩子在游戏中经历"有点难、动脑子、过关卡"的过程正是孩子们主动学习、深度学习的过程，也就更加坚定了我们的脚步。

如何保障课程研究的顺利开展？

开展分布式领导，优化研究团队，发挥教师的专业领导力，多联动机制给教师赋权，幼儿园点线面的战略部署，保障课程研究顺利开展。

一、分布式领导，优化研究团队

借助 UDK 研修模式，得到霍力岩教授和北京师范大学研究生团队以及海淀区教研室对我们的专业引领，共同开展了中国学前教育研究会"十三五"课题"促进幼儿主动学习区域游戏材料的研究"。为了保证课题研究队伍的稳定性，加强年级组内的研究和交流，确定了三个年龄班的教研组长作为课题研究的核心成员，每个年龄段再补充一位园级骨干教师，使大、中、小班各有两位老师参与到前期的课题研究，加强了教师对幼儿年龄特点和材料的深入思考和研究。

二、发挥教师的专业领导力

1. 带小组共同研究

灵活的团队组合，让课题老师可以相对自主地带着自己的小团队进行实践。同时，在专业纵向我们共同接受霍老师的专家团队和教研室的引领，在专业横向我们有按年龄班的大中小三个组，按研究主题又分为钟表类、文化类、地理类三个组，在组长的带领下灵活掌握研究进程，随时沟通，共同决策进行实践尝试。

2. 带全园开展教研

参与课题研究也是提升幼儿园整体的保教工作质量的重要途径，为了实现借助此课题促进全园教师的专业发展，引导老师学会观察孩子、读懂孩子，提高区域游戏质量。在全园形成以课题组带全园教师研究梯队，课题组教师将课程成果在园开展分享培训活动，提高课题组老师的专业自信，发挥老师的专业领导力。

三、多联动机制给教师赋权

1. 自主选人、优化组合

尊重教师专业发展真实需求，鼓励老师根据课题实践情况，在征求本人意愿的情况下，选择加入到本小组的课题活动中的成员共同开展研究工作。只有自主选择，才能优化组合，更好地推进课题的进展。

2. 打通渠道、优先满足

为了支持老师顺利完成材料制作，我们专门建立了课题组的微信群，资料室老师随时掌握老师需求，及时补充，保证游戏材料制作或调整的进程。

我们惊喜地看到发生在幼儿和老师身上的变化

一、幼儿的变化

1. 区域游戏更加积极主动

促进幼儿主动学习，为幼儿增加了更多可以选择的游戏材料。幼儿园有很多低结构的材料，比如乐高、积木、多米诺等，因为市面上可以购买，很多幼儿家中玩具非常丰富和充足，对孩子们已经没有了足够的吸引力。所以，老师自制的很多形象、生动、有挑战性、可带回家的材料非常受欢迎，幼儿选择机会多了，更加积极主动投入到区域游戏中。

2. 区域游戏更加专心致志

促进幼儿主动学习游戏材料的研究，幼儿在操作材料中需要动脑筋，增加了幼儿深度学习的机会，促进学习品质的提高，提高区域游戏质量。曾经随意的玩、无趣的玩、摆弄的玩这样的现象也越来越少，我们看到更多的是专注的表情、积极的思考和成功的喜悦。

二、教师的变化

1. 课程研究和落实激发了教师更大的潜能

每次参加课程的研究活动，不仅有观察孩子、调整材料的任务，还有团队任务，我们也经历了接受任务的忐忑不安、研究任务的同心突破、分享任务的收获满满，激发了老师在学习、专业、执行力方面的潜能。随着学习的主动性和能力的提高，学以致用，学习与实践相结合，体现在我们对材料调整依据于对孩子的解读，体现在我们每次团队教研时候对关键理念的理解及消化，思到关键点，说的有价值，做的有成果，这都是老师们专业潜能的开发。对于课程任务，我们从以前按期完成，到现在提前完成，从以前的业务领导布置任务，到现在主动思考落实，老师们越来越有主体意识，大大提高执行力。

2. 研究成果的积累促进了教师迅速成长

（1）关注幼儿，制作材料有突破

我们将幼儿与游戏材料互动的过程与材料的操作性和引导性对接，注重幼儿的游戏过程四个阶段中的典型表现与学习品质结合，观察和解读幼儿的典型表现与材料的关系。经过大家共同努力，我们团队为幼儿设计了百余个玩——

能玩——玩出水平的游戏材料。每一次，我们看到孩子拿到材料时的眼前一亮，看到孩子挑战材料的眉头紧锁，看到孩子一次次尝试的永不放弃，看到孩子挑战成功的欢天喜地，每一个瞬间都带给我们无限的感动的欣喜。所以，只有真正关注孩子，才能发现到底要给孩子什么，才能知道孩子眼中的课程是什么。

（2）文案整理，研究成果有积累

每一次课题活动，老师都会现场进行观察记录，提高了老师们观察实录和快速分析信息的能力。经过霍老师团队给我们介绍轶事记录，在描述记录的过程中通过对幼儿典型行为包括表情状态的描写，体现幼儿在这个过程中的学习品质。期末整理文案，老师们针对同一个幼儿游戏现场，整理了轶事记录、观察记录、游戏案例等三份不同方式的文案，既有了文字的推敲，又有了专业的分析，老师们在写作的弱项有所突破。当她们完成了所有文案工作以后，收获的是破茧成蝶的成就感，突破弱项，固化成果，老师们的综合能力都有不同的提高，一个具有坚持性、研究性的团队也在稳步提高。

我们带着问题进入课题组，在霍教授和教研室的带领下，从开始单纯地研究材料入手到走进孩子游戏世界，视角的转变，让老师更懂孩子、更了解孩子的游戏方式和水平。

小纸杯、大智慧
——促进幼儿主动发展探索的实践案例

韩 杰

在观看和学习了"促进幼儿主动发展的区域游戏"案例后，我深刻感受和体会到，材料的选择和教师的适时介入能有效地促进了幼儿的主动学习和发展。在一个个生动的案例中，感受到幼儿积极探索的兴趣，敢于大胆尝试、主动学习的愿望。对于教师而言，我们要为幼儿选择可操作、可变性强、可促进幼儿探索学习的材料。在教育实践中，充分挖掘和发挥低结构材料的教育价值。深入观察和记录幼儿与材料互动的情况，体会材料是如何促进幼儿主动学习和发展的教育意义。

何为低结构材料？低结构材料是指所有可以由儿童自由移动、重新组合、搭建或摆弄的材料。当一次性纸杯作为低结构材料，进入幼儿游戏时会发生哪些变化？会给孩子们带来哪些收获和发展？开学初，我们与幼儿共同收集了许多纸杯。这些纸杯花色繁多、大小不一，很是漂亮。纸杯可以怎么玩？问题的提出，引发了幼儿的思考。可以制作手工作品、可以敲击节奏玩音乐游戏、也可以用来搭建纸杯塔……孩子们纷纷发表了自己的想法。结合大班幼儿年龄特点，为了培养和促进幼儿自主性的提高，我们尊重幼儿的想法和意愿，与幼儿共同布置并创设了杯塔区。而杯塔区的成立，引起了幼儿极高的游戏热情。

一、尊重幼儿的想法和意愿，创设适宜的空间和环境

我们尊重幼儿的想法和意愿，与幼儿共同布置和创设班级区角游戏。规划区角位置，投放适宜的游戏材料。在讨论中，孩子们认为杯塔区游戏材料比较多。加之需要足够大的游戏场地才能实现他们的创意搭建，所以杯塔区就设立在寝室的位置。杯塔游戏需要几个人？孩子们纷纷发表了自己的想法。有的说需要4个人、有的说需要6个人、有的说需要2个人……最后，与孩子们商量确定在游戏初期先进入3人。场地、人员确定后，接下来我们与孩子们共同将

五彩斑斓的纸杯投放到了箱子里。

二、学会放手、观察幼儿与材料的互动

幼儿如何利用纸杯进行游戏？在游戏中会给幼儿带来哪些发展？带着这样的问题与思考，我开始细心观察幼儿与纸杯互动的情况。

（一）搭楼房——探索搭建方法

左左、右右是班级中双胞胎兄弟，连续一周的时间内都选择了在杯塔区进行游戏。他们大胆尝试和探索纸杯的搭建和玩法，小心翼翼地取出一摞纸杯，一个一个地摆在地上。接着探索逐层搭高的方法，纸杯倒扣，在二层搭高中找到两个杯子中间的合适空隙；摆在适合的位置上。在探索过程中，他们有成功也有失败。但在过程中，让我看到了他们不放弃、不气馁的学习品质和可贵的精神。每次区域分享中，左左、右右都将好的方法和经验分享给大家。例如：提前想好楼房地基的形状。圆形、三角形、正方形、长方形……地基的大小是宽还是窄……在不断尝试中，他们总结出地基的宽度和形状的适宜性可以决定楼房的高度。如：大一些的圆形可以搭得高、很稳定；三角形，以及窄、小的形状不适宜搭高，容易在搭建过程中倒塌。

（二）摩天大厦——发现规律、获得成功感和自信

"老师，快看！我们已经搭了 20 层了……"只见欣欣、美美、暖暖三位小朋友站在椅子上、垫着脚尖将纸杯放到了最顶端。"哇！太棒了……"我连忙称赞她们搭建的作品。"老师，我们一起来数一数有多少层？"1、2、3、4……共有 20 层。"真是一座摩天大厦啊！"欣欣惊叹的说道。"这么高，你们是怎么做

到的？"我接着问道。首先，我们确定了稳固而结实的地基形状。其次，我们发现同一花色、花纹的纸杯高度是一样的，所以在1—6层用的同一种花色的纸杯。接下来的每一层都是一种纸杯，按照规律排序的方式。这样纸杯的高度一样，就会很稳定和牢固。最后，当纸杯搭超过我们的身高时，我们拿来了椅子站了上去继续搭高。直到我们踩着椅子、踮着脚尖都够不到为止，最后的高度就是这么高了。美美将她们探索中的方法，很有条理地总结了出来。摩天大厦的建成，一时引来了许多小朋友的围观。三位小健将也滔滔不绝地向小朋友介绍着她们搭建的纸杯作品，脸上流露出获得成功的喜悦和自信。

（三）蜗牛、泳池、秘密花园……鼓励幼儿发挥想象力，创意搭建造型

在一段游戏过后，我向孩子们提出了新的问题。"纸杯除了搭建楼房以外，还能搭什么？""这么大的场地和空间，如何让小纸杯布满整个教室？"问题的提出，引发了幼儿的思考。接下来的纸杯搭建中，孩子们开始尝试按自己的意愿创意不同的搭建造型。螺旋形状的蜗牛、超级大的泳池、爱莎公主的城堡、住着七个小矮人的秘密花园……孩子们每天都在结合自己的生活经验，充分发挥的想象力创意不同造型的纸杯搭。有了前期的游戏经验，加之幼儿协商、合作能力的提升。孩子们的作品无论是在创意上，还是在搭建速度上都有了很大的进步和提高。他们充分利用现有的空间和场地，将自己的创意和想法用自己的小手去实现。最重要的是，在搭建过程中，他们不怕困难，面对尝试中的倒塌没有气馁。学会了坚持、勇敢，勇于挑战和尝试的学习品质和精神。

三、追随幼儿，提供支持、鼓励幼儿按意愿大胆尝试和探索

在追随幼儿游戏过程中，我认真观察幼儿与材料之间的互动情况。大胆放手、鼓励幼儿探索和找寻搭建的方法和策略，并充分利用区域讲评环节，将每次或每一阶段幼儿搭建的收获、好的经验和方法及时总结和分享。并给予适当的支持，提出更好的建议。例如：游戏初期，针对纸杯搭不高、幼儿还处于单独游戏的情况，鼓励幼儿积极探索搭建的方法，学会协商、合作完成搭建作品。随着幼儿游戏水平的提升，扩展幼儿搭建的主题内容。如：除了搭建楼房，还可以搭什么？唤起幼儿已有经验，鼓励和支持幼儿进行创意搭建。及时给予肯定，让幼儿从中获得自信。同时，引导幼儿充分运用现有场地和空间，跟随幼儿的脚步拓宽和调整场地空间。增加纸杯数量，扩大参与游戏的人数。

孩子们的创意搭建带给我一次又一次的惊喜，从单一搭建到主题搭建、从意愿搭建到情境搭建，幼儿从中学会了友好协商、合作与分享，学会了积极动脑思考、解决问题；有了自己的想法，培养了幼儿不怕困难、敢于挑战的精神。小小纸杯正在孩子们的手中不断地发生着变化，不断变幻出意想不到的造型和创意。

在观察幼儿游戏中，我经常问自己几个问题：今天孩子们的游戏哪些方面比较顺利？哪些方面有待提升？作为老师应该在什么时间点加入游戏？促使我做出这种决定的因素有哪些？我的介入对孩子来说是好事么？理由是什么？如果还有下一次类似情形，我会采取哪些不同的方法？坚持做到每日进行反思，不断提升和发挥教师在幼儿游戏中的作用和价值。不断思考和发现，低结构材料运用到幼儿游戏中的价值。学习和阅读有关低结构材料的相关书籍，不断丰富自身理论水平。收集日常生活中利于幼儿游戏的低结构材料，不断在观察中发现和总结好的方法。

正如教育家西蒙·尼科尔森所说：每一个孩子都极富创意，而所有的创意都值得被细心呵护和赋权，然后才能渐渐地成长。今后工作中，我将不断追随幼儿的脚步，挖掘低结构材料的价值，让每个孩子的创意都看得见。

娃娃家中的你、我、它

韩 杰

娃娃家游戏是最受小班幼儿喜爱的自主性游戏,适宜、有效、科学地提供和投放材料对提高幼儿游戏水平和幼儿发展有着极其重要的影响。那么,"如何投放娃娃家材料?"以及"娃娃家材料对幼儿游戏的支持?""娃娃家材料如何促进幼儿发展?"围绕以上方面我们进行了深入的研究和探讨。

一、改变——从分析现状、寻找问题入手

学期初,我们针对班级娃娃家游戏现状进行分析,班级材料做了哪些调整和改变?调整后的材料、幼儿有哪些变化?追进式的问题,让我们潜下心来认真观察幼儿游戏的现状,分析存在的问题。

例1:区域活动中,妞子、江江、元元陆续来到娃娃家进行游戏。他们将所有物品从玩具柜中拿出来,摆到了桌子上、地面上。江江拿来刀子正在切水果(仿真),妞子拿着小杯子对准饮水机正在接水准备做果汁。元元则在照顾娃娃,为娃娃看病。过了几分钟,只见三人陆续离开了娃娃家;家里出现了无人问津的场景。

思考:娃娃家一直都受孩子们喜爱,为什么会出现无人问津的场景?如何让幼儿更专注、更持久的游戏?

分析原因:

1. 娃娃家成品性材料(餐具类、家用电器等),以及同种类物品(仿真的水果、蔬菜)较多,这类物品玩法单一,缺少可变性。

2. 幼儿喜欢与同伴操作同样的材料,但是游戏持久性不强,经常会出现玩一会儿就跑去另一个区玩的现象。

3. 小班下学期幼儿有了初步的角色意识,但有时意识不到角色之间的关系,对扮演的角色容易忘记,具有随意性;喜欢模仿生活中所见到的人和事(已有经验)。

我们的改变和做法：

1. 空间上的改变

娃娃家与建筑区互换位置。撤掉软垫、扩大游戏空间，方便幼儿区与区之间的互动与联动，为幼儿游戏提供便利（例如：妈妈带宝宝出去逛公园，不用换鞋子）。

2. 材料上的改变

在平日收区中发现娃娃家总是最后一个收完，针对这个问题，老师与幼儿共同收拾整理材料。发现娃娃家投放的材料过多、过杂（种类较多），个别材料没有细致分类。于是，我们进行了调整。收了部分材料，并按物品用途进行分类。以照片的形式作为标记，方便幼儿收放材料。在针对幼儿缺乏游戏持久性方面，增加真实性和低结构材料，例如：面团、黄瓜、胡萝卜等。同时，及时了解幼儿近期的兴趣点，投放适宜的材料。（例如：厨师、医生等角色服饰及道具）

3. 家园配合

请家长协助幼儿在家中观察爸爸、妈妈（爷爷、奶奶）平时在家中都做些什么。了解角色间的关系，增强幼儿的角色意识。同时，与幼儿共同收集有关娃娃家的玩具和材料。

二、发现——从幼儿与材料的互动中发现材料对游戏的支持

一段时间里，孩子们为什么会经常开展家庭类的游戏情节？这些游戏情节与材料之间有什么关系？我们投放的低结构和真实性材料会对幼儿游戏带来哪些改变？如何拓宽游戏情境、提高幼儿角色意识？带着思考我们认真观察改变后的娃娃家会有哪些变化？幼儿与材料之间的互动又会带给我们哪些新的发现和感悟？

例 2：活动区游戏时间，彤彤、璇子、当当先后来到娃娃家。他们将柜子中新投放的压泥模具、锅、盘子、小刀、黄瓜、面团、油泥都拿了出来，摆放到桌子上，各自在摆弄游戏，璇子起初将黄瓜放到案板上，用小刀将其一段一段地切开。彤彤则选择了拧的油泥工具，尝试将泥装入其中来制作面条。而当当则将面团放入模具之中，用擀面杖按压。每个人都在认真、专注地探索着这些新工具和材料的玩法，整个游戏时间里没有一人离开过娃娃家。当听到收区音乐响起时，三人表现出意犹未尽的表情。还问我，明天是否可以再来娃娃家游戏。

发现：在幼儿与材料的互动中，低结构、真实性的材料，可操作性强。幼儿游戏兴趣较高，游戏持久性更强。在材料投放初期，幼儿各自探索材料的玩法，各自尝试不同工具的使用方法。看到了孩子们在游戏中的专注度，真正地能将游戏长时间的进行下去。

改变后的娃娃家，每天都会吸引来不同幼儿进入游戏。特别是班里男孩子们的光顾，就连活泼好动的肉肉、梓豪、齐齐也能在娃娃家中持久地游戏下去。可见，适宜的材料增强了幼儿游戏的兴趣和游戏的专注性、持久性，对幼儿的学习起到了支持和促进的作用，让幼儿在动手操作中体会快乐。

三、追随——从追随幼儿游戏中看到材料给幼儿带来的发展

在接下来的观察中，我不断追随幼儿游戏的脚步。将幼儿生发出的一个个游戏，以学习故事的方式记录下来。同时，也感受孩子们带给我的惊喜和收获。

1. 材料——让幼儿学会交往

故事一：胡萝卜水饺

这是我在娃娃家记录孩子们游戏的第一个故事

活动区开始了，江江和琨琨先后来到了娃娃家。起初，江江从柜子里取出了制作蛋糕的小模具。随后，拿出了四种不同颜色的胶泥。系好围裙，开始做起蛋糕来。在江江游戏的同时，琨琨也系好围裙在另外一张桌子上拿起刀子切起了黄瓜。五分钟后，江江拿着一个面团走到了琨琨的桌子旁。对琨琨说："我们一起来包饺子吧！""好啊！"琨琨大声地回答道。随后，江江用小手把圆形的面团搓成了长条。然后，拿起小刀子在面团的一边切了起来。一边切一边将面团递给了对面的琨琨，说道：你来揉面吧！琨琨大声地回答道：好的！于是，拿起江江递来的面团用两只小手揉搓。随后，琨琨把搓好的面团放入了旁边的小盘子里。不一会功夫，盘子里的面团越来越多了，而且被琨琨和江江摆的很整齐。接下来，江江拿起了擀面杖开始擀面皮了。小面团在擀面杖一来一回的滚动中，变成了圆圆的、薄薄的小面皮。看见小面团的变化，江江和琨琨不由得高兴起来，忙对一旁关注他们游戏的我说：老师，你看我们棒吗？我赶忙对他们竖起了大拇指说道：你们太棒了！那接下来你们要做什么呢？"我们要放点馅包饺子了"江江对我说道。"一会我就可以吃到你们包的饺子了，对吗？"我接着又说道。"对呀！"江江和琨琨同时回答我。

随后，江江把切好的胡萝卜块放入面皮中。然后，用小手把面皮和胡萝卜合在一起按来按去。做着做着……江江抬起头看着我说：老师，我包的饺子怎么和爸爸、妈妈包的不一样啊！我看了看江江包的饺子说道：你的小面皮要亲亲嘴，小手指要在面皮上捏一捏才能包出漂亮的小饺子。你想和我一起学一学么？"老师，我想试一试。"江江说道。随后，我便耐心教江江包起了饺子。而在一旁的琨琨也停下了手中揉捏的面团，认真地观看着。在我和江江包到第二个饺子的时候，琨琨在一旁说道："老师，我也想试试。"于是，琨琨也加入到包饺子的活动中。一个、两个、三个……在我们的共同努力下盘子里的小饺子越来越多了。

感悟：故事中的江江和琨琨，由最初各自选择材料进行游戏，逐步转变到与他人一起游戏。并将生活中已有包饺子的经验运用到游戏之中，他们在游戏过程中有互动、有交流，并且有了分工的意识。让我体会到材料使幼儿间的游戏不再单独存在，材料让幼儿在游戏中学会交往和沟通。从幼儿游戏的状态和表露的情感中，让我看到了生活经验的迁移让游戏既丰富又有趣，而适宜的材料满足了幼儿游戏的需求，感受到了游戏带给孩子们的满足和快乐。

2. 材料——促进幼儿间自主学习

故事二：小小插花师

这是我在追随幼儿游戏的脚步中，观察和发现的孩子们的第二个故事。

"老师，这是我们插的花。漂亮吗？"彤彤拿着两个漂亮的插花作品对我说道。"好漂亮啊！"我一边夸赞一边说道。事情还原到20分钟前，早饭后彤彤、墨墨先后来到了娃娃家进行游戏。窗台上放置的几盆用布制作的花朵引起了彤彤的注意，她先后将三盆花都取了下来放到了桌子上。然后，从柜子里取出胶泥，再到装有瓶子的小筐中选取了喜欢的小瓶子。这时，在一旁关注的墨墨走了过来对彤彤说道："你这是要做什么？""我要插花。"彤彤大声的回答道。"那我能和你一起玩么？"墨墨接着又说。"好啊！让我来教你吧！"彤彤应声道。于是，彤彤和墨墨开始了插花游戏。我们先来选漂亮的小瓶子吧！彤彤说完，就开始和墨墨一起挑选各自喜欢的瓶子。然后，拿来胶泥在手中揉搓。搓好后，彤彤对墨墨说：我们要用胶泥把瓶口封好，然后再把花一枝一枝地插进去。这样就可以把花固定好，不会掉出来了。墨墨听完彤彤的介绍后，便按照方法开始做了起来。她们认真地用胶泥将瓶口封好，然后一枝一枝地将花插好。随后，又拿来了小杯子和小碗做花瓶。将胶泥装进了杯子和小碗中,又开始插起花来。彤彤一边插花一边对墨墨说:你看小杯子中的胶泥可以固定小花,这样小花就不会乱动了。又过了一会儿,一件、两件、三件、四件漂亮的插花作品展现出来。随后,彤彤和墨墨将插好的花送给了表演区的小演员们。又送给了建筑区的建筑师们,来装饰他们搭好的动物园。表演区和建筑区的小朋友们,看到这么漂亮的花都竖起大拇指称赞道:"彤彤、墨墨你们好棒啊!

感悟:故事中的彤彤和墨墨是娃娃家的常客,也是班级中能力较强、喜欢动手制作的孩子。彤彤能根据自己的想法,借助现有材料引发新的游戏情境。在游戏中将已有插花经验教授给墨墨。并耐心、细致地进行讲解,在彤彤与墨墨的互动中,让我深刻体会到是材料促进了幼儿间自主学习,增强了幼儿主动学习的意识,我们也理应相信幼儿是有能力的学习者。

3. 材料——提升交往能力,促进幼儿发展。

故事三:战地医院

"战地医院"这个故事是孩子们带给我的又一个惊喜

活动区开始了,彤彤、墨墨、三宝来到了娃娃家开始了游戏。只见,彤彤系好了围裙戴好了帽子,拿起锅做起饭来。墨墨则撑起小推车,把娃娃抱上车开始带娃娃外出散步了,而三宝选择了胶泥开始包起了饺子。在娃娃家旁边的建筑区里,江江、当当、逸逸、齐齐四位建筑师正在忙着进行搭建。大约过了15分钟,墨墨抱着娃娃来到了建筑区。她小心翼翼地把娃娃放到了地上,这时,已经搭好建筑的江江拿着积木走了过来。对墨墨说道:"宝宝是不是病了?我来给她看看病吧!说完就拿积木当起了听诊器,放在了宝宝的胸前开始学着医生的样子听了起来。在一旁观察的我出于好奇,便走了过去问道:你们这是在做什么呢?老师,我们在为娃娃家的宝宝看病。你看!这是我们给娃娃家的娃娃们搭建的战地医院,江江一边说一边指着建筑区中搭好的建筑说道。当看到江江所指的"战地医院"后,我不由惊喜并连忙称赞道:建筑师们可真棒!我的话音刚落,只见彤彤手里端着做好的饭菜从娃娃家中走了过来。说道:这是我为娃娃做的饭菜,快喂她吃吧!说完便把小盘子、小碗和用胶泥搓的面条放到了娃娃的身边。正当彤彤转身离开时,三宝拿着两个杯子从娃娃家走了过来。说道:娃娃肯定口渴了,这是我为娃娃们榨的西瓜汁。说完就将手里的杯子，递给了正在为娃娃看病的江江和当当。接下来的时间里，娃娃家不断为在战地医院看病的娃娃们送来饭菜和果汁。建筑师们当起了小医生，借助软积木和碎小的积木为娃娃们看起病来。就这样，娃娃家和建筑区一直忙碌和互动着。大约又过去了15分钟，收区音乐响起，看病的医生和一直忙碌着的爸爸、妈妈们还在专注地游戏着。他们游戏中的专注和投入，似乎没有听到音乐的声响。最后，我还是很不忍心的过去给予了提醒，孩子们意犹未尽的表情告诉我他们还想再继续游戏。可是，时间已经到了，只能下次再满足他们的游戏愿望。

什么样的学习可能在发生？

我们可以看到建筑区中的孩子们能根据自己的想法，为娃娃家的娃娃们搭建"战地医院"并能主动与现有材料进行互动，以物代物、引发新的游戏情境。游戏中的幼儿根据自己的意愿和想法分别负责做了不同的事情，过程中有互动、有交流。他们积极地将想法付诸行动，体现出了他们游戏的目的非常明确。除此之外，孩子们将生活中到医院就医的经验运用到游戏之中，可以看出他们是非常细心又乐于观察和发现的孩子。

孩子们为何会有这种表现？

感悟：是材料促使幼儿引发新的游戏情景，形成区与区之间的互动。提升了幼儿与他人合作、交往的能力。也让老师看到了孩子们是有主见、有想法、有能力的学习者。

现如今，娃娃家里的孩子们不但能与现有材料进行充分互动，而且能根据自己的需求和想法到各个区寻找为我所用的材料（例如：香香饼干）美工区找装饰物等。适宜的材料、开放的空间、宽松的氛围，让幼儿在游戏中获得快乐、在快乐中获得发展和成长。

四、感悟——在学习、思考、观察、调整中感受材料在幼儿游戏中的价值

我们不断深入孩子们的游戏之中，认真观察幼儿与材料的互动情况，再结合实际出现的问题中有效、适宜地调整材料。在这期间我们无论是从理念上，还是从观察幼儿实际游戏中，一直在追随幼儿游戏的脚步而前行。

在教研和观察幼儿游戏中使我深刻感受到：

——材料是支持幼儿学习的支柱。

——材料是连接幼儿间交往的纽带。

——材料是教师走进幼儿、了解幼儿的基石。

——材料是教师退位后的推手。

——材料是促进和提升幼儿发展的源泉。

游戏材料作为幼儿游戏活动的操作对象，不仅蕴含着教育的意义、传递着教育对幼儿的期待和鼓励，而且是幼儿体验、建构、发展的媒介。我们在追随中发现幼儿游戏兴趣和需求，在材料调整中体会到什么是"适宜"和"真需要"。从观察、发现、思考、调整、感悟中，体会到投放适宜的材料对幼儿发展所起到的作用，以及区域材料本身所发挥的价值。

当孩子们借助已有生活经验，借助材料本身，引发新的游戏情境时，当他们将生活经验迁移、自发游戏时，当他们走出娃娃家大胆、自信与其他区小朋友互动时，让我更加坚信幼儿是游戏的主人、相信他们是有能力的学习者，也看到了材料本身给孩子们带来的发展和成长。

今后工作中，我会将在娃娃家中的所学所获迁移到更多区域之中，对区域材料进行"巧"投放，挖掘材料的最大价值，让孩子们在区域游戏中获得更全面的发展。

小班区域游戏材料投放策略的"三结合"与"三把握"

孟 帆

皮亚杰提出"儿童的智慧源于材料。"通过操作可以激发儿童学习的主动性、积极性和创造性，符合幼儿认知发展特点的区域材料，能促进幼儿在与环境的互动中、与材料的对话及探究过程中获取信息，积累经验和发展能力。结合《3—6 岁儿童学习与发展指南》（以下简称《指南》）中提出"关注幼儿学习与发展的整体性；尊重幼儿发展的个体差异；理解幼儿的学习方式和特点；重视幼儿的学习品质。"反思我们在区域游戏活动中经常发现一些共性的问题：幼儿对游戏材料不感兴趣，无所事事；游戏太难，毫无头绪；材料太多摆放无序，无从下手。如何投放材料，才能保证幼儿有效的游戏，并让幼儿在游戏中获得发展呢？下面，就以小班为例，谈谈关于区域游戏材料投放策略的三结合与三把握。

一、三结合

（一）结合年龄特点，抓目标落实

遵循年龄特点投放适宜的材料，这句话大家都知道，但是如何才能把握准确年龄特点呢？除了老师多年积累的经验，我们还可以在《指南》《国家中长期教育改革和发展纲要（2010—2020 年）》（以下简称《纲要》）中找到相对应的发展目标，如果这些目标可以在游戏中落实，那么投放的材料肯定就不会出现太简单或太难的问题。

区域	3—4岁《指南》目标	游戏现场	材料投放与游戏情况
益智区	能手口一致地点数5个以内的物体,并能说出总数,能按数取物。		《熊宝宝吃棒棒糖》的游戏材料中,幼儿根据每个杯子前的数量提示,把5以内相对应数量棒棒糖插入其中,也可以选择粘贴形式。
科学区	能用多种感官和动作去探索物体,关注动作所产生的结果。		《神奇的石头》的游戏,幼儿用磁铁在白沙中寻找可以吸上的物品(铁质的),并将能吸上的(曲别针、铁片发夹、铁夹子等)和不能吸出)进行分类。

分析:以上两个不同区域的例子都是老师根据《指南》中的内容或目标,结合小班幼儿实际水平而设计的游戏内容和相应的材料。当我们不知道创设什么样的游戏内容的时候,当我们不知道怎样权衡游戏难易程度的时候,可以尝试在《指南》中找思路,这样更容易准确把握年龄特点,体现目标并落实目标。

(二)结合幼儿兴趣,抓幼儿需求

幼儿喜欢什么?幼儿最需要什么?这是我们必须要思考的问题,尤其对于小班的幼儿,更是要从他们喜欢的事情为出发点,这就需要老师会观察、能发现,发现他们的兴趣点和真正需求,适时、适当地提供材料,才能让游戏更加丰富、走向深入。

(三)结合主题活动,抓活动质量

主题活动的内容一定是幼儿近期关注度最高的,也是幼儿感兴趣的,区域游戏是主题活动很好的补充与延伸。想要让主题活动开展更深入、全面、有效,我们就需要关注主题活动在区域游戏中的渗透,让活动满足幼儿个性化发展需求,保证区域游戏与主题活动的质量。

区域	幼儿兴趣	游戏现场	材料投放与游戏情况
娃娃家	过生日		娃娃家传出了"生日快乐"的歌声，原来是他们自发给七七过生日呢。"你们在家都是怎么过生日啊？""吃蛋糕、吹蜡烛！"根据幼儿的兴趣生成的新内容，老师为孩子准备了生日帽和可以切的蛋糕。
	照顾小宝宝		"小宝宝会在家里做什么呢？"我问孩子们。"洗澡、吃饭、拉粑粑、睡觉……"根据孩子提出的需求，我们又新增了宝宝便盆、澡盆。有一天，发现悠悠正在给拉粑粑的宝宝讲故事呢，这也许就是家中的情境再现吧！
娃娃家	带宝宝看演出		"老师，我们还要带小宝宝去散步、野餐！"于是，老师找来闲置的娃娃推车发挥了作用。你瞧，一位"妈妈"、一位"姐姐"正推着宝宝来看演出呢，今天独唱的小演员有了观众，超常发挥啊！

分析：娃娃家是小班幼儿最喜欢的区域之一，但有时候我们也发现娃娃家孩子只是在摆弄玩具，没有发生角色之间的互动，怎样让娃娃家的游戏内容丰富起来，并提高幼儿的游戏水平呢？其实最重要的一点就是要追随幼儿的兴趣，在发现幼儿有兴趣和需求的时候提供必要的材料支持，这样就能顺应孩子的发展，让游戏内容越来越丰富。

区域	主题目标	游戏现场	材料投放与游戏情况
		小班主题：一双小小手	
生活区	愿意尝试、探索和使用生活中常见的材料，提高手眼协调的能力。		各种大大小小的量杯，幼儿可以进行"倒水"的游戏，培养小手的控制力及手眼协调能力。如果洒水了也没有关系，旁边的小抹布正好派上用途，同时培养了擦桌子的生活能力。
美工区	涂涂画画、粘粘贴贴中练习小手的精细动作。		画板上绘画对小手的控制力有更高的要求，因地制宜创设幼儿愿意创作的环境，小班幼儿有很强的好奇心，小画板的出现满足幼儿不同视角的绘画创作。
			既然要满足涂涂画画、粘粘贴贴，就要提供能够涂画、粘贴的材料，比如颜料、刷子、各种彩笔、纸张、彩泥、吸管、小贴纸、胶条……满足幼儿活动需求，发展小手的精细动作。
			生活中的自然材料也可以用来创作，今天参与玩泥的小朋友，运用了揉、搓、团、捏等精细动创作出了"大树"。石头、树枝、蛋壳、贝壳、树叶等自然材料都是小朋友喜欢的创作材料。

分析：结合主题活动，我们将发展小手精细动作，提高手眼协调能力等相关的内容和目标物化到每个活动区，比如美工区的材料除了满足幼儿的艺术表达以外，还发展了幼儿的剪、粘、捏、涂等手部动作。生活区有夹豆、倒水、穿珠、系扣、拧盖、开锁等游戏，提高和发展小手的灵活性和精细动作。孩子们在情境中更加专注游戏，动手能力、手眼协调能力都得到了明显提高。

二、三把握

（一）把握材料的操作性——兴趣下的操作

材料的操作性是指孩子有机会通过对应、涂色、镶嵌、拼图、粘贴、拼摆、移动等多种操作方式与材料互动，并获取新的经验。然而，对于小班幼儿来说，"具体形象思维"占主导，我们设计的材料游戏更要具备情境化、情感化，贴合幼儿的真实生活经验，只有兴趣下的操作才能保持更高的注意力，才能激发各种发展的潜能。

	游戏现场	兴趣下的操作
美工区		娃娃家开始有了"过生日"的新游戏，过生日的人要戴生日帽啊，我们就用海绵纸做成了生日帽的半成品，白衣服的小男生正在专注地装饰他的生日帽呢。
		"这个纸箱子可以做成小房子，我们家就有一个！""我们可以自己来装饰漂亮的小房子！"于是，大家争先恐后来装饰箱子。

分析：两个都是美工区的游戏，通过剪贴来装饰生日帽、通过粉刷来装饰大箱子，这个过程都体现了幼儿在操作过程中与材料的直接互动，这些材料也都具备了很好的操作性。通过这两个案例，我们发现老师能及时捕捉到孩子的兴趣点，然后提供相应的材料来支持幼儿的操作活动，真正发挥游戏的价值，这样兴趣下的操作，才是我们应该提倡的，更是小班幼儿最需要的。

（二）把握材料的丰富性——目标下的丰富

材料的丰富性很好理解，就是教师提供的游戏材料要种类多、数量多，满足幼儿游戏中有选择的余地，满足幼儿不同需要的发展。但是，游戏材料不仅仅是越丰富越好，而且是要结合幼儿当前的发展需求，结合当前的发展目标来有目的的选择。

生活区游戏材料

分析：这是生活区的两组材料，生活区的目标为：发展小手夹、舀、倒、穿、拧、绕、擦、敲等动手能力，体验动手做事的快乐。为了达成目标中这些具体的手部动作，我们投放了不同难度层次的喂豆、夹豆，用不织布制作了"太阳公公放光芒""狮子鬃毛真神气"等使用小夹子的材料，还有利用生活废旧材料制作的"拧盖配对""水杯倒到乐"等游戏。这么多丰富的材料，每一种都是针对目标来设计和投放的，目标清晰下丰富的材料，小朋友才会有更多的选择，并且在玩中获得真实的发展。

（三）把握材料的层次性——发展中的层次

同一年龄段的幼儿的发展并不是完全相同的，都会存在个体差异。因此我们在投放材料的时候要根据每个幼儿的发展水平与能力，满足不同幼儿需要的具有层次的活动材料。包括同一个活动区的同一内容的材料，也可以根据幼儿的发展不同，在难易程度上体现层次，并且引导幼儿选择适宜自己的材料，能够操作又有一定的挑战性，也就是我们经常说的关注幼儿的最近发展区。

这是生活区《好玩的瓶子》中的材料，生活区的游戏是要为生活服务的，所以很多都是我们常见的生活用品。第一个筐里的瓶子大一点、数量少一点，孩子开盖、拧盖、倒水等游戏都相对容易一些。第二筐里的瓶子小一些，而且形状变化更多、数量增多，孩子在游戏的时候难度就会增大，对幼儿的手部动作要求更高。虽然看似不起眼的两筐瓶子，老师在分类摆放的时候也是有思考有目的的，只要老师心中有孩子，关注每个发展不同的孩子，就能将材料的层次性体现出来，并越做越好。

最后，小班区域游戏材料投放的"三结合""三把握"是依据《指南》精神，在小班幼儿工作实践中梳理总结出来的小策略，每一份游戏材料都凝聚了老师对孩子的了解及发展的思考。我们相信，只有投放适宜的材料，才能充分调动幼儿的积极性、主动性，才能促进幼儿自主能力、游戏水平、经验建构、社会交往等方面的发展。这些策略也许还不全面，但我们一直在为幼儿创设更好的、自主的、宽松的活动区游戏环境和材料而努力，并在学习、实践中不断完善！

一份材料带来的蜕变

李 赟

我非常荣幸地参加了海淀区关于"幼儿学习品质的区域游戏材料"专题研修,与此同时我们园作为基地园也开展了关于"区域游戏材料"的园本研修。与以往的研修形式不同,这次的研修学习不光是学,还要动脑思考、动手去做,通过幼儿实际操作发现问题,并解决问题。这次的研修对于我来说是已有经验与新经验的融合,在专业上也是一种新的成长。这次的研修我们要以"文化类"材料为主题,自制一份区域游戏操作材料。下图从 1.0 版到 5.0 版的自制材料是我通过一次次的学习、实践、反思、调整、最终调整出的适合幼儿操作的 5.0 版区域游戏材料。

1.0 版:初次尝试

我的题材是以传统节日为切入点,结合幼儿喜欢的拼图游戏形式,是一份具有节日文化特色的区域游戏材料。在拼图中我运用了切口对应、数字对应等隐性支持,幼儿可以经过反复比对、拼摆,逐渐发现数字对应关系的隐性引导点,顺利地完成全部操作。挑战这份游戏材料的是班级能力较强的小女生,在挑战前 4 页时她能根据图册上的已有图片找到相关联的拼块进行摆拼,她在拼图时关注到了不一样的切口,按照切口拼接在一起,在贴日期时她发现了反面的数字序号,她对照图册上的数字序号将正确日期粘贴到相应位置。在挑战后 4 页时,她将未完成的拼图翻到有序号面,通过序号找到相关拼块,完成拼图。但部分日期我注意到她没有刻意去看反面的序号,而是根据两张图片内容结合自己已有经验找到相对应的日期直接贴在相应位置,她很轻松地完成此材料的挑战。通过幼儿的实际操作,我一直在思考,幼儿是否会出现因为完成拼图而只关注序号去找拼图,并没有关注实际拼图上的内容?还有我的材料是否过大,翻页对于幼儿来说不便于记忆,不够直观。也许可以在材料整体形式上进行调整。

2.0版：学以致用

我带着问题去参加了第一次学习。通过初次的研修让我了解到一份优秀的区域游戏材料对幼儿的自主学习有多么的重要。通过材料的操作性、引导性、层次性、丰富性让幼儿从喜欢玩、到发展玩、到多形式玩、到多发展玩。在制作材料时，我一定要遵循游戏材料的特性去进行材料制作，它是幼儿可以动手操作的，由半成品到成品，并且可以带回家。在操作过程中，幼儿是积极主动的、动脑思考的、用心专注的。我所制作的《中国传统节日》区域游戏材料就符合了操作特性，以拼图、关联对应的方式进行操作。在引导点方面我也设置了数字对应的小机关。通过引导性的学习，在记录单上我需要重点思考，将记录单的引导点与操作材料保持一致。根据所学内容我立刻调整出了2.0版材料。在原有的基础上，我给材料制作了精美的外观用来吸引幼儿的注意。结合所学知识，我制作了一份与材料一致的记录单，便于孩子可以带回家。

2.0版的游戏材料，依然是玩1.0版的小姑娘最先去操作的，为了让幼儿能对完成后的日历一目了然，我把翻页式改成了连接式摆起来。在完成第一页之后，她不知道如何翻到第二页，向我寻求帮助，我没有告诉她，而是让她自己再想想，通过反复观察与尝试，她了解到了2.0版日历的打开方式。操作材料过程中，根据她的原有经验积累，材料操作得非常顺利，连接式的日历经过操作的完成，页数打开越来越长，导致一半日历在桌边悬空，到后期不方便幼儿操作。在做记录单的时候，幼儿用胶棒粘贴图片在记录单上，记录单上我没有标注与材料相同的日期外框与拼图外框。幼儿在粘贴时是与中间的已有图片平齐进行粘贴。材料加记录单的操作总共花费了二十多分钟完成。

根据 1.0 版的已有经验，幼儿对材料非常感兴趣，在操作材料时也比第一次更快。通过自主观察、探索、研究与反复操作发现了日历翻页的奥秘。当材料在桌边往下坠落时，并没有影响到孩子专心操作。记录单比游戏材料更为不好粘贴，孩子在完成记录单时，非常细心地粘贴对拼每一块拼图，在这个过程中培养了孩子不怕困难、有耐心、有专注力的学习品质。但是我觉得记录单方面花费时间较长，还是需要调整，带着思考我去参加第三次研修。

3.0 版：新的理解

第三次的研修学习给我一种豁然开朗的感觉，一份材料的成功与否主要在于孩子在操作时是否能达到材料操作性的这四个步骤。首先，在选材上我们要根据年龄段来设计外形主题，让孩子感兴趣，愿意选择这份材料。其次，在孩子动手操作时，根据材料的引导性让孩子能积极主动、敢于探究，进行操作，根据引导点一步一步地进行操作，完成半成品材料。再次，在操作过程中能够培养孩子的学习品质，例如专心致志、不怕困难，敢于挑战等。最后，完成活动后进行记录单整理，收材料，进行分享展示，培养孩子做事的坚持性、有始有终。我很高兴我的材料经历了这四个步骤，在讨论时，大家给我关于记录单调整的建议。第一，记录单形式过于烦琐，制作起来过于麻烦。一份记录单的制作花费的时间至少 20 分钟，裁剪、打孔、穿绳、粘贴。如果一份材料每天有三个孩子玩就要花费六十分钟制作记录单，确实过于费时。第二，记录单上的拼图粘贴过于耗时，幼儿已经在游戏材料上完成过一次材料操作了，在记录单上就可以根据之前的材料操作经验，直接粘贴整张图片巩固知识。于是在 3.0 版上我主要将记录单调整的简单化。记录单直接是一张长条纸，每一页有分隔虚线提示幼儿制作完成可以折成小书带回家。

根据研修学习，下面的观察记录我将从幼儿操作性的四个步骤来记录：

产生兴趣：幼儿来到材料旁 30 秒左右，对材料产生兴趣，材料的外形、记录单吸引了孩子。

开始操作：用了 1 分 25 秒的时间，幼儿开始动手操作，幼儿被记录单吸引了，他一直拿着记录单和小框的材料进行研究，研究了很久也没研究出来怎么玩，他问旁边的小朋友，这怎么玩、小朋友忙着玩自己的游戏材料，没有答复他。我引导他再仔细看看框内是不是还有你没发现的材料。经过我的提示他发现了节日日历，开始操作。

专心致志：幼儿花费了 28 分钟顺利完成操作。他通过仔细观察与研究，幼儿发现了材料机关，通过数字引导分别将放在框内日期与相关联拼块黏贴在相应框内。在拼图期间以拼块切口对应为引导点，幼儿经过反复对比、纠错、拼摆，最后顺利完成日历操作。在粘贴记录单时通过与已完成的节日日历一一比对进行粘贴，最后顺利地完成全部的操作。

完成活动：他总共用了 30 分钟顺利完成操作，幼儿很有成就感，对他的同伴说这个材料太有意思了，收完材料，他带着记录单离开了。

根据操作性的四个步骤可以很好地培养幼儿的学习品质。由最初的学习兴趣到积极主动、敢于探索；到认真专注、不怕困难、遇到问题反复思考与探究，制作过程长达 30 分钟，却没有气馁、坚持完成操作，体现了做事有始有终的学习品质。

4.0 版：新的蜕变

在我园的现场操作与研讨活动中，我看到了我的材料中的一系列问题：材料制作过程用时过长、数字引导点不对接关键经验等等，必须要放弃我之前的这份材料，重新设计。

4.0 版的材料不论是外观还是引导点我完全是重新制作的。我将材料与记录单合二为一制作出一份可直接带走的材料。我将数字机关改为拼图底衬纸与传统节日日历图片底衬纸的颜色相对应。

本次幼儿操作依然从操作性的四个步骤来记录：

产生兴趣：15秒左右幼儿来到材料旁，他拿起中国结样式的日历看了看，然后坐下。

开始操作：30秒的时间，幼儿开始动手操作，他翻开了日历第一页，观察了一下，又拿起拼图材料框，开始动手粘贴起来。

专心致志：在粘贴第一张时，他找了找拼图块，找全了一张拼图后开始粘贴，他没有发现底衬纸颜色是相对应的机关，所以他粘错了。开始粘第二张，他依然是凭感觉去粘贴，看到已有图片上是汤圆，他开始找相关联的图片，因为汤圆的图片已经被他粘到第一张上去了，所以他找了一个自己觉得相近的过年的图片粘了上去。因为不认识节日的字，他根据画的铅笔框比对进行粘贴，实际上每个铅笔框都是一样的大小，所以他也没有粘对。直到粘到八月十五，他知道是中秋节，然后没有找到相应的图片，开始翻找自己之前粘贴的图片，发现自己粘错了，开始纠正错误。纠正过来好几处错误，但是依然没有发现隐性机关。没有全部纠正对。

从幼儿的角度来说，通过操作性的四个步骤很好地培养了幼儿的学习品质。由最初的学习兴趣到积极主动、敢于探索到认真专注、不怕困难、发现问题反复思考与纠错、调整。虽然最后在对错方面还有几处错误需要调整，但是制作过程长达28分钟，没有气馁、坚持完成操作。并且想要带回家给爸爸妈妈欣赏。在他结束后我与他聊了聊。幼儿很喜欢这份材料，在纠错的时候觉得有点难。我问他是怎么发现自己粘错了，他说是因为他知道中秋节和腊八节要吃月饼、要喝粥。发现拼图里面没有这两个图，我问他你知道每个图片和拼块底下的衬纸的意义吗？他告诉我拼块颜色要和图片的颜色应该一样，然后又恍然大悟地开始翻日历，告诉我他原本贴错的地方应该调整在哪里，他没有注意到颜色。这也是需要我反思的地方。4.0版的更改对于我来说是失败的，在实际操作之后的研讨会上我第一个分享了我的材料，说出了我的困惑。我的引导点除了颜色，还可以在哪里做调整去引导幼儿一步步完成材料呢？经过讨论与建议，我在两个地方做了调整。调整一是将日历图片中的某一部分放大作为拼块图，这样能更好地与关键经验对接。调整二是针对幼儿不认识字这点，在日历图上标注一个小的节日日期引导点，最终完成了5.0版。

5.0 版：精益求精

区域材料游戏"中国传统节日日历"，由 8 张红色方形卡纸组成。黄色的中国结剪纸与红绳、红穗做封面装饰。日历页面中间贴有彩色底衬的传统节日相关图片，上面的长方形小方格与下面的大方格由孩子完成粘贴。两个材料框，分别装有节日的相关卡片与节日的相关图片拼块。

材料的引导性体现在：彩色底衬纸，引导孩子可根据已有的图片底衬色寻找相应的拼块。黑色线描框，引导孩子将节日卡片与图片粘贴在黑色框里。拼块黑框内有铅笔画的虚线纹路，引导孩子根据虚线形状寻找拼块。图片拼块是中间的相关传统节日图片中的细节部分，引导孩子可根据中间的传统节日图片寻找拼块。中间传统节日图片上有传统节日的具体时间，引导孩子可以根据图片上的文字时间进行比对，在材料框中找到相应的节日卡片进行粘贴。

在这一次的实际操作中，在整个过程中幼儿始终保持很高的兴趣，认真、专注，敢于不断地尝试和调整、有序、积极主动，很好地促进幼儿的学习品质发展。她通过仔细观察与研究，发现了材料中我所设的机关，并根据机关的引导一步一步地完成作品。幼儿在动手粘贴第一块拼块时，她发现颜色相对应的机关，在拼块框里拿起好几个拼块观察、比对，找到相应的拼块进行粘贴，在粘贴时发现拼块形状分割线，粘贴第一次没有对齐，她取下来进行第二次粘贴，粘贴成功。她开始寻找相对应的节日时间卡片，找到相对应的颜色卡片之后并没有急着粘贴，而是看了看中间的图片，又看了看自己手中的节日卡片，然后进行粘贴（材料制作完成后，我问她是根据什么去贴节日卡片的，她说图片上有节日日期，她是根据我所设置的节日时间小提示进行比对粘贴）。她发现了图片上的节日时间机关，通过比对完成粘贴。最后孩子通过自己动手动脑顺利完成作品。在完成活动后，她

问我可以带回家吗？她想给爸爸妈妈看，还想挂在她的床旁边。

  从 1.0 版到 5.0 版，根据每一次的培训、学习、实践、思考，改进，终于成功地制作出 5.0 版，该版可操作性强，引导性对接着相关经验，通过这份材料的操作性与引导性培养孩子的学习品质。在这次的研修学习中，我体验了感兴趣主动做、有点难、过关卡、做成了、最后感受成功的喜悦。通过这一份材料的制作，从另一个角度来看也培养了我的学习品质，愿意去探索、遇到困难敢于面对，勇敢面对失败不气馁，最终获得成功。

小班幼儿良好进餐习惯培养的研究

韩 蕊

叶圣陶老先生曾经说过:"生活即教育。"幼儿期是各项习惯养成的关键期,这一时期良好习惯的养成,将影响着孩子今后一生的发展,促进孩子身心健康成长。本文中从自身因素、家长因素、教师因素来进行研究,并从中总结出五种培养幼儿良好进餐习惯的方法。培养孩子们良好的进餐习惯是非常重要的,需要家园配合营造孩子良好的进餐环境并与孩子建设良好的互动氛围,让孩子能在创设环境下培养良好的进餐习惯。

一、幼儿不良进餐习惯的影响因素

幼儿无法养成良好的进餐习惯主要有以下三个因素。

(一)家庭因素

1. 现在的家庭更多的是采用"四二一阵型",四位老人,爸爸妈妈,孩子在家中是核心,在家的时候家长更多的时候是顺从孩子的想法,但是溺爱是难以养成良好的生活习惯的。更多的时候把一些问题留给了班上的老师。对于进餐的问题,家长给出的回答也是:"他就是不爱吃这个,一让他吃他就哭,一哭我们也没有办法了。"

2. 家中有老人溺爱的情况更为严重。父母带孩子和老人带的孩子有较大的不同之处。父母带的孩子相对于老人带的孩子自理的能力更强一些,父母自己带的孩子,会让孩子更加的自主,鼓励孩子们自己尝试一些新鲜的事物,出现问题后也希望孩子能够自己解决问题。更多的时候父母是站在旁观者的角度来引导孩子。老人带孩子更多的时候包办代替的情况更多,认为孩子长大了之后就都会做了,孩子还太小,这些事情就帮着做了。但这正是问题的所在,孩子需要自己尝试新鲜事物,否则孩子是一直学不会的。

3. 养成良好的习惯后不能够坚持。例如:在园内老师给家长提出解决的方法,让孩子们在家也像在幼儿园一样,自己吃饭,保证孩子进餐的时间,有良好的进餐习惯，父母们听取老师的方法，能在一段的时间内保持好的进餐习惯。可是孩子去了老人家之后则不能够保证像在幼儿园做的一样，因此教育的问题，需要家长和老师良好的沟通，家园一致，才是解决问题的方法。

（二）幼儿因素

1. 孩子们的自身性格是能否养成良好习惯的重点，有的孩子能够听家长与老师的建议，能在引导下试着尝试不同的解决方法。有的孩子则不愿尝试解决的方法。此外在小班中孩子们喜欢模仿同伴。例如：一个孩子开始玩勺子，另一个孩子就会跟着学，马上一组的孩子都相互学。一个孩子不将碗里的饭吃完，很可能会导致全组的孩子都不将饭吃完。

2. 有的孩子有龋齿，牙齿不健康会直接影响幼儿的咀嚼能力，造成挑食、偏食、吃饭速度缓慢。

3. 有的孩子患有胃肠道疾病，平时食欲不振、饭量比较小。对吃饭也提不起精神来。

（三）教师因素

小班的孩子数量在30个左右，上下午班教师与卫生班教师园内的琐碎事宜较多，如遇到参观的活动较多时，还要抽出班上一位老师去做区域环境以及楼内的环境工作。由于孩子较多，老师较少，老师们不能周全地照顾到每位孩子。一般情况下，老师注意的是两端的孩子，一个是进餐习惯很好，另一个就是习惯欠缺规范的孩子。而忽略了两端中间的孩子。孩子们在园内吃晚饭时，如果不专心进餐很可能拖延离园的时间，班上的老师需要照顾一部分离园的孩子，还需要照顾一部分在吃晚餐的孩子，两部分不能兼顾。

二、创设习惯养成的环境

创设环境和互动给幼儿带来良好的进餐氛围。

（一）进餐氛围

在园内为孩子创造轻松愉悦的进餐环境，能够激发孩子的食欲，心情舒畅自然能够吃得舒服。在进餐前15分钟禁止剧烈活动，孩子们在如厕与洗手后，可与教师玩一些手指游戏等。进餐的时候老师不要与孩子有多余的互动，如逗趣、批评、埋怨、闲谈……这样会影响孩子们的食欲，打断孩子们的进餐。

（二）互动

1. 在日常的教育教学中加入养成良好进餐习惯的教育活动，讲一讲班上的故事。与孩子们分享，鼓励孩子积极地参与到活动中，更能体现活动的意义和价值。

2. 班级墙饰中也可以体现出来，在墙饰中贴出由孩子们画的膳食金字塔，从底基到尖端孩子们更能够直观地看出应该多吃什么食物，应该注意哪些食物要少吃。由于是孩子们亲手画的，孩子们能更加深入地了解。在洗手池旁贴上颜色丰富的六步洗手法的图解，孩子们会边洗手边看，仔细地洗手。环境与互动都是营造外部的环境，培养幼儿良好的进餐习惯需要运用不同的方法。

三、采用适合孩子的方法，形成习惯

研究适合幼儿的方法，培养幼儿良好的进餐环境。

（一）榜样带动法

1. 孩子是家长的一面镜子，家长的榜样做好，孩子自然会学得好。家长在进餐的时候做到不偏食不挑食、少吃或不吃不利于健康的食品；多喝白开水，少喝饮料。在家中，家长们可以从兴趣出发让孩子参观做饭，试着让孩子做一些力所能及的事情如摘摘菜，摆摆碗筷，孩子参与到做饭中，对于自己做的饭会吃得更香，从而提高孩子吃饭的乐趣。

2. 小班孩子的模仿能力较强，在安排座位的时候可以根据孩子的特点合理安排座位。将吃饭速度较慢的孩子与吃饭较快的孩子安排在一起，相互学习对方的优势进行互补。每周推选一位小组长，学着榜样，养成良好的进餐习惯。

3. 在园内和家中吃饭时不过分催促，提醒孩子细嚼慢咽，不要边吃边玩。保证孩子的进餐时间，多咀嚼，不要为了争当"第一名"而囫囵吞枣式的吃饭。

（二）餐前引导法

1. 在进餐前，抽出十分钟用图片和幻灯片的形式，由教师和小朋友一起为孩子们介绍当天的饭菜名称和对应饭菜名称的图片，同时介绍蔬菜的营养价值。鲜艳的彩色图片调动孩子们的食欲，认识蔬菜的营养价值，让孩子们在津津有味品尝饭菜的同时知道多吃蔬菜能够让自己更健康。在认识菜谱的时候着重介绍一些对身体有益的食物，让孩子们认识到吃了这些蔬菜后他们的身体会发生什么样的变化。

2. 老师利用热情亲切的语言引起孩子的食欲。如遇到不爱吃蔬菜的孩子，可以从娃娃家拿出小白兔毛绒玩偶，用小白兔的语气说："今天吃我最喜欢吃的青菜啊，我要吃啦，多吃青菜眼睛会像我一样漂亮哦"。孩子一看小白兔都爱吃的青菜，也要像小白兔一样多吃青菜。

（三）递增法

有些孩子的胃口本来就小，给他盛太多的饭菜，会给他增加很大的压力。孩子看到这么多的饭菜后心理的压力大就更不爱吃了，会表现出吃饭消极，对于这样的孩子就要少盛多次，而且孩子对盛饭盛菜感兴趣，同时增加孩子的自信心。这样增加了孩子饭量，也让孩子对于吃饭这件事情有了自信心。在给孩子盛饭的时候，老师及时的表扬让孩子有成就感，增强信心。

（四）鼓励法

及时的表扬对孩子养成良好的进餐习惯有着积极的作用。对于孩子的进步，家长与教师都要给予及时的表扬，调动孩子的积极性，如奖励贴纸、给个赞、飞吻一下或者拥抱，促使孩子们在愉快的情绪中养成良好的进餐习惯。表扬对于孩子来说是一种极大的心理认同，当孩子的某些方面有了进步的时候，老师给予及时的肯定与鼓励能有效地激发孩子积极的情感，使之已有的良好习惯得到进一步的巩固。

（五）增加活动量法

1. 保证孩子每天有充足的户外活动的时间，不但要保证时间，还要保证孩子的活动量。在园内孩子们每天的户外活动时间一般不少于两小时，其中体育活动时间不少于一小时。有的孩子内向，喜欢安静，不爱活动，活动量过小，且活动的内容不丰富。活动量小，消耗热量少，没有饿的感觉，到了进餐的时候，对饭菜没有食欲。增加这类孩子的活动量，消耗热量，孩子到了进餐时吃饭能吃得更香。

2. 增加活动量也是因孩子而定的，有的孩子天性活泼好动，如果增加这些孩子的活动量反而会影响孩子的进餐量。

四、家园合作，促进和巩固养成的习惯

家园的配合才能让好的习惯长久地保持。园内进餐习惯的培养，家中进餐习惯的养成与巩固才能真正地培养幼儿良好的进餐习惯。家庭是幼儿园的合作伙伴，幼儿园把家园合作纳入整体教育工作之中，应本着尊重、平等、合作的原则，争取家长对园工作的理解与支持。孩子们来自不同的家庭，受不同的家庭教育与影响，养成良好的进餐习惯需要家园的配合，做到家园一致。建立家园通信网，向家长们介绍良好进餐习惯的培养方法，积极地沟通出现的问题，请家长如实反馈幼儿在家进餐情况。

研 修 故 事
——可爱的大熊猫

区域活动中，教师如何"引导"幼儿主动探究？本学期，我们重点研究的是文化类的区域材料。对于小班幼儿来说，文化类可操作的材料不多。我们将文化类比较具有代表性的材料渗透在日常生活中，比如：十二生肖、传统节日等。发现孩子更感兴趣的是我们的国宝大熊猫，于是我们便从大熊猫入手。

大熊猫是中国的国宝，国家一级保护动物，那我们对大熊猫了解多少呢？首先，我们想到的是引导幼儿对大熊猫有进一步的了解，如：大熊猫的身体哪个部位是黑色的，哪个部位是白色的，大熊猫爱吃什么。其次，如何在材料中体现中国文化，我们想到的是在背面粘贴中国地图，在大熊猫生活的地方——四川省，标记一只大熊猫，引导幼儿知道大熊猫生活在中国的这个地方。

以什么样的操作方式来呈现成为我们讨论的重点，现在用的比较多的形式有拼图、找影子、一一对应等，经过集思广益，我们最后确定用填充的形式展现材料，让幼儿直接操作，操作完成后就可以带回家。

确定了思路及制作形式后，我们开始制作材料。当幼儿在操作过程中出现问题时，我们都会一起想办法，对材料进行一次次的修改，争取做到适合幼儿的操作材料。下面将区域材料"可爱的大熊猫"调整过程介绍如下。

第一次		
成品图	引导点设置	效果分析
	1. 大熊猫的样子——正确方向； 2. 用太空泥做的轮廓——幼儿在操作的过程中，控制界限。	幼儿拿到材料后，观察了大约2分钟，不知道该如何操作。看到太空泥后，团球试着按在了大熊猫的身上，看了一下老师，在得到肯定后才继续操作。幼儿共操作了8分钟。

问题分析:幼儿在看到太空泥后,直接选择团球,这是孩子的前期经验。

改进措施:增加竹子,与目标相对应。

第二次		
成品图	引导点设置	效果分析
	1. 大熊猫的样子——正确方向; 2. 用太空泥做的大熊猫及竹子的轮廓——幼儿在操作的过程中,控制界限。	幼儿拿到材料后不知道如何操作,看了看面前的材料,有太空泥,于是开始团球,整个操作过程5分钟。

问题分析:

1. 幼儿拿到材料后不能马上知道该如何操作。

2. 对于团球、搓条经验较好的幼儿来说,整个操作时间较短。

3. 幼儿完成后拿在手中容易翘起来。

4. 幼儿完成后拿着不美观,不能立体展示。

5. 大熊猫轮廓线粗细不一,且整体较细。

改进措施:

1. 在大熊猫的下面添加相应的颜色,如:白色部位下贴白色的纸,黑色部位下贴黑色的纸。

2. 增加大熊猫的尺寸。

3. 增加卡纸的厚度,如:两张贴在一起。

4. 增加挂绳,幼儿可以直接拎起来跟其他人分享。

5. 加粗轮廓线。

第三次		
成品图	引导点设置	效果分析
	1. 大熊猫的样子——正确方向； 2. 用太空泥做的大熊猫及竹子的轮廓——幼儿在操作的过程中，控制界限。 3. 大熊猫及竹子的颜色——幼儿在看到白色、黑色、绿色时，可以提示幼儿不同颜色填入不同颜色的太空泥。	幼儿拿到材料后观察了一下操作材料后便取出太空泥开始团球，将不同颜色的太空泥粘贴在相同的颜色上。后来开始直接拿起太空泥，将太空泥贴在相应的位置上。幼儿操作整个过程20分钟。

问题分析：

1. 幼儿操作时间过长。

2. 形状欠缺美观。

3. 幼儿操作完成后如何知道大熊猫生活在中国。

4. 增加挂绳后可以拎起来，如何再凸显中国文化。

5. 太空泥较软，教师在制作轮廓线时粗细不能完全一样，容易变形。

改进措施：

1. 适当缩减大熊猫的尺寸。

2. 卡纸换成一个圆盘形状。

3. 在卡纸背面增加中国地图，在四川省加一个大熊猫的标志。

4. 增加一个中国结穗子。

5. 轮廓改用雪花泥，雪花泥材质偏硬。

第四次		
成品图	引导点设置	效果分析
	1. 大熊猫的样子——正确方向； 2. 用太空泥做的熊猫及竹子的轮廓——幼儿在操作的过程中，控制界限。 3. 大熊猫及竹子的颜色——幼儿在看到白色、黑色、绿色时，可以提示幼儿不同颜色填入不同颜色的太空泥。 4. 中国地图及大熊猫图案——当幼儿看到地图及大熊猫时，知道大熊猫是生活在中国的，是中国的国宝。	用雪花泥制作轮廓线，更有立体感，且比较牢固。用太空泥做填充，软硬度比较适合幼儿。幼儿操作整个过程14分钟。

问题分析：

1. 幼儿在操作时，太空泥的用量把握不准，操作完成后有的地方太空泥多，有的地方太空泥少。

2. 幼儿完成后拿在手里，能否更接近中国特色？

改进措施：

1. 老师在准备太空泥的时候把握一下总体用量，不再添加。过程中让幼儿学会自己解决问题。

2. 卡纸底色换成玉色，像一个玉佩一样。

第五次		
成品图	引导点设置	效果分析
	1. 大熊猫的样子——正确方向； 2. 用太空泥做的大熊猫及竹子的轮廓——幼儿在操作的过程中，控制界限。 3. 大熊猫及竹子的颜色——幼儿在看到白色、黑色、绿色时，可以提示幼儿不同颜色填入不同颜色的太空泥。 4. 中国地图及大熊猫图案——当幼儿看到地图及大熊猫时，知道大熊猫是生活在中国的，是中国的国宝。	幼儿在观察材料后开始操作，团球、搓条。黑色太空泥开始用多了，后面没有了，能够自己想办法解决，看哪个部位上的黑色多，揪下来一些粘贴在没有完成的部位。 幼儿操作整个过程12分钟。

通过这份材料，我认识到想让幼儿真正的"玩"起来，在于我们制作时材料的引导性如何设置；教师提供的材料能够引导幼儿从"半成品"做成"成品"，并走向发展目标。经过材料一次次的修改以及探索与学习，我自己也获得了许多新的知识。

第一，在区域活动中，教师要提供充足、多样化、适宜性、有开放性的操作材料，这样不仅能够吸引幼儿各种感官，还可以让幼儿能用多种方式操作它们，能帮助幼儿拓展经验。

第二，区域游戏活动中，幼儿通过直接感知，实际操作和亲身体验获取经验。逐步养成积极主动、认真专注、不怕困难、敢于探究和尝试、乐于想象和创造等良好的学习品质。

除此之外，我对于一些概念也有了新的认识。例如：引导性使幼儿的操作从"随意化"走向"有目的""有发展"；引导性是为了促进幼儿主动发展；一份材料中既可以有外在引导，也可以有内置引导；在材料中设置适宜的"引导点"；幼儿探究的六阶段：主动做→有点难→动脑子→过关卡→做成了→带回家。

回顾整个过程，我们一起研究、一起探索、一起学习、一起调整。我获得了更多的专业知识，幼儿在区域活动中也得到了发展。今后我会更加努力，制作更适宜幼儿的材料。

关于幼儿进餐习惯培养的实践研究

李慧萍

一、提出问题

《3—6 岁儿童学习与发展指南》中针对小班幼儿生活习惯与生活能力方面提出了"在引导下,不偏食、挑食。喜欢吃瓜果、蔬菜等新鲜食品。"的发展目标。学期初,班级教师结合幼儿园的食谱,对班级全体幼儿在园午餐时独立进餐情况下的进餐量进行了两周的观察和记录,结果的汇总如下。

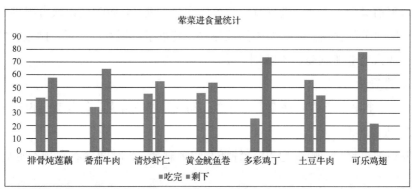

(备注:排骨炖莲藕中剩余多是莲藕、清炒虾仁中剩余较多的是黄瓜、多彩鸡丁中剩余较多的是彩椒、土豆牛肉剩余较多的是胡萝卜和土豆、滑虾鱿鱼卷剩余较多的是黄瓜、笋片)

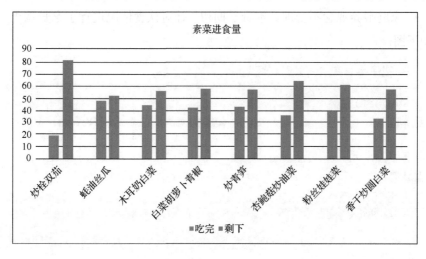

从统计结果中不难看出：幼儿自主进餐时每种菜都会有一定量的剩余，尤其是素菜（荤菜中剩下的也往往是蔬菜）。对照本班幼儿进餐时的情况，我们发现：第一，班级有三分之二以上的幼儿存在挑食的情况，有的幼儿不仅不吃蔬菜，还存在不吃主食的情况，个别甚至在园一天的时间里都不进食。第二，班级幼儿进食量很少，幼儿园带量供应的食物每天都会剩下很多。第三，进餐时间很长，进餐时很多幼儿不喂就不吃，不提醒就不咀嚼。为什么会产生这样的问题呢？对比发展目标和幼儿的发展现状，教师可以从哪些方面采取积极的干预措施呢？

二、班级幼儿进餐的问题及原因分析

（一）本班幼儿进餐存在的问题

1. 饮食态度

进餐前磨蹭不入座；进餐时无食欲；不专心进餐，边吃边说或者眼神游离、发呆；用勺子玩食物，如将碗中的饭压平，转盘子；频繁掉勺子，撒饭、撒菜、撒汤；成人喂着能吃完，不喂则不吃。

2. 进餐量

偏食、挑食，不爱吃蔬菜，三分之一幼儿拒绝吃蔬菜，每餐都会倒饭倒菜。

3. 进餐时间

吃饭速度慢，一顿饭吃40分钟还有较多剩余；长时间含着食物不咀嚼、不下咽。

（二）原因分析

1. 家庭喂养观念不合理。本班学期初，针对饮食情况进行了家长调查，结果如下图：

第3题 孩子平时在家进餐时吃蔬菜吗？ [单选题]

选项	小计	比例
1 经常吃	10	34.48%
2 偶尔会吃一些	18	62.07%
3 基本不吃	1	3.45%
本题有效填写人次	29	

第 4 题 孩子平时在家的进餐习惯如何？　　[单选题]

选项	小计	比例
完全独立进餐，父母和祖父母不干预饭量	8	27.59%
父母或祖父母有时喂饭，想让孩子多吃几口	17	58.62%
父母或祖父母经常喂饭，很少自己独立进餐	4	13.79%
本题有效填写人次	29	

从调查结果可以看出，班级大部分幼儿在家进食蔬菜以及自主进餐的习惯比率未过半，可见，一半以上的家长在喂养观念及幼儿饮食行为发展的知识上存在不足或不够重视。本班 95%的幼儿是隔代养育，入园前家庭喂养工作多是祖父母来完成，祖父母因为各种原因不会适当放手并对幼儿进餐时的行为以引导，从而造成幼儿养成进餐不专心、进餐慢、挑食、偏食、依赖成人喂饭的习惯。

2. 家长对于婴幼儿饮食行为发展的敏感期认知不足，导致婴幼儿饮食行为发展的生理、心理上没有给予科学、适宜的支持。如不了解咀嚼行为发展的敏感期，没有适时适当地引入手指食物，帮助幼儿逐步学习吞咽、咀嚼，从而有效减少幼儿阶段的吞咽困难、口含食物不咀嚼、进餐慢等不良习惯。再如在幼儿进餐时抢勺子、抢碗、手抓饭等自主意识增强阶段，家长没能很好满足幼儿自主探究、练习的心理需求，而是一味地喂食，导致幼儿进餐时自主意识薄弱，养成依赖成人喂饭的不良习惯。个别家长在婴儿味觉敏感的关键期，家长没有科学地添加辅食或辅食单一，导致幼儿对于食物尤其是蔬菜表现出味觉的不适应，从而出现强烈的挑食反应，因此班级内有个别幼儿入园后一整天都不进食菜和水果。

3. 家庭喂养的过程中忽略技能的训练。如正确握勺子进餐的方法的指导，在孩子相应的月龄没有让幼儿用勺子吃饭，没有指导幼儿正确的握勺方法，最后导致幼儿手指肌肉弱，无法正确握勺。

三、在园期间教师培养幼儿饮食习惯的具体的实践

根据对本班幼儿的观察分析，幼儿在园进餐期间，教师从进餐习惯及进餐能力两个方面着手，帮助幼儿逐步改善、纠正不良的饮食习惯。

1. 进餐习惯培养

分析本班幼儿的进餐情况，我们发现影响幼儿进餐量及进餐速度的不良习惯有两个，一个是挑食，另一个是进餐技能缺乏。

（1）挑食

针对班级幼儿挑食的情况，我们采取了三个措施进行干预：首先，是增强幼儿对蔬菜的积极认知。我们选取了幼儿很喜欢的绘本《爱吃青菜的鳄鱼》为切入点，开展了"我和蔬菜做朋友"的主题活动。在开展主题活动过程中，我们在班级开设了"香香蔬菜屋"区角，投放了真实的蔬菜，幼儿通过摸、闻、看等多感官的方式增进对蔬菜的认识。同时，还通过一些以蔬菜为主题的游戏，如洗菜、煮荒菜汤、蔬菜拓印、照顾蔬菜等，了解蔬菜的营养价值，对身体的好处，增进幼儿对一些不太喜欢吃的蔬菜如胡萝卜、柿子椒、鸡毛菜等好感。

其次，针对幼儿不喜欢的吃的蔬菜，鼓励幼儿进行尝试吃。如幼儿不喜欢吃洋葱，教师先带幼儿感知洋葱，和洋葱玩游戏，然后在吃洋葱时鼓励幼儿吃一口尝一尝、吃一块试一试，逐步过渡到能将所有的洋葱都吃掉。幼儿在心理和味觉上对原本不吃、在家没有吃过的蔬菜建立一种熟悉感，就不会对这种蔬菜有强烈的排斥感，有的甚至会喜欢上吃这种蔬菜。

最后，要及时肯定幼儿的进步，对幼儿不挑食的行为进行积极的心理强化。在幼儿尝试接纳原本不吃的蔬菜时，教师及时发现并立刻鼓励和肯定，这样的正面、积极的沟通和交流，引导幼儿愉快地进餐。同时，每天及时将幼儿的进步反馈给家长，一方面家长的鼓励能更加强化幼儿的进步，另一方面带动家长在家进行正确喂养的尝试。

（2）相关技能练习

观察幼儿进餐过程时，我们发现幼儿存在不会使用勺子、不会咀嚼、进餐不专心的情况，这些不良习惯均会影响幼儿的食欲及进餐速度。

握勺技能练习实践策略：

第一，用儿歌的方式分解握勺步骤，纠正错误握勺方式。本班大部分幼儿握勺的时候习惯虎口向内的满把抓的方法，幼儿用这种方式握勺是因为用手腕的力量来握勺比用手指握勺更好使力，但是力量不好控制，很容易将食物撬翻、撬撒，此外还很不文雅。因此，教师编了一句儿歌："小手变八，勺子躺下，两指合拢握住它。"通过这样的一首儿歌，将手指进行了分配：中指、无名指、小拇指握住方便托住勺子，食指和大拇指扣住勺子柄。用儿歌的方式使幼儿理解动作要领，同时记住儿歌以后也方便幼儿进行自我更正。

第二，通过手指操、手指游戏来练习手指小肌肉的力量及控制能力。幼儿之所以满把握勺，是因为他们手指小肌肉力量和控制能力不足，自然选择用手腕的力量来控制勺子。如手指操——《手指上课》，幼儿跟随儿歌情境来分配和控制手指的动作。再如撕纸游戏，幼儿从一开始随意性的、手部力量的无控制的撕，逐步过渡到有意识控制手撕纸的方向和手指肌肉的力量，初步掌握了撕纸块、细长纸条、沿轮廓撕纸、撕细小的圆形的方法和技巧，这个过程逐步提高了幼儿手指小肌肉力量及控制力。

第三，针对个体幼儿的个别化练习。除了针对共性问题的指导，针对班级个别幼儿存在的发展差异，我们采取了对应的个别化指导练习。例如我们发现点点小朋友手腕、手指力量均不足，于是结合季节特点，给点点提供一把小扇子，让他给自己扇扇风，通过摇扇来练习手腕的力量。再如通过生活区的五指抓、二指捏、扭瓶盖等活动进行个别化的练习和指导。

咀嚼能力练习的实践策略：

咀嚼是口腔有节奏的咬、滚动、研磨的运动，其又分为上下咀嚼、旋转咀嚼等。一般在孩子6个月的时候是孩子学习咀嚼非常重要的阶段，针对错过此敏感期的幼儿，家长和教师使用一些策略给幼儿一些补救支持。

第一，给幼儿提供的食物不要过于精细。在家给幼儿准备食物时不要切得过于小和碎，让幼儿自己咬断和咀嚼，如青菜、瓜果切段，不要剁碎，水果切块不要切碎或榨汁。要适当地给幼儿进食一些粗粮，如玉米、燕麦、豆类，鼓励幼儿自己啃食并咀嚼。第二，可以针对个体差异进行一些叩齿练习。如在一些儿歌里添加叩齿练习，类似"小鳄鱼，大嘴巴，看见青菜啊呜（叩齿叩齿）一口吃掉它！"这样的儿歌可以日常在过渡环节带幼儿练习。

除此之外，教师根据运动消耗与进餐量之间的关系，从运动兴趣、运动习惯、运动能力三个方面采取一些实践措施。两个月后，教师再次观察、记录幼儿独立进餐时的进餐量，结果如下图：

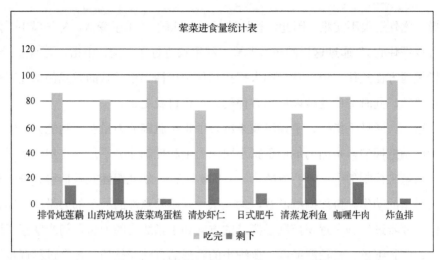

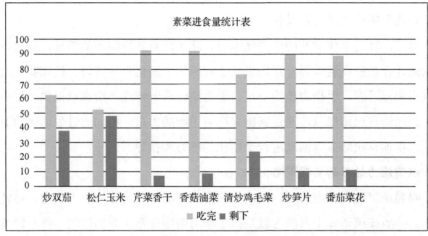

从统计结果可以看出，不论是荤菜还是素菜，幼儿的进食量都有了显著提升，尤其是素菜进食量。

四、研究小结

通过两个月观察与实践，我们发现：

（一）纠正小班幼儿不良饮食习惯，要注重幼儿的感知和积极的情感体验，先了解再尝试，在游戏的过程中循序渐进地引导和支持。

（二）幼儿良好的饮食习惯培养需要家长和教师均有科学的喂养观，家园之间的原则和方法要同步，针对不同的情况要采取不同的策略。

幼儿龋齿预防养成教育的实施策略

张春娟

一、在园方面

（一）利用师幼关系

充分发挥教师在日常教育教学中的引导作用，在班级中开展各种爱牙护牙主题活动。

1. 班级开展爱牙护牙主题活动——《我的牙齿真能干》

开展爱牙护牙主题活动，邀请幼儿园保健医生为幼儿宣传保护牙齿的正确方法。帮助幼儿认识牙齿，了解日常生活中爱护牙齿的小常识。例如：少吃甜食；吃完食物，马上漱口；坚持饭后认真刷牙漱口等等。教给班级幼儿正确的刷牙方法——圆弧刷法，让幼儿知道每一颗牙齿的里里外外，包括缝隙都要刷干净。

2. 把爱牙护牙意识渗透到日常教育教学活动和日常生活中

教给幼儿刷牙儿歌，把正确的刷牙方法熟记于心，让幼儿知道刷牙是一件非常重要的事情。在幼儿刷牙的时候，老师在一旁边念儿歌边指导幼儿用正确的方法刷牙。

3. 在活动区投放与牙齿相关的玩教具、图书等材料

老师自制牙齿模型，投放在班级的活动区里，帮助幼儿认识牙齿结构，模拟牙细菌破坏牙齿结构的情境。幼儿在活动区游戏时，用牙刷给牙齿刷牙，赶走牙细菌，保护牙齿通过给牙齿模型刷牙赶走牙细菌的游戏，培养幼儿自己刷牙的兴趣，帮助幼儿了解牙齿结构、牙颌面等位置，从而更加熟练地掌握正确刷牙的方法。

在图书区投放关于保护牙齿的绘本。让幼儿知道如果不爱护牙齿，不认真刷牙，好的牙齿是如何变成龋齿的，变成龋齿后会对自己的生活带来哪些不方便；治疗完龋齿又该如何保护自己的牙齿。让幼儿更进一步了解牙齿的结构，调动幼儿保护牙齿的主动性。

4. 巧用沙漏。

为了培养幼儿良好的刷牙习惯，更加准确地掌握刷牙的时间，从小班开始我们在刷牙环节就使用了沙漏。每个小沙漏的时间正好是三分钟。幼儿刷牙的时候自己翻动小沙漏，当小沙漏的沙子完全漏下去时就说明时间到了。

小沙漏的使用增加了幼儿刷牙的乐趣，同时幼儿对刷牙时间的掌握更加直观、形象。

（二）利用幼幼关系

通过幼儿共同制定规则和遵守规则，提高幼儿刷牙的主动性、自觉性和自我约束能力。同伴之间相互监督、相互帮助，发挥同伴之间的榜样作用，有效减少了幼儿逃避刷牙或者不认真刷牙的现象，从而实现幼儿由被动刷牙到主动刷牙的转变。

1. 班级开展"我是牙齿小卫士"活动

班级中每个幼儿都是牙齿小卫士，负责赶走口腔中的牙细菌，保护牙齿的健康。每个牙齿小卫士还要提醒不认真刷牙或者不刷牙的小朋友去刷牙。

每周五班级开展"金牌牙齿小卫士"评选活动，幼儿通过每天自己的观察，评选出自己认为刷牙最认真的小朋友为"金牌牙齿小卫士"，老师为"金牌牙齿小卫士"颁发奖状。

2. 鼓励幼儿每次刷完牙齿都相互比一比谁的牙齿最白，老师及时给予肯定和表扬。从而有效地提高幼儿认真刷牙的主动性

（三）利用日常生活环节

根据《3—6岁幼儿学习与发展指南》（以下简称《指南》）在关于幼儿生活习惯与生活能力方面的要求指出：3—4岁幼儿在提醒下，每天早晚刷牙；4—5岁幼儿每天早晚刷牙；5—6岁幼儿每天早晚主动刷牙。《指南》中只提出了早晚刷牙，并没有提出中午睡前刷牙，但是我们要求幼儿在午睡前也要进行刷牙，这是为什么呢？又有什么重要意义呢？

因为从幼儿的健康保健要求来看，幼儿在幼儿园午餐后有至少2个小时的午睡时间。在午睡时间里，刷牙不仅能够保持幼儿口气清新，有助于保持睡眠的舒适度，还能够清洁口腔的食物残渣，减少龋齿发生的可能性。从安全角度看，午睡前刷牙还可以很大程度上减少幼儿口腔内含有食物或者异物就上床睡觉的情况，降低幼儿午睡时发生危险的安全隐患。

从另一个方面教师借助午睡前刷牙这个生活环节，对幼儿正确掌握刷牙的方法加以练习。培养幼儿主动刷牙的意识。因为即使幼儿知道了正确的刷牙方法，但是在操作实施过程中还是会有遗漏的地方，或者操作不正确的地方。因此，也可以通过午睡前刷牙这个环节，幼儿通过每天的反复练习保证自己能够使用正确的方法刷牙。

有的人可能会提出疑问，要保护牙齿，为什么小学、中学就没有要求午餐后刷牙呢？因为在幼儿阶段，幼儿的牙齿还是乳牙，更容易受到损伤，也更加需要保护，并且中小学没有午睡环节，在有条件的情况下，保证午餐后漱口是最好的。

当然，家园共育永远是分不开的，即使我在幼儿园开展了很多的活动，但是也不能离开家长的支持和配合。

二、家园配合方面

为了充分了解幼儿在家刷牙情况，我对我班家长做了问卷调查。在调查中我发现我班幼儿每日吃甜食的情况占82%，晚上家长会帮助幼儿刷牙的情况占52%，每年都给牙齿涂氟的情况占92%。

从调查问卷结果看，我班幼儿吃甜食情况还是很多的，晚上家长帮助刷牙情况还需要进一步加强。看到这里，可能有人会有疑问，我们一直提倡培养幼儿的自理能力，难道大班孩子刷牙还需要家长帮助吗？答案是肯定的。培养能力不体现在刷牙这件事上。根据专业牙医提示：家长在6岁前帮助幼儿刷牙都是非常必要的。

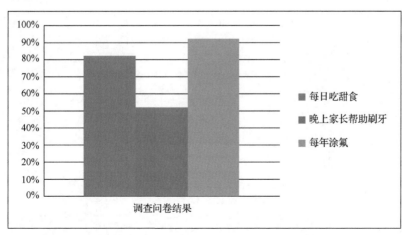

刷牙是幼儿预防龋齿非常重要并且有效的方式，幼儿除了主动刷牙，还要用正确的方法。因此我们邀请专业的牙医对家长进行如何预防龋齿的专业知识讲座，给班级幼儿进行了牙菌斑检测。家长看到即使幼儿每天刷牙，但是如果刷牙不彻底，还是会有很多牙菌斑存在。还给家长现场演示正确的刷牙方法——圆弧法和旋转拂刷法。

牙医给家长提出建议：幼儿在家时，每餐后要帮助幼儿使用牙线，将牙齿缝隙清理干净；每次进食后要进行漱口等。通过学习，很多家长了解到幼儿在6岁以前都需要家长帮助幼儿刷牙。尤其是晚上，家长帮助幼儿刷牙对牙齿的健康更加重要。对于3—6岁幼儿如何选择合适的牙刷和牙膏，牙医也给了家长很多专业的意见。

通过这次讲座，家长们对幼儿预防龋齿的方法，尤其是刷牙的方法有了更进一步的了解。大班家长拿到幼儿龋齿检查结果后也会非常积极地去配合治疗。

同时，我们还开展了"我是爱牙小明星"的活动，邀请家长把晚上在家帮助幼儿刷牙的视频发到班级群，大家进行评比，选出"爱牙小明星"。

总之，预防龋齿是一个长期坚持的过程。必须家园共育，共同努力，才能更好地让幼儿拥有一口健康洁白的牙齿！

如何看待幼儿在前书写中的"写反"现象

孟 帆

"会正确书写自己的名字",这是《3—6岁儿童学习与发展指南》[1]语言领域针对大班幼儿的目标之一,同时也提到"3—6岁儿童应当具有书面表达的愿望和初步技能"。工作中我们也不难发现,很多幼儿在中大班的时候就已经萌发了前书写的愿望,尤其特别喜欢尝试书写或涂画自己的名字、数字、符号等。同时,随之而来家长就产生了同样的困惑:"我的孩子为什么总是把名字或数字写反?""名字都教了很多遍了,一写就反,总是记不住。""是感统的问题,还是视觉的问题,这到小学可怎么办啊?"……面对家长的焦虑,面对幼儿表现出来的"写反"现象,教师和家长都需要理性地认识和正确地对待。

一、什么是前书写呢？

《学前儿童语言学习与发展核心经验》[2]中提到：幼儿前书写是指幼儿未接受正式的书写教育之前，根据环境中习得的书面语言知识，通过涂鸦、涂画、像字而非字的符号、接近正确的字等形式进行的书写。这是幼儿表达情感和传递情感，以及与周围世界互动交流的活动。既然是前书写，幼儿当然会经历写不像、写不好的过程，这是很普遍的现象，也是正常现象。如果我们不了解幼儿前书写经验和发展规律，用机械的方法让幼儿反复练习，只会打击幼儿对前书写的积极性，熄灭刚刚萌发的兴趣之火。

二、为什么会有这么多孩子有同样"写反"的经历呢？

（一）学前期的幼儿还没有完全具备抽象逻辑思维

文字、数字、符号都是抽象的，而学前期幼儿以具体形象思维为主，理解程度、记忆方式、表达方式都与成人不同。用数字做比较，在成人看来数字是抽象的符号，固定的轮廓，精准的方向，但在孩子们的世界里这些数字又是怎样的呢？孩子具体形象的思维，决定了他们是通过具体的画面来记忆东西，这样直观记忆本身就很容易混淆。他们的眼里数字也就是一幅简单的画面，数字2 就像水中游的鸭子，他们在书写的时候，也许弄不清鸭子的嘴巴朝哪边，是立在水里，还是躺着休息，他们觉得只要像鸭子，我的数字2就成立。所以，幼儿的抽象思维及视知觉的发展受年龄特点的限制，出现写反、写倒、写错的现象也不足为奇了。

（二）学前期的幼儿不善于辨别物体空间位置的变化

从空间认知上讲，5岁的幼儿开始辨别以自我为中心的左右，5岁以后才逐渐学习辨别以客体为中心的左右，这个时期的幼儿对主客体两种左右的认知需要经过一个混淆——矛盾——探索——纠正——分辨的过程，在这个过程中孩子就会出现前书写的不确定、不稳定的情况。其中的不确定是因为孩子本身对文字的认识还没有到很精准的符号认知，所以他只是凭借文字在脑海里画面的印象，很自然地表征出来，并不觉得自己的文字写的是反的，不稳定是因为孩子的空间思维随之发展，开始能够尝试正确分辨左右，但不是百分之百都能正确，所以就会出现有时对有时反的情况。

既然是普遍现象，我们就要安抚家长自然不用过分的紧张，相信经过孩子生理心理的逐渐成熟，自然而然会自我纠正。但是，教师和家长是不是就完全撒手不管呢？

三、有什么策略可以来引导和帮助幼儿呢？

（一）加强空间方位的辨别

虽然幼儿的具体形象思维在整个幼儿期占主导地位，但是在 5 岁以后幼儿开始逐渐具备抽象逻辑思维的能力，汉字上下左右结构比较复杂，幼儿可以通过早期阅读活动或游戏感知理解汉字结构与书写原则，同时我们可以运用一些情境或游戏引导幼儿增强辨别物体空间位置及分辨左右的能力。比如以图 1 为基础，请小朋友观察图 1 的四个位置，在图 2 的相同的位置中画上相应的颜色或图案。我们还可以根据不同年龄和水平的幼儿增加难度进行类似的游戏，帮助幼儿加强空间方位的辨别能力。

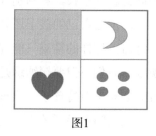
图1

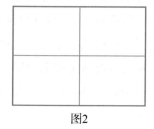
图2

（二）提高手眼协调的水平

手眼协调是指人在视觉配合下手的精细动作的协调性，手眼协调的水平高就能获得相应肌肉控制能力与运笔能力，这些都是前识字书写过程逐渐积累的前书写经验。因此，幼儿在涂画名字、数字及符号的过程是在手眼协调达到一定水平才能够完成的。其实，幼儿从小的日常生活中有很多机会都可以逐渐提高手眼协调水平，只是现在家长包办代替太多，很多时候剥夺了孩子动手能力的机会。比如：孩子自己系扣子、洗袜子、剥桔子、拧盖子、剪纸、泥塑、手工、绘画等活动，只要能运动到小肌肉的地方都有利于帮助手眼协调的提高。前书写中能写对自己的名字并不是只要思维水平达到这个程度就可以，而是需要整个生理发育的成熟，大小肌肉的自如运用。所以，不管是教师还是家长，不能只一味追求思维提高，而忽视了必备条件，从小班的时候就有意识培养幼儿动手能力，看书、画画时的正确坐姿，中大班幼儿手眼协调发展到一定水平，自然而然就更容易写对写好自己的名字，并尝试更多前书写的内容。

（三）提升自我纠错的能力

了解了幼儿写名字写反普遍性的原因，知道了写对汉字、数字需要生理、思维两方面的积累，在发现幼儿有写反字的情况后，就能帮助家长专业的分析让家长理解和接纳这个现象。如果孩子出现这样的情况一定不要直接质问或指出错误，我们可以引导幼儿对比观察正确的名字和自己写的名字有什么不一样，哪里不一样？这些问题只有孩子通过细致观察，对比发现出来异同，对他们才有深刻的印象，有了自我纠错的经验，幼儿会更加关注汉字的复杂结构，对前阅读、前识字、前书写经验的积累都是非常有帮助的。当孩子发现问题并找出原因后，我们一定要鼓励和表扬幼儿的善于观察和发现，减轻他们的压力，同时鼓励他们按照自己的发现，逐渐尝试写对自己的名字。

在这里老师要注意一部分总是喜欢横向比较的家长，看到别人家的孩子已经能够把名字写得很好，甚至可以写很多字，但是自己的孩子还处于写不对名字的阶段，会要求自己的孩子反复机械地练习，这样的结果只能浇灭孩子对前书写的兴趣，从而放弃或抵触前书写。所以，我们不但要接纳这是孩子成长过程中正常的一个阶段，还要以理解和包容的心态来对待孩子，给孩子时间和支持，多开展早期阅读活动，积累相关经验，相信随着孩子的思维发展、空间方位、手眼协调到达一定的水平，他们一定会出现"写反名字——写对名字——写好名字"的转变，只是有的孩子这个过程转变时间很短，有的会长一些。

最后，写名字只是前书写必经的一个过程，当孩子能够运用书写、涂画文字、符号来表达自己的情感，他们前书写的愿望会更浓厚，兴趣是最好的老师，相信孩子一定会用画笔描绘更精彩的内心世界，积累更多前书写的经验，尝试更多前书写的创作。

幼儿歌唱教学活动的设计与指导策略

赵 娜

歌唱活动是人类表达、交流思想感情最自然的方式之一，是一种集语言、音乐、表演为一体的综合艺术活动。歌唱活动是幼儿园音乐教育中一个重要内容，也是促进幼儿全面发展的重要手段，对于幼儿来说，歌唱是他们生活不可或缺的一个重要的组成部分。通过歌唱活动，幼儿能够感受语言、文学的声韵之美，感受歌唱节奏、旋律的音乐之美，感受歌词所反映的社会生活之美。因此我们在音乐教学中更应该重视歌唱活动的设计与指导，提高有限教学时间内的教学效率，使歌唱活动变得生动、活泼，富有情趣。

一、歌唱活动的设计策略

歌唱活动的设计一般分为有组织的歌唱活动和渗透式歌唱活动两种形式。有组织的歌唱活动是在教师有目的的指导下开展的唱歌活动；渗透式歌唱活动是指歌唱与幼儿一日生活中以及其他学科的综合与渗透。它们都是实现歌唱教育目标的重要途径。下面重点介绍有组织的歌唱活动的设计。

（一）歌唱活动前的准备

活动前的准备工作是上好一节音乐活动的关键，它包括对歌曲的分析和相关材料的准备。

1. 分析音乐素材的准备

第一，要根据不同年龄阶段幼儿在音域、节奏、节拍、旋律、歌词、表达等音乐元素方面的特点，选择适宜的歌曲。如：为小班幼儿选歌，音域应该在 c1——a1 之间；节奏应为二、四、八分音符；节拍 2/4、4/4 拍为主；歌词内容贴近幼儿生活经验，趣味性强，容易记忆。歌词结构简单，含有重复的部分。歌词内容能够用动作表现，每段歌词中只含有一个动物形象。第二，根据本班幼儿的实际水平，挖掘歌曲中有教育因素和需要突破的重难点，制定予以落实的教育目标。比如：某些歌曲中的休止符、附点音符和切分音的唱法等。最后，教师充分熟悉歌曲，做好歌曲的感情处理，正确表达歌曲的性质特点和音乐形象。

2. 教学活动的准备

活动之前，教学准备是必不可少的环节。它包括经验准备和物质准备。经验准备是根据歌曲内容，为幼儿在生活中积累、丰富相关的经验，有助于幼儿对歌曲的理解。物质准备是根据活动需要准备的辅助教具和材料，比如：音乐CD、图片、图谱、手偶、乐器等，来帮助幼儿掌握和达到预设的教学目标。

（二）不同的歌唱活动选择适宜的设计流程

歌唱活动的一般设计流程大致分为以下三种：

1. 教师示范——幼儿模仿——反复练习
2. 教师引导——幼儿探索——创造性表达
3. 教师唱歌——幼儿游戏——逐步熟悉

第一种活动设计流程是教师在引入活动后，以清晰可感知的方法引导幼儿感受整首歌曲；教师教唱、幼儿模仿，再以多种演唱形式使幼儿熟悉歌曲。这种方法主要适用于幼儿在集体中初步接触新作品，也可以让幼儿在模仿学习的过程中，适当降低难度提高幼儿学习的主动性，这种方法更适合小年龄段的幼儿，因为他们的特点是以模仿为主。

第二种活动设计流程是教师用幼儿感兴趣的方法引出主题；使幼儿初步掌握歌曲中一段歌词、能初步跟唱；启发幼儿在改编部分歌词的同时，进一步熟悉旋律；帮助幼儿进一步探索新的歌唱方式与创编歌词内容；鼓励幼儿用自己的方式即兴演唱歌曲、即兴表达感受。这种设计流程是引导幼儿，通过探究来发现情感和认知的过程，在这个过程中，幼儿不仅获得了技能，同时也学习了探究的方法。活动中教师可有意识地进行引导，幼儿根据自己的生活经验进行创造，如：创编歌词、动作、表达等，发展幼儿的想象力和创造力。

第三种活动设计流程是通过设计游戏情境，激发幼儿参与歌唱活动的愿望；教师用自己的歌声指挥和配合幼儿开展游戏活动；在游戏过程中逐步要求或鼓励幼儿唱出歌曲中的个别词句；然后停止游戏活动，让幼儿在比较平稳的状态下跟随老师整体演唱歌曲；最后在继续开展的游戏中，使幼儿对新歌的掌握逐步达到熟练和完善。从幼儿音乐发展和学习规律来看，这种方法比较符合他们的年龄特点。在游戏的过程中跟唱，可以让幼儿感觉到加入歌唱活动是一件快乐的事情。采用这种方法开展活动，使幼儿在动作和游戏中自然地学会唱歌，有助于增强幼儿的自信心和自如感，形成愉悦的情感。

二、歌唱活动的指导策略

（一）开始部分导入策略

无论任何领域的教学活动，导入环节都是重要的一环，导入的时间就像烟花的瞬间，短而精彩。通过导入环节把幼儿引入到活动中，调动幼儿主动参与活动的积极性，因此，活动导入部分也是不可忽视的环节。歌唱活动的主要导入方法策略有节奏、节拍导入，直观形象导入，副歌导入，语词游戏导入法、迁移经验导入法等。

（二）活动过程中的指导策略

在幼儿进入学习状态时，教师的主体地位就转为隐性状态，充当幼儿的支持者、合作者、鼓励者，幼儿成为游戏的主体。教师可以根据活动内容、幼儿实际发展水平、特点、掌握情况等来运用相应的指导策略，以便更好、更快地掌握歌曲。歌唱教学中的指导策略主要有以下几种。

1. 图片、图谱策略

这种方法适合歌词内容形象、直观的歌曲作品。教师准备与歌曲相关的图片、图谱，引导幼儿观察。幼儿能够说出图中的内容、理解歌词。这是一种常见、常用的方法，幼儿可以边唱边看图，对歌曲内容有直观、形象的感性认识。例如：歌曲《小老鼠打电话》活动的图片帮助幼儿理解"小老鼠说的话是什么？电话号码是多少？客人会是谁"等问题。在理清了歌词的同时还起到了很好的提示作用。

2. 肢体动作策略

该方法主要适合词曲简单多重复的歌曲。歌词内容是直接描述动作过程或是比较富于动作性。最为典型的特征就是"从动作开始"或"动作在前"。如歌曲"小手拍拍"，幼儿可以根据歌词内容边做动作，边指认身体各个器官部位。又如歌曲"头儿、肩膀、膝盖、脚"每一句歌词都可以将动作和演唱结合，这样帮助幼儿既认识自己的器官位置，又加深和巩固了歌词。

3. 隐性指导策略

在游戏活动中，当幼儿是主体时，教师只是引导幼儿探究方法，而不是反复带着幼儿练习。当幼儿初步掌握本领之后，教师就要学会放手。但是教师的退位不是突然的，完全撒手不管，任由幼儿发挥。退位要一步一步进行，对幼儿的困难和问题还要给予解决。如在一首歌曲的整体教唱中，教师先带着幼儿从整体唱退位到幼儿观看教师嘴形唱，再退位到幼儿看着教师的动作唱，最后到幼儿自己唱。在这一系列退位中，教师逐渐不发出声音，用不同的方法进行提示，不仅可以听到幼儿的声音，而且更好地了解了幼儿在歌唱中基本情况，同时也发挥了幼儿的主体性。

4. 层层推进策略

该策略是我们通常所说的活动的层次性，逐渐增加环节的难度。如果一节活动没有挑战性，幼儿通过反复练习就很容易完成的话，那么幼儿的兴趣就会随即消失。相反，有层次推进的活动更能激发幼儿的兴趣，满足不同幼儿的需要。如：在学习新歌中，当幼儿满足了齐唱的需要，可以让幼儿进行分男女孩唱、领唱、分声部唱。在层层递进的方法下，既有重复复习的机会，又使得幼儿不对歌唱失去兴趣。

5. 故事讲述策略

这种方法主要适用于歌词含有相对完整的故事情节，表述的内容语言结构也稍复杂些。通常含有难以用动作来表现的时间、地点以及环境描述、情节发展和人物对话等。另外，为了更好地帮助幼儿理解、体验和记忆，往往在讲故事时还可以配合图片或活动图景。在采用这种设计处理时，教师应该十分明确：要解决的问题核心是帮助幼儿弄清和记住歌词，语法结构和内容的逻辑顺序。气氛、趣味的渲染应该注意为理解和记忆歌词服务，而不应造成喧宾夺主的效果。

该方法的适用范围主要是这样一些歌曲：歌词内容所反映的是一些简单的幼儿可以"一目了然"的情境或事件．而且这些情境和事件也是幼儿可以用自己的语言表述出来的。其可以是由教师或幼儿在现场做的哑剧表演或歌舞表演，也可以是由教师或幼儿利用木偶或其他功能类似的教、学具做的情境表演，还可以是由教师在投影屏幕或电视屏幕上播放的有关情境表演。这种情境表演的设计应该重点突出，表演动作要能"点睛""出彩"，而不是"面面俱到""平铺直叙"。

6. 设置游戏策略

游戏是幼儿在幼儿园的主要活动，在歌唱活动中同样可以将游戏渗入其中。如：《猫和老鼠》的歌曲，在幼儿掌握歌曲的基础上，引导幼儿根据歌词内容玩猫和老鼠的游戏。当歌曲唱到——"啊呜一口吃掉你"的时候，猫开始捉老鼠。

这种形式既巩固了歌曲,又增加了幼儿主动参与的乐趣,把活动推向高潮。

以上是在歌唱教学活动中设计和指导的策略。实践证明,运用这些策略后,老师的教学轻松了,把幼儿在活动中的被动唱歌变成我要唱,使幼儿主动地投入活动。活动的互动性、实效性大大提高了。真正做到了给幼儿生活带来无穷的乐趣,在潜移默化的审美熏陶中陶冶幼儿的情操、启迪幼儿的心智、完善幼儿的品格,促进幼儿身心健康的发展。

一名幼儿教师疫情期间的小小思考和小小收获

祁 婕

"庚子冬春,荆楚起疫,九省通衢,封一城而安华夏;后瘟魔肆虐,炎黄子孙唯日夜闭户共拒疫"。

新型冠状病毒感染疫情的肆虐给中华民族带了巨大的考验,疫情的波及既深又广,包括我身处的幼教行业。疫情期间,家园沟通方式,从线下面对面转变为线上屏幕对屏幕;信息发布,从口头提醒和关注家园共育栏变成线上群公告;师幼互动从亲身感受转变为情感联想。

针对疫情期间不能开园的情况,幼儿园的领导和老师们做了详细的应对策略。从实习生到新教师,已入职近三年。疫情的到来,检验着我的专业素养;也是一段帮助我提升学前教育专业素养的试炼期。

疫情带来改变,也启发着我思考。

一、教育是面向未来的,和而不同的,诗意浪漫的——世界读书日的电子版纪念书签

针对4月23日世界读书日,我们班开展了"阅读悦制作"的线上主题活动。幼儿可以跟大家分享自己的阅读空间、喜爱的故事、制作一本小书,或者和家人扮演喜欢的绘本角色。参与活动的幼儿将获得属于自己的纪念版电子书签。(见图1)

怎样让居家的幼儿对开学抱有期待?怎样的奖励方式更有意义?怎样在一场主题活动中也能体现属于教师本身的核心情感?自己设计电子版纪念书签给幼儿,是我找到的实现方式。

电子版纪念书签可以在开学后找老师兑换成纸质塑封版;每个书签左下角的字都选自幼儿的名字或小名。幼儿园和班级名称的标注记录着童年的时间,而书签的使用可以延续到幼儿长大后的许多年。书签的设计整体相同,但略有不同。书签上写的是朱熹的《观书有感》:"半亩方塘一鉴开,天光云影共徘徊。

问渠那得清如许,为有源头活水来。"这既是古今人们读书时的感受之一,也是对小朋友们的祝愿。

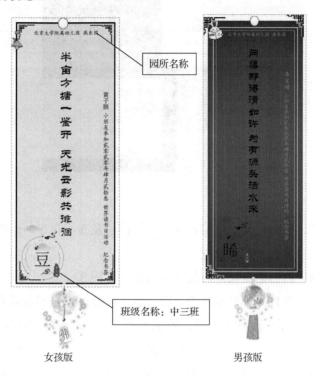

图 1

不管是现在还是未来,不管是大人还是小孩,愿我们能都有属于自己的半亩方塘,那里怡然自得,清新开朗,细水长流。

二、学会多样性的技能有利于创新;时代赋予幼师的使命,离我们并不遥远

对于没有尝试过电子做图的我来说,制作电子版纪念书签并不轻松。从素材参考,部分素材的手动制作,到书签画面比例及素材分布、字体选择、整体组合,最后到制作完成,我用了四个多小时。看似容易的结果,原创的过程并不轻松,但正因不易才有所成长,付出才有收获,幼儿和家长喜欢电子版纪念书签,我也很开心。

发布主题活动的信息公告,一般都是文字版,再由家长向幼儿转达,但我们班都会做一个视频版(见图2),方便还不认字的幼儿能够直接感知。

图2

学会作图、剪辑视频、使用各种各样的信息发布小程序,恐怕是这个"寒假"许多幼儿教师入手的新技能。

我也找到了自己的新兴趣,制作小动画(见图3)。

世界上的大多数人都是平凡的,微光吸引微光,微光照亮微光,就会汇聚成大的能量。疫情期间,我不能像白衣战士和志愿者们一样奔赴武汉抗击疫情,也做不到收集大量物资支援疫区,我能做的就是安安分分居家隔离,居家办公也不懈怠。做好一名幼师应该做的所有事情,就是在祝福祖国,祝福武汉。

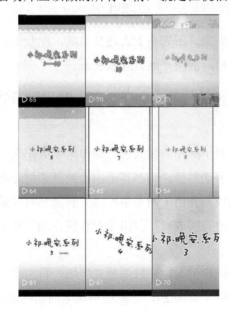

图3

三、想要更容易地找到制作区域玩具的材料可以多关注物品包装，绘本也可以成为制作区域材料的灵感来源

疫情期间，幼儿园发布了居家制作区域材料的任务。我打算制作一个振振鼓，鼓膜的材料试了很多种都不合适。后来我发现了蛋黄酥的盒子虽然简陋，但非常适合做振振鼓（见图4）。从早上尝试材料，一整天在家里翻翻捡捡，到傍晚确定材料，情绪也从发愁到欣喜。多关注并收存物品的包装吧，说不定什么时候就能派上用场，吃货也有意想不到的收获。

图4

不能和幼儿在一起的日子，从孩子气的绘本中找灵感。

根据绘本《然后呢，然后呢》（见图5）的启发，我制作了语言区的区域材料"然后棋"（见图5续）。

图5

图 5（续）

绘本以在地球一边的水塘里掉进一颗蓝色的玻璃珠开头，原来是在地球的另一边一只鹿踢了一脚蓝色的玻璃珠结束，中间穿插了丰富的相互关联的情节，有很多拟声词，运用了"然后呢，然后呢"的句式。这是一个原来如此的故事，因此棋盘的起点也是终点（见图6）。

图 6

玩法：参照飞行棋的游戏规则，并且棋子停在哪里（或经过哪里），就要讲出画面上的内容。

材料目标：

（1）在游戏中感到快乐和有趣。

（2）能够通过语言的表现力展现不同角色的情绪状态。

（3）能大胆、清楚地表达想象并尝试建立自己的故事逻辑。

关于玩法的三个层次：

（1）用"然后呢……"的句式进行故事接龙。

（2）故事接龙+拟声词+语言表演。

（3）固定的棋盘拆解成流动的图谱（棋盘中的角色和底图甚至游戏规则，幼儿可以自行调换和制作）。

在疫情期间，"云"上幼儿园的一切，都带给我很多感触。除了上述的内容外，全园线上主题分享会，让我了解到了很多优秀的同事正在做的事情，并在主题活动的内容选择、开展方式上学到很多；更频繁的线上家园沟通，使我更加了解了家长的需求和幼儿的居家生活，使家园关系更真诚和亲近；协助班主任李老师做家园互动，也使我作为新教师学到了很多家庭教育的指导策略。

三个月的"云"上时光，幼儿不在身旁，仿佛更能清楚地看到幼儿的变化与成长。时常在想，等开学了，我一定会更加珍惜和他们的相处时光，做一名温柔而坚定的幼儿教师，在自己的专业领域中守望成长，静待花开。

大班幼儿学习跳绳的表现及分析

李慧萍

跳绳是大班幼儿的冬锻达标项目之一，它是一项综合性的运动项目，间距小对于幼儿身体各部分(尤其是上下肢)的协调性以及四肢肌肉的耐力的提高有重要意义。由于幼儿身体协调性、学习驱动力、意志品质等方面的差异，这项成人看似简单的运动项目，幼儿在学习过程中的表现却是大相径庭。针对本班幼儿掌握这一运动技能的速度、心理态度将幼儿的行为表现分为挑战型、勤学苦练型、"望绳生畏型"三种，并针对不同的表现类型提出相应的教育建议。

一、挑战型

幼儿：豆豆　性别：男　年龄：6岁2个月

第一天，在教师统一教授跳绳的技巧和要诀后豆豆便拿起跳绳练习起来。5分钟后便能熟练地"摆绳跳"（将绳子甩到双脚前，然后跳过绳子，停顿一下后同样方法跳第二个）。他很兴奋地跑到老师跟前要求老师帮他计数，老师及时肯定表扬他的进步后，提出了连续跳的要求并进行了示范。豆豆按照老师的示范开始练习。10分钟后能连续跳2—3次。第二天自己主动拿跳绳练习，练习20—30分钟后能连续跳5—7次，再次兴奋地要求老师帮助计数。第三天结束练习后的成绩是连续跳10—15次，这样的成绩稳定两天后能连续跳25—30次。接下来的日子里，每天都会主动拿绳练习，连续跳绳的次数也在逐步提高，但练习的时间也在逐步缩短。半个月后能连续跳69—100次。接下来有两天没有练习跳绳。翌日，同龄班的小朋友来本班找小朋友比赛跳绳，豆豆积极迎战，以连续跳163次的成绩大胜夺冠。随后，老师教其单脚跳绳，豆豆重新开始练习，成绩逐步提高。再后，豆豆自学和自创2种花样跳绳。最后，豆豆开始当"小教练"教本班小朋友学跳绳，在他的指导下，有两位小朋友学会了跳绳。

挑战型的幼儿自身的身体协调性比较好，且学习欲望强烈。从"摆绳跳"到连续跳再到花样跳，幼儿的自信心越来越强。因此也会从最初的请老师帮忙计数来获得肯定和表扬发展到后来的在和别人比赛、教别人跳绳的过程中自己获得成就和满足感。

对于挑战型的幼儿，教师首先要及时肯定和表扬其进步，帮助其建立自信心。其次要根据幼儿练习的情况不断地提出要求，促进其最终完全掌握跳绳的基本要领，使上肢和下肢协同配合熟练。随后要给幼儿一段练习巩固的时间，增强幼儿跳绳时四肢肌肉的耐力。在幼儿的协调性和耐力都有提高后，可以提出新的挑战目标，如速度、花样、当"小教练"等。挑战型的幼儿对于新技能的学习有积极的态度，通常也比较自信，因此在学习的过程中教师要循序渐进地提出学习目标，进一步激发幼儿的学习兴趣，并通过不同形式的认同、表扬来巩固幼儿的自信心。

二、勤学苦练型

幼儿：羊羊　性别：男　年龄：5 岁 3 个月

第一次拿跳绳练习时，羊羊或是抡绳时总将绳子套在自己的脖子上，或是绳子还没有甩就开始跳。开始的 5 分钟练习中，只有一次是将绳子抡到了双脚前，停顿了一下，两脚一高一低地试图跳过绳子，可惜只跳过去一只脚，羊羊懊恼地站在原地。老师主动询问练习情况，羊羊有点委屈，眼泪在眼眶里打转，他告诉老师说："我不会跳绳！"老师鼓励他说："没有关系，手和脚合作才能跳过绳子，慢慢练习几次手和脚的配合就会好起来的。"于是羊羊再次练习抡绳和跳绳。第一次练习羊羊跳了 20—25 分钟，因为跳跃动作比较大，跳得高落地重，所以不一会儿羊羊就满头大汗。其间，老师提醒羊羊休息，但他通常休息不到 3 分钟就又开始跳起来。第一次练习结束时，羊羊最好的成绩是成功地"摆绳跳" 3 次（不是连续"摆绳跳"）。第二次到第四次羊羊都积极主动地拿绳练习"摆绳跳"，每次都是跳得满头大汗。老师不时关注他的练习情况，并根据练习情况逐次讲解、示范动作要领，羊羊根据老师的示范在一旁练习。四次后，羊羊熟练学会一个接一个地"摆绳跳"，已经形成了先甩绳后跳过绳的动作模式，只是跳时两腿不能同时用力，所以他是一脚前一脚后的跨过跳绳，动作比较笨拙。第五次、第六次羊羊"摆绳跳"时，虽然仍然是抡绳时一手高一手低，跳绳时一脚前一脚后，但上、下肢配合看上去协调一些了，动作略显轻松。第六次练习快结束时，羊羊第一次主动找老师帮忙计数，第一次计数的成绩是连续"摆绳跳" 13 个，羊羊很高兴。第七次练习时，老师请羊羊不拿跳绳，双手打开"空抡绳"跳，引导他感受连续抡绳跳的感觉，练习一会后再使用跳绳练习。这样的练习持续到第九次，羊羊逐渐能找到抡与跳的节奏点，能够连续跳绳3—5次。在老师和家长的肯定和鼓励下，羊羊除了在幼儿园练习跳绳，每天晚上在家也练习。半个月后，羊羊能连续跳绳25—30次。尽管已经大大超过冬锻达标的标准，但是羊羊仍然每天练习，跳绳的次数在逐步增加，跳绳时动作也越来越轻盈，也逐步告别了跳绳"跳得满头大汗"的状况。

像羊羊这样动作协调性比较弱的幼儿，对身体的控制感不强，因此对跳绳的动作要领的掌握慢。但他们学习驱动性比较强，愿意花时间和精力去慢慢领悟和练习。在这个过程中，教师要很细致地观察幼儿的练习情况，及时发现其困难，并随时精准、不厌其烦地讲解和示范动作要领，指导幼儿分阶段的练习。在每个阶段还要给幼儿充足的时间消化和巩固动作要求，从而最终熟练掌握。勤学苦练型的幼儿自身的意志力比较强，但在练习的过程中仍然要及时发现其进步，及时肯定和鼓励，进一步增强其刻苦练习的内在驱动力。

三、"望绳生畏"型

幼儿：攀攀　性别：男　年龄：5岁5个月

第一次练习跳绳时，攀攀双手抡绳很快，双脚跳的动作略慢，所以每次虽然他跳了一下，但跳绳却在前面勒着他的脚踝。这样跳了3分钟左右，攀攀就扔下绳子去玩玩具了。老师再次教他动作要领时，他听老师讲解完，看老师示范完，仍然按照自己原来的跳法跳几下。尽管老师一再强调抡绳的时候双手打开一点，速度放慢一点，但是他似乎很难按照这样的要求实践一下。跳了几下后，他对老师说："老师，我累了，我想休息一下了！"如果老师继续鼓励他说："我们坚持一会儿再休息，好吗？"他也会坚持跳几下，只是他还是我行我素的快抡绳，我行我素的慢跳绳。跳了几次后，身体呈现一些疲劳状态，老师提议他休息一下再练习，他高兴地拖着绳子去玩玩具了。两周内，他每天都是开始的时候跳几下，然后以"跳累了"为由早早地将跳绳收起来。一次，攀攀又早早说："我累了！"老师说："我刚刚发现你抡绳有进步了！要不你按照你刚刚的方法，不拿跳绳，把双手打开连续抡绳空跳3次，你就休息3分钟好吗？"攀攀对数字很感兴趣，所以这样的建议很快得到了他的认同。跳了五次后他高兴地去玩玩具了，其间主动地问老师，"3分钟到了吗？"等到老师说到了的时候，就主动地重复刚才的练习。在接下来的两天里，攀攀在这样的计数和计时的游戏情境中开始了一些练习。在老师的提议下，游戏的要求也在升级，比如由不拿绳到拿绳，时间由 3 分钟 延长至 5 分钟。尽管每次练习的时间不长，但是攀攀可以"摆绳跳"3 次了。后来，老师又针对攀攀喜欢数学以及跳绳时双脚慢的特点，设计了一个新游戏：攀攀和老师分别站在起点和终点，请攀攀抡绳跳，看跳几次能跳到老师所处的终点位置。在这个游戏中，距离也逐渐在升级。通过这样的游戏，攀攀能"摆绳跳"7—10 次了。在接下来的一次小朋友提议的跳绳比赛中，攀攀也忍不住要参加，尽管是"摆绳跳"，但他竟然跳了 11 次。得到了老师和小朋友的表扬后，攀攀独自练习了 10 分钟左右并再次要求比赛。

幼儿刚学习跳绳的时候，都会受到手脚不协调、身体耐力不足的考验，心里难免会有挫败感。一部分小朋友遇到这样的困难会通过内在的驱动力去要求自己坚持和克服，而一部分小朋友会像攀攀一样选择放弃或逃避。跳绳对于他们来说是一件没有乐趣而且很累的事情，所以自然没有兴趣去学习，没有动力去练习。教师首先应该理解幼儿的感受，不能粗暴地强制幼儿去练习。其次教师可以通过设计一些幼儿感兴趣的、和跳绳相关、难度适宜的小游戏，让幼儿在玩游戏的过程中既练习了基本的动作要领，又巧妙地转移了对跳绳的畏难情绪，这样，"望绳生畏"型的幼儿随着协调性和身体耐力的提高，跳绳的自信心就会逐步提高，从而开始主动练习。

四、小结

幼儿学习一项技能的过程也是他们接受挑战的过程，作为教育者，要全面、细心地观察幼儿学习过程中的表现，并适时、适当地给予引导和帮助，只有如此，才能更好地发挥幼儿作为学习者的主动性和积极性。

借助图画书开展中班语言仿编活动初探

孟 帆

《3—6岁儿童学习与发展指南》（以下简称《指南》）中语言领域目标中提到"具有初步的阅读理解能力，具有书面表达的愿望和初步技能"，同时在对《指南》解读中指出"幼儿要在创作中学习语言，鼓励幼儿大胆想象，在学习诗歌时可以仿编自己的诗句"。《纲要细则》在4、5岁幼儿语言教育中明确提出"引导幼儿喜欢听儿童文学作品，会复述故事、续编故事；学习和仿编诗歌。"本文以诗歌散文类的图画书为仿编故事的载体，即幼儿在欣赏、理解诗歌散文内容及结构的基础上，参照某一首诗歌或散文的框架，调动幼儿个人经验进行扩展想象，仿编出新的诗歌或简单的散文。

在没有以图画书为载体的传统诗歌仿编活动中，教师需要根据诗歌准备相应内容的图片、教具，给老师繁重的工作增加工作量。而且，老师自己制作的画面并非能达到诗歌所表达的意境。孩子的具体形象思维，在诗歌学习的时候，没有具体的画面可以依托，影响孩子对诗歌的感受和理解。而优秀诗歌散文类的图画书，都是选择适宜幼儿理解和学习的诗歌，配上幼儿喜欢并易理解的画面，这些画面本身就是一个完整的创作，目的是为了让幼儿不看文字也能理解其中的内容，它的内涵甚至比文字讲述更为丰富。幼儿通过欣赏、观察、阅读图画书中的画面，能很好地感受到整个文学作品的意境，更好地理解作品的内容。

一、选择适宜的诗歌散文类图画书，开启幼儿的文学之门

既然图画书是载体，那么选择适宜的图画书就格外重要，也是整个活动开展的第一步，因为它决定了仿编的内容及价值，所以在选择这类图画书的时候一般都遵循以下两个原则：

（一）符合中班的年龄特点

选择的图画书针对中班幼儿年龄特点，画面主题明确，内容具体、形象，

易于理解，符合幼儿的生活经验和想象特点。除此之外，还要从本班幼儿出发，帮助他们理解图画书中的诗歌或散文，分析作品中的基本句式；用什么样的形式表现幼儿仿编的过程，帮助幼儿积累仿编的经验等。

（二）提供适宜的仿编空间

选择的图画书内容文体特点明显，有重复的基本句式，仿编的内容应从简到繁，从易到难，从开始的一字、两字到一整句的仿编，从具体形象的到抽象的。

根据这些原则，我分别选择了《拍花箩》（儿歌）、《为什么我不能》（散文）、《收集东收集西》（散文诗）、《蜘蛛先生要搬家》（散文）四本图画书，并开展了一系列的仿编活动。

二、开展基础的阅读理解活动，提高幼儿的理解感悟能力

幼儿对原作的感悟和个性化体验尤为重要，选择了图画书以后，首先要做的就是开展阅读理解活动，帮助幼儿较深刻地感受并品味这一作品的主题含义、情感意境、语句形式、文本结构，这样才能在仿编中较好地模仿和表现原作的风格和韵味，因此，理解和感悟能力是幼儿成功仿编的基础和前提。

（一）仔细观察画面，理解图画书中的内容

选择图画书为仿编的载体，是因为图画书图文并茂，能直观地体现文学作品的内容，把文学作品用幼儿能理解的图画来体现出来，教师通过关键提问及重点画面的讨论，引导幼儿仔细观察画面，准确地理解诗歌、散文内容。

例一：

这是儿歌《拍花箩》节选的两页内容，从观察图画就可以知道要表现的意思，"你拍几呀？我拍一呀，一只蜗牛上楼梯呀。""你拍几呀？我拍二呀，二只蚂蚁抬着大花瓣呀。"教师首先引导幼儿观察第一页的画面，并进行关键提问："这一页你看到了什么？""这只蜗牛在做什么？""谁能用一句完整的话讲讲你在这一页主要看到的内容？"在这样的互动阅读中，教师运用准确性、有效性、层次性的关键提问，帮助幼儿关注图画的核心，以及掌握基本的句式。孩子在教师的引导下观察了前两页的内容，掌握基本思路和句式以后，就可以自己独立阅读后面的内容，并尝试按照基本句式讲述整个儿歌了。这样的欣赏、阅读、理解儿歌的活动，比传统的老师一句一句教的模式更符合幼儿学习的兴趣和特点，是孩子非常喜欢的，有很大的自主性，也有一定的挑战性。

例二：

这是从《为什么我不能》图画书节选的内容，活动时通过关键提问，帮助幼儿建立基本的观察思路，第一页：小鸟看见了鸭子在玩水，"小鸟问妈妈，为什么我不能玩水，像小鸭那样？"孩子能根据这个思路和句式，观察后面的内容并很好地讲述。

以上两个例子，就是想说明图画书可以直观地体现儿歌的内容，非常适合孩子观察，并有助于巩固这种理解。在自主观察理解之上的经验记忆更加深刻，为接下来的创编活动打下很好的基础。

（二）图表展现完整内容，感受诗歌散文的结构

通过理解阅读活动后，幼儿能基本理解图画书中诗歌或散文的内容，为了帮助幼儿整理完整的内容和句式的结构，在深入研究教材的基础上，用不同的图表把诗歌和散文内容完整地表现出来，更直观地帮助幼儿感受诗歌散文完整结构，整理幼儿的思路。例如：

儿歌《拍花箩》，我利用图表把整本书的内容很直观地帮助幼儿梳理和理解。比如看见第一行幼儿就能说出来"你拍几呀？我拍一呀，一只蜗牛上楼梯呀。"

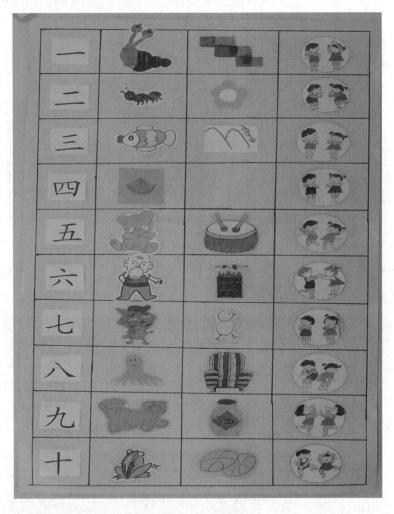

《收集东收集西》，把每页的"谁""喜欢收集……"用图表的形式展示出来，幼儿可以参考图表里的格式"谁+喜欢收集……"来讲述和回顾内容，进行创编。比如：第一行"我喜欢收集娃娃衣"。第二行"奶奶喜欢收集木屐"。

《为什么我不能》与幼儿一起根据图画书内容回顾小动物的出场顺序，并用简单的符号随机记录小动物的关键对话。比如："小鸟问妈妈，为什么我不能玩水，像小鸭那样？"除了能帮幼儿回顾内容以外，这样圆周的图表，蕴含着每个人都羡慕别人的特点，其实自己也在被别人羡慕。通过这种直观的图表，孩子最后不难得出，每个人都有自己的特点和优点这个道理。所以，除了体现内容，图表还能帮助幼儿更好地理解散文深刻的含义！

《蜘蛛先生要搬家》根据散文故事用图表的形式把蜘蛛搬家的原因、时间、路线、新家主要线索表示出来，幼儿根据自己的理解用图示体现。而这个表格线索的理解，也是为以后仿编提供思路。

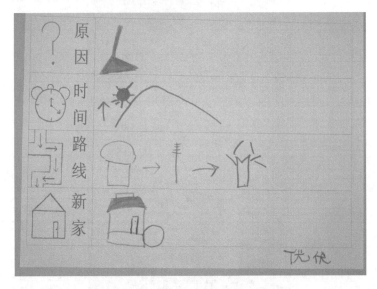

图表的利用在阅读活动之后，是因为幼儿通过欣赏、观察图画书，已经深刻理解了诗歌散文的内容，并感受其中表达的意境或情感。但仿编活动需要幼儿对整个作品的结构有一个整体的把握，不同的内容需要不同的图表来表示，比如《拍花箩》根据数数儿歌的结构，从一到十的基本句式记录，更有利于孩子发现作者创作的思路。《为什么我不能》的记录是为了让幼儿更好地理解首尾呼应的用意。如果不用图画书让孩子理解观察，直接用这些图表来进行诗歌散文的学习为何不可？当然可以，但我们也做过尝试，直接出示图表进行学习，孩子是能完整讲述内容，但由于对原作品的理解欠缺，在讲述的时候没有丰富的画面可以回忆，缺乏情感与兴趣，以致影响之后的丰富仿编活动。

三、结合一日环节的经验渗透，丰富幼儿的相关经验

除了对文学作品的理解，我们还要利用区域、家长、一日生活渗透，给孩子有效支持，帮助他们积累有关的经验，丰富他们的知识面，使之"言之有物"。有些作品可能直接创编，但有的作品就需要幼儿在认知、语言基础（词汇、句式）、情感等方面都有了经验，才能真正调动孩子创编的积极性，创编出有价值、有水平的作品来。

（一）语言元素的基础经验

《拍花箩》的儿歌中的句子为"一只蜗牛上楼梯呀"。除了需要掌握"角色+做什么"的基本句式以外，还需要对角色的量词有要求，所以我们就会利用过渡、区域环节，包括家园合作，共同与幼儿进行量词游戏，帮助幼儿掌握量词的正确运用。只有丰富了量词，并能合理运用，幼儿才能仿编出"一列火车钻山洞呀！""一条小蛇抓小兔呀！"这样比较完整、正确的句子来。

（二）仿编内容的扩展经验

《为什么我不能》的仿编需要了解不同动物的特点，所以就利用家长共同搜集动物的特点来共同分享，积累这方面的经验，让幼儿的仿编内容丰富，而且有据可依。《收集东收集西》让孩子带来了自己喜欢收集的物品进行分享，帮助幼儿理解收集的含义，并引导幼儿当小小调查员，发放对家庭成员收集的调查问卷，并一起讨论了有关大自然的收集、动物的收集等话题，丰富了创编的范围和内容。幼儿从这么多了解的素材和掌握的资料中，才可能编出"小松鼠喜欢收集松果""爷爷喜欢收集各种各样的邮票""停车场喜欢收集汽车"等丰富的内容。《蜘蛛先生要搬家》我们也开展了一系列的活动，利用家长资源共同搜集蜘蛛有关信息，利用户外活动共同寻找蜘蛛，只有丰富了幼儿的生活经验，他们在寻找蜘蛛的过程中，知道了蜘蛛一般喜欢在哪里织网，了解了蜘蛛网的特点决定了它容易遭到破坏，所以蜘蛛不得不总是搬家。然后唤起续编和仿编的情感，调动其经验，最后完成出色的仿编活动。这种多元的、整合的教育环境是非常有益的，因为孩子的学习是主动的、有效的。我们没有专门为了了解蜘蛛而设计科学活动、美术活动等，但通过一日生活的渗透，我们的孩子也积累了有关蜘蛛科学、社会、语言领域的经验，而且，这样的经验是丰富的，有独特性的，也为接下来的仿编活动打下了很好的基础。

四、利用图表开展仿编活动，引导幼儿进行顺利仿编

幼儿在理解阅读后，根据图表从整体感受完整作品以后，已经对原有作品的主题含义、情感意境、语句形式、文本结构有了比较深刻的了解和掌握。接下来，借助图表的思路，开展有效的仿编活动。

（一）激发创编兴趣

兴趣是最好的老师。我们从图画书入手，经过了理解阅读、图表巩固、经验铺垫等一系列活动，幼儿在心理、认知等方面都做好了准备。所以，在创编活动的导入环节，会延续图画书问题、创设情境、提出任务等，让幼儿情绪愉快，积极主动地参与到创编活动中，调动兴趣的同时也打开幼儿的思维，让创编的内容更加丰富。比如《蜘蛛先生要搬家》最后一个问题就是"蜘蛛先生还会搬家吗？"书中的回答是"我也不知道，你说呢？"我们从书中留下的悬念入手，提出问题，引导幼儿积极思考，极大地点燃了他们仿编的兴趣。

（二）分析仿编句式

我会根据不同图画书内容，利用相适应的图表与幼儿进行讨论，进一步分析句式，进行语词替换、语句修改，帮助幼儿整理思路。比如：《拍花箩》的仿编中，我先出示了以前整理的图表，与幼儿共同讨论出"角色+做什么"的基本句式，然后拿出六张图片，请幼儿选择两张进行组合粘贴，并用基本句式进行讲述。在粘贴的时候，故意出现角色与做什么的颠倒，巩固幼儿对句式顺序的正确认识。这样，在幼儿自主仿编的时候，会减少对句式理解的错误，提高仿编的正确率、多样化。

《蜘蛛先生要搬家》没有完全严谨的句式要求，但对散文思路的要求很高，对搬家的时间、原因、路线、结果有仿编的空间，所以我就利用图表与幼儿展开讨论，并把幼儿想到的地方记录下来，为幼儿接下来的仿编提供参考。

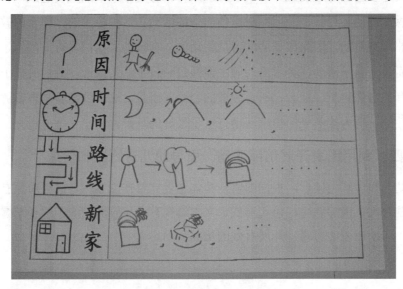

（三）利用图表仿编

兴趣调动了，仿编的重点和难点经过讨论解决了，接下来就需要孩子进行仿编活动了。仿编也是要有载体可以呈现，能记录幼儿的思路和仿编结果，所以我根据不同的文学作品内容，选择了不同的图表，以粘贴、绘画、图书制作等方式进行记录，保留幼儿的仿编结果。

《拍花箩》根据不同图片组合，仿编新的儿歌。"你拍几呀，我拍一呀，一个女孩打网球呀。你拍几呀，我拍二呀，两条小鱼游游泳呀……"

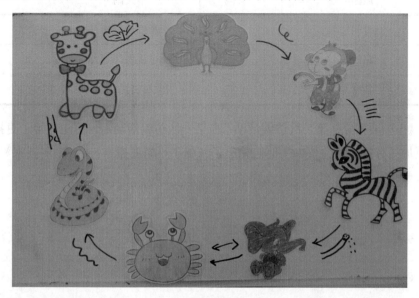

《为什么我不能》根据图片的圆周拼摆，自己用符号记录仿编内容，进行讲述。"孔雀问妈妈，为什么我不能像小猴一样有长尾巴？小猴问妈妈，为什么我不能像斑马一样身上有条纹？……"

《蜘蛛先生要搬家》第一次仿编活动，幼儿结合生活经验，将搬家的原因、时间、路线、新家这些重要线索用符号标注，并进行讲述。

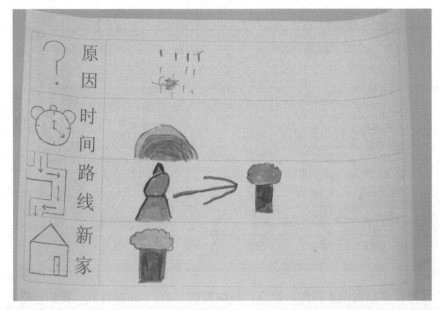

原因	下大雨
时间	彩虹一出来
路线	从中央电视塔荡到大树上
新家	大树的树枝上

《……要搬家》第二次仿编活动：在第一次仿编活动后，幼儿开始了更换角色更加具有挑战性的仿编，他们编出了《兔子小姐要搬家》《大雁要搬家》《机器人要搬家》等散文。

第四编　保教实践与研究

兔子小姐要搬家

机器人要搬家

五、结合图表仿编内容，制作图画书

孩子有了仿编的经验，对整个作品有了自己重新的定义，接下来孩子开始不满足图表的表现形式，他们开始研究最初带给他们美好享受的图画书，尝试自己制作图画书。制作图画书，需要孩子们对图书的结构、组成部分有比较详细的了解，然后将自己仿编的内容通过绘画、剪贴等方式表现出来，最后经过装订，变成自己的图画书。这也是选择图画书为载体的初衷，幼儿从图画书开始，经过欣赏、理解、图表完整结构展现、利用图表仿编等一系列的活动，幼儿对作品内容和内涵的准确把握，结合自己经验的积累，又以图画书的形式完成自己小作者的愿望。他们图画书展现的内容是丰富的、表现形式是多样的，因为之前接触的图画书会给他们很多的借鉴和启示，这不同于传统的仿编活动，孩子建立的经验是全方位的，孩子的仿编有所依托，而不是编完就过去了，过不了几天就忘记了。

以上是小朋友制作自己《收集》小书的墙面，大家一起讨论制作图书的过程，然后每个人完成了属于自己的图画书。

六、进行丰富的讲述活动，巩固幼儿的仿编成果

因为仿编活动有图表、图书为依托，这为幼儿的讲述提供了依据和材料，这样仿编活动不是编了就结束了，幼儿可以根据这些材料进行丰富的、反复的讲述活动。我们把这些仿编的成果投放在图书区装订成册，在过渡环节大家共同回顾，区域活动小组分享，周末借阅亲子共享，不但保留了孩子仿编的结果，在反复讲述活动中，发展幼儿的语言表达能力，激发幼儿新的创作灵感，创作

更多更好的作品。

综上所述，在以诗歌散文类图画书为载体开展的仿编活动的过程中，我通过对这精选的四本图画书开展了一系列的活动，幼儿能积极主动地学习、理解诗歌散文，利用图表直观地挖掘诗歌和散文的内在规律，把握诗歌和简单的散文，丰富经验，调动想象力，创造性地运用语言的能力进行仿编活动，并创作出丰富的作品。我就是这样带着孩子走进图画书的世界，孩子们的阅读、仿编、想象、讲述、图示及符号的理解与运用等综合能力都有了不同程度的提高。相比以往的仿编活动，图画书的运用让诗歌散文的内容更加容易展现，更加有利于孩子理解，图画书不同形式的美术表现，也让他们在仿编的图书制作时可以借鉴，给孩子更加丰富的经验。我们要尊重幼儿的作品，幼儿才会有成就感，创作的兴趣和自信会逐渐建立和加强，这样的良性循环会让幼儿主动接触优秀的文学作品，并在更多更好的文学作品中找到灵感，进行丰富的仿编，促进幼儿文学水平的提高。

剪纸活动在大班艺术领域中的初探

张金红

《3—6岁儿童学习与发展指南》关于艺术领域的论述中指出：艺术是人类感受美、表现美和创造美的重要形式，也是表达自己对周围世界的认识和情绪态度的独特方式。幼儿艺术领域学习的关键在于充分创造条件和机会，在大自然和社会文化生活中萌发幼儿对美的感受和体验，丰富其想象力和创造力，引导幼儿学会用心灵去感受和发现美，用自己的方式去表现和创造美。

剪纸是我们中国最古老的民间艺术之一，剪纸可以使孩子专心致志地干一件事。还可以使他们练出一双灵巧的手，而手巧往往意味着心灵，这是因为手部肌肉群的训练有利于大脑的开发。这学期我班开展了"剪纸真有趣"的特色艺术主题活动，也是为了传承我们中国的民族文化。同时，我们的剪纸活动以生态式艺术教育所倡导的无稿剪纸为准则，即拿到剪刀和纸材以直接剪的方式呈现，不需要先画出来。这种方式给自主创作开阔了更宽广的空间。

一、剪纸活动的组织与实施

在"剪纸真有趣"主题活动中，幼儿了解了剪纸的一些民俗知识，剪纸的一些技法，特别感受和欣赏了剪纸的艺术作品。形象的花纹往往让幼儿惊叹剪纸艺术的独特魅力，愿意大胆尝试，对剪纸有初步的兴趣。在区域游戏中，我们提供了剪纸的书籍供参考，开设了剪纸活动区，为幼儿提供多种参与剪纸的机会。

（一）纸材料的探索——剪纸材料与底卡纸的多样化搭配

进行纸材料的探索，是因为剪纸必须借助于底卡纸的辅助，剪纸纹样才能很好地展示出来，而且剪纸纹样和底卡纸的配合能无形中让孩子们体会颜色的配合带来的美感！因此，我们进行了多次剪纸材料与底卡纸材料之间的搭配活动。

第一种：提供各种彩纸，黑色底卡纸。幼儿会自主选择彩纸，将剪纸的艺术表达与色彩对应，比如太阳用红色的纸，小草用绿色的纸，小花用红色、黄色的纸等，画面搭配起来很是漂亮！第二种：提供红色剪纸材料，白色底卡纸。红色和白色搭配起来让红色的剪纸纹样更加突出。第三种：提供白色剪纸材料，红色底卡纸；效果和白色底卡纸相似。第四种：幼儿自由搭配底卡纸颜色，按照自己喜欢的方式来进行。

通过以上形式的搭配，幼儿对底卡纸的选择和剪纸材料的选择有了自己的审美和看法，特别愿意选择自己喜欢的方式来组合。

（二）画面组合的探索与尝试——拼摆作品的比较与协调

幼儿刚开始的尝试是边剪边粘贴，后来发现不利于修改。于是，幼儿渐渐地有了新的尝试，可以把自己的纹样在底卡纸上面按照自己认为美丽的样子进行拼摆，然后一起粘贴，这样就可以随意调整自己的作品方案了，这真是优秀的发现。因为在拼摆的过程中包含着空间构图的能力以及审美能力等多种能力的发展，幼儿的这种依据困难解决问题的表现让我倍感欣慰。

在幼儿拼摆作品的时候，我经常和幼儿讨论背景和主体。主体人物在特定的环境和背景中，需要的是细节刻画，需要不断地在头脑中搜索环境里有什么。这样下来孩子们的剪纸作品就越来越有进步了，一方面发展了孩子们丰富的想象和创造力，另一方面孩子们也学会了布局画面的主次。

（三）剪纸完成方式的探索——因能力水平而提出不同的要求

开展剪纸活动，我们首先对全班的孩子进行了剪纸水平的摸底，通过摸底我们看到幼儿的能力水平有很大的差异。有的剪纸灵活多样，我们鼓励孩子自己独立完成作品，尽量提前想好剪纸人物、动物、植物的造型，用剪刀一次剪好一个完整的造型；有的对剪纸生疏，我们鼓励可以运用粘贴的方式进行造型的补充。大胆创作的幼儿总是将粘贴的方式运用得极好，他们的作品生动，形象，线条粗犷也是一种独特的美！我们还鼓励可以和伙伴们一起合作剪纸，这样就能更好地完成作品，幼儿之间学会了商量，经常一起讨论各自的剪纸方法，互相交流自己的新发现，幼儿有想法有交流的内容，还能感受一起成功的快乐！比如露露（化名）小朋友和然然（化名）小朋友经常一起剪纸，他们互相补充，互相交流自己的感受，借助剪纸更加强了孩子们之间的友谊。同时，我发现，孩子们一起剪纸，很容易出现雷同，怎样克服这个问题呢？需要老师的启发，比如剪小娃娃，幼儿的雷同表现在小娃娃的头基本都是一样的，辫子都是一样的朝着右边甩出来，裙子也是一样的花纹，不论这个人物在做什么，动作可能不一样，但是衣服，表情都是一样的。怎样让孩子们剪出不雷同的作品呢？

　　我继续各种尝试。第一，带领孩子们一起观察优秀大师们的作品中人物的造型、表情、服饰的花纹；第二，从幼儿的日常生活进行，日常的生活更能激发幼儿的创作力。比如，我们开展"民间体育游戏"的主题教育活动中，孩子们在园亲身实践体验着舞龙、空竹、呼啦圈等精彩的游戏活动，这些活动内容让孩子们从中体验了成功的乐趣，更重要的是在幼儿的心里留下了深刻的记忆，而这些正是创作的源泉。当我们请小朋友用剪纸的形式剪出自己心中喜爱的体育游戏活动时，你会发现，幼儿剪得活灵活现，生动极了！

（四）画面布局的探索与尝试——比例、远近与大小的体验

　　大班的思维从具体形象思维过渡到抽象逻辑思维萌芽阶段，在美术领域的发展中更加注意细节，与此同时，在画面布局上空间思维的发展更加突出，构图方式也呈现了多种样式。通过幼儿自己组合作品，我发现，幼儿对物体的大小、远近、比例没有特别突出的意识。于是，我给予幼儿一个"踏板"，促成幼儿"跳一跳"就能达到的水平。在幼儿剪纸过程中我发现：第一，画面中没有大小的区别，通常幼儿剪一棵树就是剪一棵小小的树，和小猫一样高，画面不协调，于是我启发幼儿，让幼儿想一想如何剪出一棵更好的大树，可以和小动物比一比个子，于是幼儿明白了大小的比例，画面一下子协调起来。第二，画面中没有远近的区别，幼儿剪的主要形象都是并排地站在画面中，我们和幼儿进行了画面布局的区分，安排出画面的远近，这样幼儿的画面进一步丰富起来。第三，针对个别幼儿的剪纸水平有限，不能剪出比较精细的小动物，于是我发挥想象力展示各种动作的造型，以故事情景慢慢推进，比如小猫手拉手，小猫四脚走路的样子，小猫的手里拿着什么东西，小猫去做什么了……教师细致入微的刻画和引导，让幼儿的想象力越来越明确。有了动作，有了环境，有了内容，有了比例，接下来我们重点塑造小猫身上的花纹，我们和幼儿一同探讨，剪桃心、剪三角、剪树叶、剪螺旋线，小猫身上的花纹丰富了，最后我们开始研究剪小猫的表情，动物的表情和人物的表情是一样的，有着生动而丰富的内容。我们分析了表情图，小朋友们知道了表情的样子，比如微笑的时候，眼睛嘴巴的样子，眼睛是心灵的窗口，最后我们推进的是如何剪出动物的眼睛，幼儿从最初剪出一个窟窿就是眼睛，开始知道眼睫毛、眼珠，怎样把眼珠留下来等。幼儿进行了各种尝试，幼儿渐渐懂得剪刀的位置不同，方向不同眼神就不同，比如一起向右看的眼睛，一起睁大的眼睛，向下看的眼睛等。幼儿也渐渐

懂得了剪纸的形式，即剪掉的部分和留下的部分之间的关系，必须相互呼应才能配合好。幼儿明白了剪纸就像画画一样需要我们不断地细心观察。幼儿剪纸注意到这些细节，幼儿剪纸作品越发生动。

（五）剪纸纹样的探索与尝试——生活与艺术的融合

艺术领域的集体活动，我们离不开大师作品的启迪与欣赏，也离不开生活实际的所见、所思、所想。只有二者结合起来，才能达到好的效果。

在日常生活中，随处可见的花、草、树、木、小动物等，幼儿都很熟悉，因此，我们带领幼儿观察生活中的花、草、树、木，引导幼儿尝试着剪 1—2 种的组合，比如一片树林、花草组合，从简单的形象入手，这些简单的形象还可以成为以后剪纸作品的背景。接着我们过渡到房子组合，我们前期仍然带领着幼儿实地观察和体验，这是非常宝贵的经验，幼儿只有深入观察才能剪出自己的细节！然后，我们引导幼儿将生活实际与艺术形式相结合，比如同时出示各种大树的图片，各种大树剪纸的图片，让幼儿体会现实中的大树是怎样转化为剪纸的大树，艺术家是如何表现的。我们将所有的动植物都赋予生命，将剪纸变成有趣的体验活动。让幼儿互相分享，比如，我们可以创设故事情境，要求幼儿创编故事的结尾，每个故事的结尾主人公在什么地方？在那里做什么等等。因为大班的想象力非常强，在故事的带领下，幼儿进行故事的创编就非常重要了，因为要展示，要欣赏，幼儿就很动脑筋来设计自己的想象的部分，如果单纯是剪纸，没有目的性，那么幼儿就很快没有兴趣了。但是教师心中要清楚幼儿的能力水平。

（六）剪纸技巧的探索与尝试——在分享与表达中收获新的方法

幼儿的思维是敏捷的，通过幼儿之间的交流展示，幼儿会分享出很多方案。剪纸本身就是创造性的活动，在不可预知中体现出神奇，我往往很惊叹于幼儿的可爱，比如镂空的分享，造型动态的分享，幼儿都能受到启发，从而不断地尝试变换新的花样。

二、剪纸活动带来幼儿的发展

一系列的剪纸活动结束了，我们班的环境创设、班级吊饰、门厅的作品都是幼儿用剪纸的方法创作出来的，这些展示给幼儿的剪纸兴趣带来了极大的鼓励，幼儿更加愿意用剪纸的方法进行大胆表现！

"低头不语心欢喜，听得沙沙剪纸声"。当你观察幼儿剪纸的样子，你一定会被孩子们那专注的神情所感动。"小小剪刀手中拿，屏气凝神有思量。起承转合有变化，妙趣横生乐其中，动手动脑心欢喜，纯真美好留心间。"借助一首打油诗，来分享一下孩子们剪纸时的样子。那份感动至今还留在我的心间。

剪纸给幼儿带来哪些变化呢？

（一）幼儿更加喜欢观察生活，解决问题的能力以及自信心提高了

只有有意识地观察生活的幼儿，才能捕捉到生活的精彩和细节。幼儿剪纸需要注意到事物的外部轮廓，注意细节，并愿意大胆尝试，遇到困难才能静下心来思考，解决问题的能力才能提高。因为剪纸是以敏锐观察、自由想象、创造性思维为基础的，这些方面的发展一定会使幼儿的观察力、想象力、创造力得到进一步的发展和提高。成功的剪纸作品总能让人眼前一亮，无形中就是对幼儿最大的肯定，幼儿在剪纸过程中收获自信与满足。

（二）幼儿的耐心和认真做事的习惯养成了

不仅在剪纸中，幼儿能坐得住，能克服困难，日常生活中幼儿也能耐心细心地做事，对培养良好的个性品质具有一定的促进作用。认真做事是一切活动的重要方面，代表着幼儿有始有终、认真负责地对待事物，这是良好的学习品质的体现。

（三）在剪纸活动中，幼儿良好的收拾整理习惯和节约用纸的习惯养成了

幼儿开始学习剪纸的时候，虽然每次活动之前我总是强调，把剪下来的废纸放到桌子上的空盒子里，但总是收效甚微。剪纸活动结束后，地上一片狼藉。后来，每次孩子们一起收拾整理桌面和地面的碎纸时，我会加以启发，请幼儿想更好的方法解决这个问题，几次过后，幼儿想到了许多整理自己碎纸的方法，幼儿乱扔废纸的现象有了很大的改观。同时，幼儿还学会了节约用纸，经常把能用的纸留下来，舍不得丢掉，让我很感动。

剪纸为幼儿带来的发展真是全方面的，身心健康、审美能力、创造能力……只要你用心去发现，还能看到更多特别丰富的表现。剪纸于变化中渗透着创造，于乐趣中孕育着奇妙，这就是剪纸的魅力。剪纸是我们中华民族的优秀传统文化，让我们继续在剪纸的道路上不断探索和前进，剪出我们新时代的特色时光。

三、剪纸作品展示

如何培养小班幼儿的剪纸兴趣

刘 怡

小班幼儿正处在身心发展的快速时期,各种小肌肉动作发展趋向精细化,手眼协调的能力进入发展关键期。通过开展游戏化的剪纸活动,不仅增强小班幼儿的手部力量,使幼儿的小肌肉群得到进一步发展,而且能有效地促进幼儿的手眼协调和自主控制力的发展。同时,教师将游戏贯穿于幼儿的剪纸活动中,能够激发幼儿学习兴趣,帮助幼儿在操作过程中不断建构自己的认知结构,全面培养幼儿的观察能力、动手能力、思维能力、创造能力和审美能力。

在小班幼儿的剪纸教育中,教师起着关键性的作用。教师指导思想明确,教学方法恰当,积极实施游戏化的剪纸活动,取得显著的教学效果。

民间剪纸艺术,主要通过剪、粘、抠刻等技法来表现艺术。故以其独特的技法和趣味性,深得孩子们的喜爱,民间剪纸艺术活动对幼儿的作用是独特和多方面的。它在开发孩子的右脑、锻炼手眼协调及小肌肉精细动作等方面都有很大的作用。它通过幼儿的动手动脑,促进幼儿的智力发展,萌发幼儿的创造性思维。所以我将剪纸引入到班级特色活动中,深入地开展剪纸活动。

一、游戏化的剪纸活动,让幼儿剪纸富有童心

小班初期的剪纸就是剪纸涂鸦期,教师在设计剪纸活动时,要紧紧掌握幼儿的心理状态和心理特征,充分把握住小班游戏的活动的特点,创设一些游戏情节,让孩子在游戏中去探索,去发现,幼儿在游戏中会不知不觉地完成发展目标。

幼儿具有先天性无意识心理状态和自主性心理特征,他们追求奇异和自我表现的欲望强烈,对宇宙万物充满了幻想和想象。因此,他们的剪刀下的形象,不是现实生活中的真实形象,而是他们心目中的形象。

二、游戏化的剪纸活动,让幼儿剪纸富有童真

开展游戏化的剪纸活动,要遵循贴切幼儿生活,幼儿感兴趣,难易程度又要适当的原则,比如在剪纸的活动中,教师设计了"为妈妈做漂亮衣裳"的活动,教师创设各种衣服的设计情境,引导幼儿把五颜六色的大纸条剪成小纸条,粘贴在给妈妈做的衣服上。当孩子们在选妈妈的"衣服"时,幼儿之间进行了有趣的对话,A 说:"我的妈妈个子很高,我给妈妈做件大衣服。"B 说:"我的妈妈长得漂亮,我给妈妈做漂亮衣服。"C 说:"妈妈上班很远,我做件厚衣裳给妈妈。"幼儿在自言自语中进入了创作的活动中,孩子们把自己剪的小纸条粘贴在了衣服上,有的随意粘贴、有的是按纸条的长度来粘贴、有的竖着粘贴、有的横着粘贴、还有的是按颜色粘贴的。当教师问到孩子们的想法是什么时,有的说:"粘的纸条多,衣服才暖和",有的说:"妈妈穿着竖条的衣服就瘦了",有的说:"妈妈做饭时身上有油,衣服上有油点,就是我粘的这样子"。幼儿在制作中始终沉浸在游戏活动中,他们讨论的话题也是紧紧围绕身边最熟悉的爸爸妈妈的生活情景,认识越深刻,情感越炽热,孩子们表现出的兴趣也就会越浓厚。在游戏化的剪纸活动中,游戏角色的生活化让孩子们的情感获得了充分的满足,同时孩子的小肌肉群也得到进一步的发展。

小班剪纸活动实现游戏化、生活化,采用在学中玩、在玩中学的方式进行,使剪纸活动更富趣味性,使学习变得轻松、愉快,并有吸引力。教师在幼儿剪纸活动中充分尊重幼儿的自主性、自尊心、自信心,以剪纸活动了解幼儿发展的特征,鼓励幼儿在活动中有自己的想法,敢于尝试,让幼儿表现出独特性和多样性,引导幼儿在探索中学会发现。让幼儿在这个发现过程中体验自己的劳动和成就,让他们在宽容、民主、轻松的氛围和状态中充分地表现童心、童真、童趣。

"存大包"的飞飞

杨雪扬

我的发现

飞飞三岁,和同龄小朋友相比,他更加清瘦。对老师而言,飞飞属于好带的孩子:情绪平稳,从不争抢玩具,午睡安静。飞飞虽是男孩,但偏爱柔软的玩具,那只毛茸茸的仿真小鸭子是他的最爱。飞飞喜欢摸别人的头发,常用鼻子和小嘴蹭小朋友和老师的头发,好像爱闻头发的味道。每一次我拥抱他,他就会闭起眼睛满脸笑容,整个身体软软地、深深地陷进我的怀里。

飞飞不挑食,但是饭总在嘴里存着,不嚼也不咽。他会不断地往嘴里送饭,直到两腮鼓鼓的,存两个大包。老师要反复提醒多遍,他才放下勺子,用两只小手挤着两腮,像在用手帮助牙齿咀嚼,然后一下一下点着头,非常费力地往下咽,好像每咽一下,都需要特意想一想吞咽的动作。

我还观察到飞飞的牙齿又黑又小。看到飞飞这种情况,我及时找到家长。通过与家长沟通,我了解到:由于医院的医疗事故,飞飞出生后第四天,妈妈大出血,非常危急,被紧急送到医院抢救。哪知在恢复的过程中,由于妈妈是过敏性体质,伤口一直不能愈合,在医院一住就是两个多月。飞飞在这两个多月的时间里没见过妈妈,更没喝过妈妈的奶。

后来妈妈虽然出了院,但上班的时间也到了,飞飞就一直由奶奶带着。老人按照自己的经验带着孩子,都两岁多了还一直让飞飞用奶瓶喝奶、喝水、喝果汁,没有吃过固体食物,粥是飞飞吃过的唯一一种不是水状的食物。

妈妈说在家里吃饭的时候,飞飞也是这样,嘴巴里存满了饭,鼓着两个大包,小嘴包不住了,饭就从嘴里流出来。

可能是奶奶没有注意让飞飞睡前漱口,飞飞的牙齿大部分是黑黑的,还有龋齿。

在与家长的沟通中我还了解到,飞飞有一个习惯:不论是冬天还是夏天,飞飞一定要把袜子脱掉,光着脚在地上走。妈妈一直纠正他,但都没有成功。

听到这样的情况，我的心里对飞飞有了一定的了解和初步的判断，于是我又问：飞飞是剖宫产吗？出生后手被包起来过吗？

妈妈说飞飞是顺产，出生后的确是把小手包起来了，因为家里人经常要往医院跑，没人总照看飞飞，包起小手可以避免他抓伤自己。

我的分析

六个月是咀嚼的敏感期，在这个阶段里给孩子添加辅食，让孩子有机会吃到非流食状的食物，可以让婴儿练习咀嚼动作，练习舌部、牙齿、口腔各部位肌肉之间的协调运动，使咀嚼与吞咽之间建立联系。

飞飞从出生到 2.5 岁，吃的基本都是流食，在咀嚼敏感期内没有机会得到咀嚼食物的练习，所以，他虽然已经三岁多了，但吃东西的时候仍然不能自然咀嚼和吞咽，更不能把这两个动作联系到一起。在别人看来这些不用特意学习、似乎是人的本能的动作，在飞飞面前都成了需要付出一定的努力才能完成的动作。

牙齿不好，也会影响飞飞的咀嚼能力。飞飞吃饭"不会"嚼、"不会"咽，除了上述原因之外，还与他小时候触觉没有得到充分的满足、触觉不够敏感有关。

食物在口腔里的时候，在什么位置，需要包括触觉在内的多种器官将信息传导到大脑，由大脑作出判断，指挥口腔肌肉与舌头协调配合，将食物移位到恒牙部位，由牙齿完成咀嚼磨碎的任务。食物的多少是否合适，也由"触觉"传导到大脑，太多了人会感到不舒服，太少了也会觉得嚼得不香，这些反应其实都是多种感觉器官在帮助人来实现。

飞飞虽然是顺产，但出生后第四天就与妈妈分离，家人每天去医院照顾妈妈，自然分散了对飞飞的关注。小手被包裹起来，也大大减少了飞飞通过手触摸东西的机会，影响了飞飞感官的发展。

0—6 岁是感觉敏感期，其中 3 岁以内的婴儿阶段更是感官发展最为关键的时期。在这个时期为婴儿提供丰富可感知的物质环境和安全温馨的精神环境，可以让婴儿对环境建立信任感，获得心理的安全感，可以促进婴儿各种感官的发展。但飞飞因为特殊的情况，较少得到家人的关注，较少得到亲人的拥抱和肢体接触。这让飞飞的触觉处于"饥渴"状态，由于触觉使用机会比较少，也导致飞飞的触觉不够敏感，现在他需要大量的抚触来补偿。这就是飞飞为什么喜欢抱柔软的玩具,喜欢有毛的东西,喜欢老师深深地紧紧地抱着他,喜欢光着脚接触地面的原因。

正是因为飞飞的触觉不敏感,才导致食物在他的嘴里时不像其他人那样被敏感地察觉,所以他要用比常人更多的食物才能感受到食物的存在。同样是因为他的触觉不够敏感,无法向大脑及时传递真实的信息,所以大脑没有及时向口部肌肉、舌头和牙齿等部位发出指令,口腔各部位之间的相互配合动作也就不够协调和灵活。这两方面原因,是造成飞飞"不会"嚼,"不会"咽的主要原因。

我的支持

分析了飞飞的情况之后,我首先与家长在对待这件事的态度上达成了一致,虽然问题出在飞飞身上,但根源却在大人的教养行为上,因此,对飞飞我们要给予理解和接纳,要充满耐心,吃饭的时候要营造宽松的氛围,不要大声提醒,尽量避免其他人对飞飞的过度注意,以保护飞飞的自尊心,同时避免让飞飞形成负面的心理暗示,形成不好的自我意识。同时,必须家园携手,密切配合,及时沟通,以保持教育引导的一致性。

在达成共识的基础上,我们决定从三个方面入手,帮助飞飞改善吃东西的问题。

第一,增加触觉练习和抚触,提高触觉敏感度

我给家长的建议是尽可能多地和飞飞做身体接触性游戏,以满足飞飞的触觉需要。比如,经常拥抱飞飞,在飞飞身上玩爬虫游戏,多给飞飞"干洗澡",用不同软硬度的毛刷刷背,多做亲子按摩等。

为了提高飞飞口腔里的触觉敏感度,我建议家长多给飞飞吃不同大小、不同形状、不同软硬度的食物,让飞飞有更多机会获得不一样的感受和体验。

在班级中,老师也给予飞飞更多的关注和关爱,为他提供更多玩泥、玩沙、玩水、玩面的机会。还制作了几个摸箱和神秘袋,在里面放进各种质地不同的物品,有积木、纸球、毛线、牙刷、石子、绒毛球等,吸引包括飞飞在内的小朋友来玩,凭触觉判断出里面的东西。

为了锻炼飞飞口腔肌肉运动的灵活性和协调性,增加力量和控制能力,我还在班级中投放了很多吹气玩具和游戏,比如吹气面具,戴在嘴边需要吹气才能使胡子向两边伸开,同时发出声响。还有吹气球、吹吸管、吹小纸球走迷宫等游戏。

第二，提供多种类型的食物，特别是有一定硬度的食物，增加飞飞咀嚼的机会

我建议家长给飞飞做饭做菜不要过于软烂，同一餐中的菜要选择不同类的，比如较软的叶菜和有一定硬度的茎菜或者根菜，同一餐中的菜也尽量要切出不一样的形状，比如块状、条状等。吃水果时可以切成大小、不同形状的小块儿。同时我也建议家长在关注安全的前提下，允许飞飞嚼口香糖，以便有更多机会练习咀嚼。

第三，周围人的榜样作用与影响

建议家长在家吃饭的时候，和飞飞面对面坐，让他可以看到妈妈的嘴，可以从模仿妈妈吃东西中学习咀嚼的动作。在幼儿园，我将飞飞的座位安排在一个食欲特别好、吃饭特别香的孩子对面，让同伴的作用影响飞飞。进餐时老师也会给他更多的关注，但为了不引起其他小朋友的过度关注，尽量采用眼神、动作等方式，比如用咀嚼的实际动作给飞飞做示范。

第四，从习惯、饮食和治疗角度改善牙齿状况

养成餐后和睡前刷牙的习惯，且要飞飞自己刷一遍，家长帮助刷一遍，确保刷牙质量。饮食要尽量营养全面。根据龋齿情况进行必要治疗，改善牙齿情况。

小结

错过敏感期会使某项能力的发展受到影响，即使后面再补救，也要花费几倍甚至更多的精力和时间及大量的练习。一个学期后，飞飞在吃饭咀嚼和吞咽方面的进步，还是让家长和老师收获了惊喜，体会到了成功。

我与"变脸"材料的故事

韩巧巧

【教室一瞥】

1."不想玩……"

早餐结束后,是孩子们自由选择区域游戏的时间。浩浩和途途在拼插区摆弄着手中的拼插玩具,拼出了手枪、飞机的样子;果果、石头、小宝在建筑区,搭建了博雅塔,时不时地还能听到他们在讨论:"博雅塔是13层,我们搭的还不够";年年、甜甜、寒寒等几个女孩子在表演区,有的拿着乐器,有的拿着纱巾,有的穿着漂亮的裙子,跟随音乐敲敲打打、唱唱跳跳;艾米、伊娃、嘉嘉在娃娃家正给小宝宝喂饭"宝宝饿了,快去给宝宝做饭""这个宝宝不爱吃,先喝点水吧";糖糖、团团在美工区,一个涂色、一个剪纸……孩子们都选择了自己喜欢的游戏,开心地玩着。只有依依在教室里走来走去,看看这个,摸摸那个,始终没有找到自己想玩的。

"老师,我今天不想玩了。"

"为什么呢?"

"我觉得没什么可玩的。"

"那你想玩什么?"

"我也没想好,班上的玩具很多我都玩过了,有的太简单了不想玩。"

2."哇,变脸啦!"

产生兴趣:

活动区时间,团团在选择自己想要玩的材料。她摸了摸串珠,翻了翻拼图,又在插板上摸来摸去,不满意地摇了摇头;又看了看小青蛙钟表的材料,拿起分类玩具的五角星看了看还是放下了。最后看见了"变脸材料",眼角上扬,微微点点头,毫不犹豫地端起这份材料走到桌子旁边。

开始操作：

团团端着玩具筐放在桌子上，拿出变脸人，发现有个长长的变脸条可以来回动，试着拉动了几下便放下了。然后，团团看了看筐里还有什么。

她拿出半张黄色脸谱，取出胶棒打开，把胶棒盖放在了筐里，在脸谱背面涂了几下，发现没有胶。于是转动胶棒，再次开始涂胶棒。涂好后将脸谱小心翼翼地拿起，准备贴的时候发现变脸条并不全是黄色的，便拉动变脸条，将黄色右半边脸谱贴上去。

专心致志：

团团找出另外一半黄色脸谱，用胶棒涂好后拼在变脸条黄色部分的另外一边。贴好后用手又使劲按了一下，拉动变脸条。在拉动的过程中，脸谱因为没有粘贴牢固而移动了位置，团团马上将移动的脸谱重新贴好，将变脸条拉动到了红色位置。

团团在筐里找到了红色的脸谱，先放在变脸条上比对了一下，确认没有问题后拿下来涂胶棒（只是涂了中间位置），涂好后将红色脸谱贴在变脸条上。

（有点难→动脑子→过关卡）

团团取出一块蓝色脸谱拼块在蓝色的变脸条上面进行比对，放在左上发现不匹配，又放在左下的位置发现还是不匹配，这时候团团眉头紧锁，摇了摇头，像是在说："怎么回事？还是不对。到底应该放在哪儿呢？"

这时候团团抬起头看着老师，像是在说："我该怎么放呢？"老师给了团团一个鼓励的眼神，并告诉他："你很棒了，再试一试。"

团团又拿起这块拼块放在脸谱的右下角，咦，还是不对，团团撅起了小嘴。

团团又一次拿起着这块拼块，将它放在了右上角，此时团团绽放出了灿烂的笑容，神采奕奕地说："耶，终于拼对了！"

有了这次收获，团团在接下来几块拼块摆放中像是找到了突破口一样，依次取出第二块、第三块、第四块脸谱拼块，在蓝色变脸条上比对了一下，确认无误后用胶棒将脸谱拼块粘贴好。

完成活动：

全部拼好后，团团将胶棒收放整齐，并把玩具筐放回了原处。

放好后，自己试着往左拉动变脸条，但是卡住了；团团换了个方向，把右边的变脸条往左边推，露出黄色脸谱的时候向后退了一步，两手张开，像是在为自己庆祝。

团团继续拉动着变脸条，微笑着说："老师，你快看呀，这个脸能变颜色呢，太好玩了！"

【画龙点睛】

区域游戏本应是幼儿园阶段的孩子最喜欢的活动，幼儿能够在活动中根据自己的喜好选取活动，能够自由地发挥与探索。小班幼儿刚入园时，对于区域材料和形式不是很了解，且生活经验有限，思维和语言表达能力较弱，游戏时意图不明确或过于简单，导致了区域游戏从"自由"变成了"茫然"。我们创设了丰富的区域，创设良好的区域环境；在投放区域材料时，注意材料的层次性；平时我们还注意教师的指导，抓住幼儿的闪光点加以鼓励，在活动区结束后用照片的形式给大家分享，进行总结评价。即使是这样，还是有的孩子"不想玩"。

每个孩子的发展水平不一样，那么如何让游戏变得不简单，让每个孩子都能玩呢？正当我困惑的时候，有幸加入了"促进幼儿主动学习的区域游戏材料研究"课题组学习。

【饮水思源】

在霍力岩教授的引领下，在幼儿园领导的指导下，作为新加入的老师，我紧跟大家的脚步，认真探索与学习。对于一些概念也有了新的认识。如：幼儿学习品质包括哪些方面；什么是材料的同质性、操作性及引导性；幼儿探究的六阶段，主动做→有点难→动脑子→过关卡→做成了→带回家……

材料的引导性指向的是幼儿的关键经验，那么在材料中又如何体现呢？我从最开始的模仿到自己设计制作材料，理解了我们要引导幼儿从"半成品"到"成品"，明确材料的操作范围和创造程度，在互动的基础上实现真正有意义的互动。幼儿探究的过程，同时也是我们设计材料的过程。首先，材料要形象生动、造型逼真、色彩鲜艳，可以吸引幼儿主动去做；其次，在做的过程中，设置一些小关卡，关卡设置巧妙，个数适中，同时要多内置引导，少外置引导；最后，幼儿经过动脑思考后，可以完成材料，并与其他人分享。

下面我以"变脸"这份材料为例,说一说我们之间的故事。

一、"变脸"的由来

"韩老师,昨天我们去吃饭的时候看到表演了。"

"什么好玩的表演啊?快跟大家一起分享一下吧!"

"一个叔叔穿着很奇怪的衣服,他可以变脸,变很多个,有的还有些可怕哦!不过我不害怕,叔叔还给我了一个变脸的小玩具呢。"

"我也看过,我妈妈还摸了那个叔叔的脸呢。妈妈还没反应过来,叔叔的脸就变成别的样子了,特别特别快!"

"变脸是川剧表演的特技之一,是中国的国粹,很神奇哦!"

其他的小朋友听了,也对变脸充满了好奇。于是,我们决定制作文化类材料——《变脸》。

首先,我们查阅了资料,与小朋友们分享了川剧变脸人物的服饰大概是什么样子的,脸谱以什么为主等知识。其次,我们确定了这份材料的目标:喜欢动手操作,能坚持完成变脸的制作;感受变脸的乐趣,感受成功的体验。最后,便是启动我们的制作了。

选材——我们选择了卡纸作为《变脸》的主材料;大小为比 A4 纸大比 A3 纸小,这样,孩子拿在手中正合适;做完身体以后发现太软了,孩子拿在手里会向下折,于是我们加厚,共用了三层卡纸。

如何变——身体做好了,如何可以实现"变脸"呢?经过老师们集思广益,我们把脸的部位空出来,在后面加一个变脸条,孩子可以上下拉动,从而达到变脸的效果。变脸条分为三个颜色:红、黄、蓝,可以对应相应颜色的脸谱。在变脸条的两端各增加一个箭头,提示孩子可以上下拉动。为了在操作的过程中出现错误时能够及时修正,我们特意将变脸条塑封,这样就可以再次取下来了。

脸谱——脸谱的制作我们也选用了卡纸,红、黄、蓝三种颜色。在粘贴时,需要与脸谱条上的颜色一一对应。为了体现材料的层次性,在脸谱上我们又做了区分:红色脸谱为一整块,黄色脸谱为二等分,蓝色脸谱为四等分。

二、有点难

1. "变脸"太太难啦

芊芊将变脸条拉动到了蓝色的位置，拿出一块蓝色脸谱拼块，放在了左上角，看了看，拿起来又放下："这个应该在这吧。"给了自己一个肯定的答案后，又拿出一块。芊芊拿在手中上下翻转了一下，又前后翻转了一下，最后将脸谱拼块放在了右上角："嗯，就是这样的。"

芊芊拿起脸谱拼块继续拼摆。拿起每一块拼块都会上下、前后翻转几次，全部拼完后，自己观察了一会，觉得下面的不太对，便撕下来，拿出其中一块认真比对，一边调整一边说："这个应该是眼睛，眼睛在上面，这个放在这。嘴巴在下面……"比对了很多次后，找到正确的位置，重新粘贴完整。

全部完成后，芊芊拉动变脸条，试想达到变脸的效果。但是每拉动一下，脸谱就会卡住，芊芊一次一次的拉动、粘贴、拉动、粘贴……

2. "变脸"太难啦

小小在粘贴蓝色脸谱的时候，拿起一块蓝色脸谱拼块，看都没看就粘贴在了右下角。剩下的三块都是看都没看就粘贴在了变脸条上。粘贴完后，自己看着拼好的脸谱自言自语道："感觉怪怪的，好像哪里不对啊！"说完叹了口气，把脸谱拼块都撕下来，上下调换位置、左右调换位置、翻转调换位置……试了很多次后摇摇头说："到底哪里是眼睛、哪里是嘴巴呢？"最后她选择了求助芊芊。

"芊芊，你能帮我一下吗？"

"当然可以。你看，这个黄黄的是嘴巴，中间的红色是舌头。这两块应该贴在下面。"

在芊芊的帮助下，蓝色的脸谱很快就粘贴完成了。

通过两个小朋友的操作，我发现蓝色脸谱在拼贴的过程中对于孩子来说有点太难了。如：

（1）脸谱图案的选择。在制作的时候只想到了与真实脸谱的相似性，没有考虑幼儿的年龄特点，导致幼儿分不清楚哪里是眼睛，哪里是嘴巴，在操作的

过程中对幼儿造成了一定的干扰;

(2) 蓝色变脸条部分相对较难,即使增加了轮廓线,但由于四块拼块的形状一样,还是会发生分不清上下左右的情况;

根据这些问题我们对脸谱图案及变脸条中蓝色部分进行了调整。

调整对象:脸谱图案			
	红色脸谱	黄色脸谱	蓝色脸谱
调整前			
调整后			

调整对象:变脸条(蓝色部分)		
第一次	第二次	第三次
什么提示都没有。	增加分为四块的轮廓线,引导幼儿在操作时固定位置,方便拉动变脸条。	固定嘴巴的位置,引导幼儿分清上下,知道眼睛、嘴巴的位置。

三、动脑子

毛毛拿起材料看了看,发现跟之前的有点不太一样,便开始仔细观察,她看了看、数了数脸谱,摸了摸变脸条,指了指"小手"图案,最后移动了身体,从左边移到右边，从右边移到左边。随后拿起红色脸谱、取出胶棒打开，在脸谱背面涂了几下。涂好后将脸谱小心翼翼地拿起，发现脸谱的方向反了，便将脸谱上下转动了一下，将红色脸谱贴了上去。

贴好红色脸谱，毛毛将脸谱条挪动到了黄色位置，找出一半黄色脸谱，用胶棒涂好后，左右比对了一下，将其贴在右侧。继续拿出另外一半黄色脸谱，用胶棒涂好后贴在了左侧。

前面的操作对于毛毛来说并不难，心情愉悦地她哼着歌，将脸谱条挪动到了蓝色位置。

毛毛取出一块蓝色脸谱拼块在蓝色的变脸条上面进行比对，放在左上发现不匹配，又放在右上的位置发现还是不匹配，这时候毛毛眉头紧锁，嘴里说着："放在这？不对。这里？还是不对。"又放在左下试了试，还是不匹配，最后放在了右下的位置，此时毛毛绽放出了灿烂的笑容，神采奕奕地说："耶，终于拼对了！"

毛毛又拿起一块蓝色脸谱拼块，放在左上、右上试了试，都不匹配。放在左下，发现是正确的。在拼摆的过程中，碰到了右下的拼块，她拿起来看了看，发现没有用胶棒粘贴好，便拿起右下的拼块涂抹胶棒并贴到相应的位置上。有了两次的收获，毛毛再一次感到很开心，又开始一边哼着歌，一边继续自己手里的操作。

毛毛将第二块拼块也贴在了相应的位置上。拿出第三块拼块后，翻来翻去反复对比，"是这样？还是这样？嗯，是这样的！"确认无误后用胶棒将脸谱拼块粘贴好。并且，最后一块也非常快速地粘贴好了。

粘贴对于小班幼儿来说是非常简单的事情，在制作变脸人的过程中，我选择了增加脸谱块数来提高材料的层次性。由一整块到两块再到四块，让幼儿的操作由易到难。

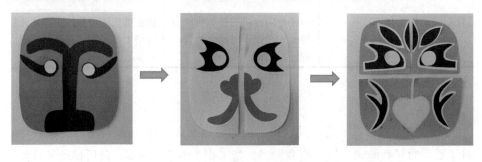

四、过关卡

全部拼好后,浩浩将胶棒收放整齐,试着拉动变脸条。在拉动的过程中,发现蓝色脸谱没有粘贴牢固。浩浩仔细地比对整齐,使劲按了按,重新向左拉动变脸条。拉动了几下,怎么都拉不动,浩浩左右看了看,原来变脸条已经到头了,拉不动了。自己微微一笑,右手拽着蓝色箭头向右拉动。

浩浩将变脸人和材料筐都收放整齐,准备把材料放回原处。但是浩浩又改变主意了,将变脸人再次放到桌子上,这次浩浩没有拉动变脸条,而是挪动了变脸人,从右边挪动到了左边。"哇,变脸啦!"此时,周围几个小朋友听到浩浩的声音凑过来一起看"变脸"表演。浩浩向旁边小朋友展示着自己的作品。

"准备好哦,马上就要开始变脸啦!""变成黄色的脸啦!变成红色的脸啦!变成蓝色的脸啦!"

小朋友们情不自禁地鼓起掌来为浩浩庆祝。

"我厉害吧,这是我自己完成的!"

"太神奇了!""浩浩你真棒啊!"

回顾整个过程,在霍教授及团队的带领下,我获得了更多的专业知识,幼儿在区域活动中也得到了发展。从开始确定目标制作到最后适合每个孩子都能玩,根据孩子的操作,我们一次次发现问题、解决问题、修改材料。无论是钟表类的材料,还是文化类的材料,我们都一起研究、一起探索、一起学习、一起调整。在这个过程中,我们抱怨过、迷茫过,可以说是痛并快乐着!但当我们看到孩子在认真探究着我们制作的材料,当孩子们经过自己的努力完成材料脸上露出微笑的那一刻时,我们所做的一切都是值得的!

第五编　幼儿发展与童心世界

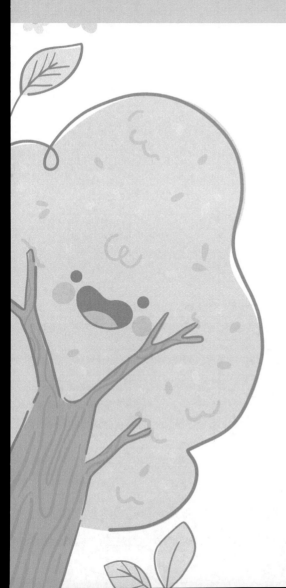

最特别的小花

孟 帆

大家好！我叫孟帆，来自北京大学附属幼儿园，我演讲的题目是《最特别的小花》。

每个人都是种子、都会发芽，

汗水灌溉会让色彩留下，

每一朵花都有自己的枝桠，

你和我，我和他，都是特别的花！

我们园有900多个可爱的孩子，就像花园里的花朵各有不同，每个孩子都是那么与众不同，各具特色。在五彩斑斓的花园里，还有一些非常特别的小花。今天我要讲的，就是其中的一朵——天天的故事。

天天是一名高功能自闭症幼儿，刚入园不久，就听到班级其他小朋友的各种"投诉"：

"孟老师，我跟天天说话他都不理我，他没有礼貌！"

"孟老师，我不想挨着天天坐，他总是拍桌子！"

"孟老师你看，天天把卫生纸全都扔进了厕所里！"

"孟老师，天天咬自己，好可怕！"

孩子们说的没错，天天跟他们就是不一样！他敏感而孤独，似乎总是沉浸在自己的世界里，自顾自地做着一些我们无法理解的古怪行为。人们常常说，他们是来自星星的孩子。难道我真的无法走进他的星星世界吗？

我相信，在优质的土壤里，每颗种子都会发芽，都能开花！我还相信，爱可以改变一切，对于自闭症的孩子来说重复就是力量！

每天，天天都痴痴地盯着班里转动的小水车，而我就像他眼里的小水车一样，不停的归零，不停的启程，一遍遍重复着与他的接触。

一次又一次，即使他的眼神拒绝又逃离，我也要捧着他的小脸，看着他的眼睛说话；一回又一回，我拉着他要挣脱的小手，带他走进游戏；一句又一句，我告诉孩子们"天天不是故意的,他只是不知道该怎么做!咱们一起帮助他!"一遍又一遍,哪怕他好像没有在听,我也不厌其烦地在他身边,读他喜欢的图书。

在不经意间,在宽容接纳和爱的环境里,天天这颗小种子竟奇迹般发芽了,还静悄悄地开花了!

那一天,我带着孩子们像往常一样户外活动,下楼时不小心崴了脚,重重地摔倒在楼梯上。"孟老师,你没事吧?""孟老师,我扶你起来。"孩子们急切地询问我。天天也挤到我身边,看着我却什么也没说。

活动结束后,我牵着天天的手带着孩子们回教室,走到楼梯处,天天忽然停下来,使劲用脚踢着那节台阶。我蹲下来抱着他:"天天不踢,这样踢脚会疼的。"天天瞪着台阶又看看我,想说什么却又说不出来,急得狠狠地咬起了自己的手背。

我急忙握住他的手,看着他的眼睛说:"天天想说话,对吗?孟老师听你说,慢慢说。"就在这时,他挣扎着开了口:"孟……孟老师,疼!"我正想帮他揉揉脚,他却忽然蹲下来,将小手轻轻放在我的脚上,笨拙地抚摸着。

"天天,你是说孟老师的脚疼?天天,你……你是在心疼我吗?"我的心瞬间融化了,天天的内心世界终于向我打开了一扇窗。那一刻,一种特别的情感将我们紧紧地连在一起,我的眼泪止不住地往下流,我抱住他,喃喃自语道:"我的好天天,孟老师已经不疼了,不疼了,谢谢你。"而这一次拥抱,天天没有像往常一样推开我,而是静静地依偎在我的怀里。那一刻,无以名状的幸福感和成就感油然而生。

还好我从来都没放弃,事实证明我们的坚持是对的!不管什么样的孩子,在他们的心中,始终埋有爱的种子。天底下的情感都是一样的,不一样的只是表达方式。

随着时间的推移,天天和小朋友之间也在发生着变化:

孟老师你看,这是我和天天一起搭的房子!

孟老师,天天给我念书了,他可真棒,认识好多字!

孟老师,天天教我玩小水车了,他告诉我水倒得越多水车就转得越快!

转眼间,天天和这群善良可爱的孩子从幼儿园毕业了。

就在前几天下班的路上,迎面走来一对母子,我一眼就认出那个男孩就是我的天天!他现在已经是一名三年级的小学生了。他的妈妈边走边低头和他说着话,并没有看到我。我故意停下脚步,希望他能认出我,而他却像穿越空气一样与我擦肩而过。我愣了几秒钟,痴痴地笑了。

"你若安好,便是晴天"!

然而,在我就要走开的时候,手竟被人拉住了。我转过身,是天天!我再一次有了一种心被融化的感觉!天天从妈妈的兜里掏出手机,打开屏保的一瞬间,我看到了竟是我与他的照片……

这就是天天的故事,我们班里那朵最特别的小花。而像天天这样特殊的小花,在我们的融合幼儿园里还有很多。所有的老师都用爱的行动接纳他们的一切。他们和其他小花一样,在这个充满尊重与爱的环境里自由地绽放、幸福地成长!

老师，我喜欢你！

李 凡

内心万分不舍地送走毕业班的娃们，总以为不舍的情感会持续，因为走到园里的每一处都会想起与毕业孩子们的快乐时光。当我还沉浸在回忆中时，9月份开学迎来了一群马宝宝，也就在此刻起，大脑空间被马宝宝们快速高效地占据，填充物就是他们的吃喝拉撒，喜怒哀乐。

开学初，每位老师都使出浑身解数帮助幼儿渡过入园关，因幼儿性格、教养方式的差异，总会存在个别幼儿抗拒情绪持续时间较长的问题。平时的观察中，刘润霖算是全班情绪持续时间最长的一位。我发现这个短头发、单眼皮的黑丫头与同伴交流中语言表达能力超强，跟同伴叙述一件事时能把事情的前因后果表达得清清楚楚、绘声绘色。但，就是她，每天从入幼儿园大门就开始哭，一直到进班后与爸爸或奶奶分开时歇斯底里地哭，随后便情绪一切正常地进餐，参加区域活动，集体教学活动，活动时与小朋友互动良好，完全看不出早晨歇斯底里的哭声源头是她，就是这样一个娃，让我不停地、换着法儿地解决她入园哭闹问题。

起初，我尝试在每天的区域活动结束的点评环节后集体表扬进步幼儿，并给予一定的物质奖励，试图以这样的方式侧面激励她，这样既不给她压力、不伤害她的自尊又给了她进步的空间，然而，整整持续两周多没有任何成效。

有一天，当孩子们吃完午饭散步时，我边走边试图跟她套近乎："刘润霖，你喜欢幼儿园吗？""不喜欢""你喜欢老师吗？""不喜欢""你喜欢小朋友吗？""不喜欢"回答的干脆利索没有丝毫犹豫。这样的对话，让我立刻体会到之前用在她身上的小心思完全不对症，同时强烈地激起我走进她内心的欲望。

后来发现，当我每次主动抱她的时候，她的身体会有些僵硬且只轻轻地抱我；于是在每天下午离园环节，我主动过去坐在她的身边故意用身体挤挤她，想跟她多一些肢体接触，然后坐下来问她在看什么书，讲一些书上的内容给她听。渐渐地，她会主动留个空座位给我。慢慢地我了解到：刘润霖平时妈妈带的特别少，基本都是奶奶和爸爸在带，而爸爸还要经常出差。我明白了她的问题出在哪儿了，她缺乏陪伴，缺乏安全感。

有一次，我们聊天的内容非常轻松，就是互相说一些搞笑的话，逗得大家哈哈大笑。我观察到她很开心，氛围特别好，就试着提出一个请求："刘润霖，我们老师都特别喜欢你，小朋友也都喜欢和你做好朋友，愿意和你玩儿，我们每天都想见到你，你要是不来园我们都特别想你。你喜欢和我们在一起吗？只见她点点头。我能感觉到她相比前几次轻松了很多，顺势说道："你能说一声：老师，我喜欢你吗？"。她的表情立刻变沉重且低头不语，两只手抓着衣角动来动去，若有所思的样子。然后我听到"我只喜欢妈妈"这几个字，声音很小，感受到她有些许的歉意。于是我哈哈大笑了起来，（缓解紧张而尴尬的气氛）"没关系的，我只是开个玩笑"。然后抱着她一起左右晃动哈哈大笑，边笑边感到刚说的那句话对她来说分量有点重，可以和妈妈媲美的爱，我还需要努力做更多啊！

又过了两周，离园时我坐在她旁边悄悄地说："明天早晨来园的时候你能不哭吗？"她摇头答："我控制不住""控制不住可以哭，但我们明天就哭一声好不好？"坚定地向我点点头。第二天早晨，果然哭了一声的她拉着我的手进入教室。

刘润霖从大哭、哭一声、难过地板着脸、到说一声早点来接、招手再见、开口说再见到最后高兴地大方进入教室，这过程将近持续两个多月时间。我看到了她的进步，经历了她从对老师的戒备到亲密的整个过程。对于这样的孩子，作为老师我们需要给她更多的时间、更多的肯定、更多的爱。

作为家长，爸爸或奶奶每次送娃之后坚定地离开便是对我工作最大的信任与支持。而我，不忍辜负家长的这份信任，我需要做的更多。对于孩子，为人母的我不忍听到哭声，为人师的我在从教中总是向人母看齐，不求别的，一句老师我喜欢你，足矣！

童真童趣中的快乐人生

谢珍金

快乐，是我的特点，也是我走上幼儿教师这个岗位16年来的最大收获。这些快乐都是身边的同事们、孩子们给我带来的。

在我的眼里，每一个孩子都是一幅生动的画卷。他们有的是美丽的鲜花，散发着芬芳；有的是倔强的小草，彰显着个性；有的是飘浮的白云，安静而又甜美，每一个都是那么独特而可爱，每一个也都那么充满童真，让我总能在他们那里找到快乐的来源。

听，孩子们又在提问题了："谢老师，回头是多长时间啊，是几分钟吗？""谢老师，棉花不是用来做被子的吗？怎么还可以做糖呢？""恐龙如果进了城，我们的地球会怎样呢"。

哈，真不知道孩子们小小的脑袋里怎么会有这么多稀奇古怪的问题。他们这些天真可爱的话语总能为我忙碌而繁杂的工作带来无限的快乐，也时刻让我体会到作为一名幼儿教师的幸福。

记得有一次户外活动的时候，棒棒一边大叫一边向我跑来："谢老师，谢老师，送给你的……"他双手合十，像是捧着什么宝贝似的，引得很多孩子围了过来。大家都想看看他手里拿的是什么，有的甚至急得去掰他的手。棒棒有些着急了，红着脸大声说："别弄，这是给谢老师的宝贝""啊？什么宝贝啊？"我也很好奇地想马上知道。棒棒把双手伸到我的眼前，小心翼翼地打开，一脸期待的表情看着我。"哇——"我惊叫了一声。原来棒棒手里捧的是一堆"吊死鬼"，那些绿色的肉虫子互相纠缠着。说实话我最怕这样的虫子了，可是我看到棒棒一脸认真的样子，想到孩子把他认为是宝贝的东西送给我，又马上故作镇静地说："哇，老师太喜欢了，谢谢你把这么多宝贝送给我"。棒棒满足地笑了，我们一起把"吊死鬼"放在地上，让它们比赛看谁爬得快。说来也怪，那时我好像没有那么怕这些小虫子了。

孩子就是这样，你真心爱他们，他们就会把最真诚的爱回报给你，他们愿意把自己认为最好的东西与你分享，他们是那么真诚，那么热情，和他们在一起我真的很快乐！

还有一件很有意思的事情让我记忆犹新。那一年冬天，我们班上养了几条小金鱼。一天游戏活动结束后，我忽然发现鱼缸不知被谁放到了暖气上。我赶忙端起鱼缸问："这是谁放的？"豆豆得意地向我跑来，抱住我的腰说："谢老师，这是我放的。"看她好像并没有意识到这样做有什么问题，反而是期待着我的表扬。于是我问："哦？那豆豆为什么把鱼缸放在暖气上？能和谢老师说说吗？""因为天太冷了，我们有棉袄穿，小鱼没有，多可怜啊，我把它放在暖气上，水就能越来越热，这样小鱼就不会冷了。"

那一刻，我不仅没有生气，反而被孩子天真的话语感动了。孩子的心灵是那么美好、纯真，她们愿意用自己的力量帮助小鱼，这是多么可贵的感情和愿望，我们需要做的就是在理解和肯定的基础上，适当的正确引导。

和孩子们在一起，我懂得了要用孩子的眼睛看世界，用一颗童心想问题，这样我就能走进童心世界，去欣赏那里的纯真和美丽。

走进童心世界，我就会理解为什么在我讲过要节约用水，不然水就会干枯了、没有了以后，丹丹会打开水龙头，一直看着水在流——原来他是想看看水真的会流干吗？

走进童心世界，我就能理解为什么孩子们要把死去的小鸭子种在地里，因为他们希望种下一只鸭子，来年就能长出很多只小鸭子。

我的 16 年幼教生涯就是这样伴着孩子们的嬉戏声快乐地度过的，我从心底感受到这份职业带给来幸福和快乐。每天看到孩子们的一张张笑脸，看到孩子们的点滴的进步，一种丰收的喜悦在我的心底绽放，一股幸福的暖流在我的心底回荡。

泰戈尔说过："花的事业是甜蜜的，果的事业是尊贵的，那么，就让我干叶的事业吧，因为它总是谦逊地垂着绿荫。"我庆幸我选择了这叶的事业，因为它可以时刻塑造我的心灵，传播我的爱，和孩子们在一起，可以让我享受到快乐与幸福。今后，我会在我爱的事业里继续探索，更会一如既往地用阳光来照亮每个幼儿的心灵。